U0497003

国家社科基金一般项目

中国对美出口稳定性的微观机制及对策研究

林常青 肖生鹏 著

中国财经出版传媒集团
经济科学出版社
Economic Science Press
北京

图书在版编目（CIP）数据

中国对美出口稳定性的微观机制及对策研究/林常青，肖生鹏著． -- 北京：经济科学出版社，2023.11
ISBN 978 - 7 - 5218 - 5334 - 6

Ⅰ. ①中… Ⅱ. ①林…②肖… Ⅲ. ①中美关系 - 对外贸易 - 研究 Ⅳ. ①F752.771.2

中国国家版本馆 CIP 数据核字（2023）第 210256 号

责任编辑：何　宁　王文泽
责任校对：李　建
责任印制：张佳裕

中国对美出口稳定性的微观机制及对策研究
ZHONGGUO DUIMEI CHUKOU WENDINGXING DE WEIGUAN JIZHI JI DUICE YANJIU
林常青　肖生鹏　著
经济科学出版社出版、发行　新华书店经销
社址：北京市海淀区阜成路甲 28 号　邮编：100142
总编部电话：010 - 88191217　发行部电话：010 - 88191522
网址：www.esp.com.cn
电子邮箱：esp@esp.com.cn
天猫网店：经济科学出版社旗舰店
网址：http://jjkxcbs.tmall.com
北京密兴印刷有限公司印装
710×1000　16 开　15.25 印张　220000 字
2023 年 11 月第 1 版　2023 年 11 月第 1 次印刷
ISBN 978 - 7 - 5218 - 5334 - 6　定价：62.00 元
（图书出现印装问题，本社负责调换．电话：010 - 88191545）
（版权所有　侵权必究　打击盗版　举报热线：010 - 88191661
QQ：2242791300　营销中心电话：010 - 88191537
电子邮箱：dbts@esp.com.cn）

本研究成果为以下课题的阶段性研究成果：

(1) 国家社科基金一般项目《中美贸易摩擦下中国对美出口稳定性的微观机制及对策研究》(19BJY195)。

(2) 湖南省自然科学基金面上项目《产品空间视角下我国企业出口贸易高质量发展的机制与路径研究》(2023JJ30218)。

(3) 湖南省教育厅科学研究重点项目《人工智能驱动湖南省制造业出口贸易高质量发展的机制及对策研究》(22A0407)。

(4) 湖南省社会科学成果评审委员会课题《疫情冲击下基于产品空间理论的湖南制造业转型升级路径与对策研究》(XSP22YBZ099)。

内 容 摘 要

2017年8月，美国总统特朗普授权美国贸易代表办公室对中国发起"301调查"，拉开了中美新一轮贸易摩擦的序幕。随后，中美贸易摩擦不断升级，涉及面与金额也越来越大。尽管2017~2018年我国整体贸易数据好于预期，但中美贸易摩擦对我国外贸的负面影响已逐步显现，其中，据国家统计局数据显示，2019年我国对美出口总额同比下降12.49个百分点，经济下行压力加大，中美贸易摩擦已严重威胁着我国外贸的稳定发展与经济的持续增长。中共中央政治局于2018年7月31日会议制定了包括稳外贸在内的"六稳"政策，在2017~2018年的几次中央经济工作会议上，稳外贸也被频繁提及。稳外贸关键在于稳出口，而美国作为2023年之前中国最大的货物进口国，2013~2022年中国对美出口额占中国出口总额的比重均高于15%，2018年中国对美出口额的比重更是接近20%，平均比重为17.57%。因此，中国如何在对美出口中稳中求进和稳中提质成为现阶段外贸发展的重中之重①。稳出口的宏观政策须落实到微观层面，即在企业层面如何全面有效地提升出口的稳定性。基于产品空间理论，出口的稳定性可以定义为一国的企业、产品与市场节点所形成的出口贸易关系结构的稳定性，已有研究多关注国家层面、企业层面或产品层面特征对出口稳定性的影响，较少关注"企业-产品"间的溢出效应在一国或地区

---

① 本段采用2019年国家统计局数据说明了中国对美出口总额在新一轮贸易摩擦之后出现明显下降的情况。之所以不采用2020~2022年出口数据的原因在于这三年的出口数据受到了新冠疫情的影响，不能准确说明是受贸易摩擦的冲击。另外，我们补充了2013~2022年中国对美出口额占中国出口总额的比重来说明摩擦后美国仍是中国出口主目的市场，因此，中国如何在对美出口中稳中求进和稳中提质成为现阶段外贸发展的重中之重。

经济发展过程中的作用，且甚少在中美贸易摩擦背景下探讨中国对美出口稳定性的问题，鉴于此，本书拟基于产品空间视角的"企业-产品"维度系统审视如何促进中国对美出口在中美贸易摩擦背景下的健康稳定发展。

本书的研究思路遵循"梳理影响机理-挖掘特征事实-实证检验影响效应及机制-政策设计"的范式，首先，梳理基于产品空间理论的出口稳定性机理；其次，从宏观层面和微观层面挖掘中美贸易摩擦背景下中国对美出口稳定性的特征事实；再次，在统计探测的基础上，构建计量模型考察中美贸易摩擦对中国对美出口稳定性的影响，并基于产品空间理论，构建计量模型实证检验产品关联密度对中国企业对美出口稳定性的影响效应、异质性影响及作用机制；最后，根据研究结论对中国企业对美出口如何实现稳定性发展和出口产品结构调整给出政策建议。

第1章，绪论。首先，介绍了本书的研究背景与意义；其次，阐述了本书的研究内容与研究方法；最后，总结了主要创新点与不足。

第2章，文献综述。对与本书研究主题相关的中美贸易摩擦、出口稳定性以及产品空间理论的研究文献进行了梳理和评述。其中，出口稳定性的文献综述包括贸易关系连接数量的稳定性文献与贸易关系连接强度的稳定性文献。贸易关系连接数量稳定性的研究进展主要集中在贸易二元边际和贸易持续时间两个方向，贸易关系连接强度的稳定性采用"企业-产品-市场"维度数据测度产品的升级情况，用以反映贸易关系的连接强度，本书采用出口产品质量度量贸易关系的连接强度。

第3章，相关理论基础。在梳理相关文献的基础上，基于产品空间理论，从贸易关系连接数量视角与贸易关系连接强度视角分析了产品关联密度对出口稳定性影响的理论机制。

第4章，中美贸易摩擦下中国对美出口稳定性的特征事实。采用统计分析法从宏观层面对中美贸易摩擦下中国对美出口贸易的总体结构以及中国对美出口稳定性的特征事实进行描述，采用贸易网络分析法、生存分析法从微观层面对中美贸易摩擦下中国对美出口关系数量的变动特征、中国对美出口持续时间的特征、中国对美出口贸易流量的特征以及中国对美出口产品质量的特征进行了描述性统计。

第5章，中美贸易摩擦对出口稳定性的影响。构建固定效应模型，以美国对中国加征关税的四大清单为依据构建双重差分变量，计量检验了中美贸易摩擦对中国对美出口的影响效应，并构建离散时间模型考察了中美贸易摩擦对中国对美出口持续时间的影响。

第6章，中国对美出口产品扩张的微观机制检验。构建中国对美出口贸易矩阵测度省份内产品关联密度、城市内产品关联密度以及企业内产品关联密度，并定义出口产品扩张。采用统计分析法统计探测包括产品关联密度在内的各类影响因素对中国对美出口产品扩张的影响，在此基础上，构建Probit模型考察了中国对美出口产品扩张的微观机制，并检验了不同所有制企业、不同贸易方式企业以及不同差异化程度产品的异质性影响，基于理论机制部分的结论，构建中介效应模型实证检验了产品关联密度对中国对美出口产品扩张的作用机制。

第7章，中国对美出口持续时间的微观机制检验。采用生存分析法测度中国对美出口风险率以及中国对美出口持续时间，采用统计分析法统计探测包括产品关联密度在内的各类影响因素对中国对美出口持续时间的影响，构建离散时间模型考察了中国对美出口持续时间的微观机制，并检验了不同所有制企业、不同贸易方式企业以及不同差异化程度产品的异质性影响，基于理论机制部分的结论，构建中介效应模型实证检验了产品关联密度对中国对美出口持续时间的作用机制。

第8章，中国对美出口产品质量的微观机制检验。通过CES模型测度中国对美出口产品质量，采用统计分析法对包括产品关联密度在内的各类影响因素对中国对美出口产品质量的影响进行描述性统计，构建固定效应模型考察了中国对美出口产品质量的微观机制，并检验了不同所有制企业、不同贸易方式企业以及不同差异化程度产品的异质性影响，基于理论机制部分的结论，实证检验了产品关联密度对中国对美出口产品质量影响的作用机制。

第9章，结论与政策建议。在理论与实证分析的基础上，梳理和总结了本书的主要结论，并为实现中美贸易摩擦下中国对美出口稳定性的目标提出相关的对策建议。

以上研究的基本结论包括以下六点。

第一，贸易关系连接数量视角下，产品关联密度主要通过要素禀赋效应、知识溢出效应以及市场竞争效应渠道促进了我国企业出口产品扩张以及出口持续时间的延长。贸易关系连接强度视角下，产品关联密度主要通过人力资本提升效应、技术溢出效应以及中间品质量提升效应渠道提高我国企业的出口产品质量。

第二，中美贸易摩擦下，中国对美出口贸易的宏观结构表现为中国对美出口贸易规模在波动中不断增长、产品结构进一步优化，但总体比重保持基本稳定。在中国各地区对美出口产品增长中，受美国贸易保护措施的影响，不同省份对美出口增长出现了不同幅度的下降。在对美出口各产品增长的稳定性中，不同类型产品呈现出阶段性和多样性波动趋势。中美贸易摩擦下，微观层面中国对美出口稳定性特征表现为，产品层面中国对美出口关系数量保持基本稳定并略有增加，但2002~2012年企业层面中国对美出口关系数量快速飙升。在中国对美出口持续时间特征方面，在产品层面，中国对美出口的大多数产品都保持了相对稳定，但仍有部分产品的持续时间较短；在企业层面，对美出口持续时间普遍较短。在中国对美出口产品质量特征方面，中国出口总体层面以及中国对美出口层面在此期间均没有明显的上升，但中国对美出口产品质量均值均大于同一年度中国总体层面出口产品质量的均值。并且，中国行业层面和区域层面对美出口产品质量的差异明显。

第三，美国对中国加征关税对中国对美出口带来了显著的贸易抑制效应，同时，促进了其他五大进口来源国对美出口额的增加，但从总体来看，贸易抑制效应大于对其他五大进口来源国的贸易转移效应，因此总体表现为负向的贸易抑制效应。从出口持续时间的影响来看，中美贸易摩擦显著抑制了中国对美出口持续时间的延长，同时使得其他五大进口来源国对美出口持续时间的延长，从总体来看，前六大进口来源国对美出口持续时间的影响为正，即中美贸易摩擦促进了前六大进口来源国对美出口持续时间的延长。

第四，不同层面产品关联密度均对我国企业对美出口产品扩张产生了显著影响，这种影响表现出较大的差异性。其中，省份内产品关联密度的提升显著促进了中国企业对美出口产品扩张，而城市内产品关联密度与企业内产品关联密度均对我国企业对美出口产品扩张存在显著的抑制作用。其他影响因素的影响具体表现为，对中国企业对美出口产品扩张为促进作用的影响因素包括：企业生产率、是否外资企业、是否中间产品、是否差异化产品、企业是否在上一年出口国美国市场、企业出口国家数、企业出口额、企业该产品占企业出口篮子份额、企业该产品在所在省份的比较优势指数、企业该产品在所在城市的比较优势指数、企业所在省份出口企业数、企业所在省份该产品出口美国的企业数以及企业所在城市该产品出口美国的企业数。而对中国企业对美出口产品扩张为抑制作用的影响因素包括：企业年龄、企业规模、企业所在城市的出口企业数以及其他国家该产品在美国市场的市场份额。同时，异质性分析的结果表明，省份内产品关联密度在内资企业、一般贸易企业、差异化产品分类下的估计系数更大更显著，城市内产品关联密度对不同所有制企业与不同贸易方式企业对美出口产品扩张影响程度差异不大，而企业内产品关联密度对内资企业、一般贸易企业及同质化产品企业的估计系数显著为负且影响程度更大。作用机制的检验结果表明，省份内产品关联密度对中国对美出口产品扩张的促进效应主要通过要素禀赋机制与市场竞争机制实现。

第五，省份内产品关联密度的增加有助于延长中国企业对美出口持续时间，而城市内产品关联密度和企业内产品关联密度越高，我国企业对美出口持续时间越短。其他影响因素的影响具体表现为以下两部分。对中国企业对美出口持续时间为促进作用的影响因素包括：企业生产率、是否外资企业、是否中间产品、是否差异化产品、该产品占企业出口篮子份额、企业该产品在所在省份的比较优势指数、企业所在省份出口企业数、企业出口国家数、企业出口额、企业所在省份该产品出口美国的企业数。而对中国企业对美出口持续时间为抑制作用的影响因素包括：企业规模、企业利润率、企业所在城市出口企业数、其他国家该产品在美国市场的市场份额以及其他国家该产品在美国市场的价格。在异质性分析结果中，内资企业的省份内产品关联密度对美出口持续时间的影响更大，并且为正，城市内产品关联密度对内资企业和外资企业的对美出口持续时间为负且差异不大，但企业内产品关联密度仅对内资企业对美出口持续时间存在负向的影响。在不同贸易方式下，省份内产品关联密度能显著降低不同贸易方式下中国企业对美出口的风险概率，但企业内产品关联密度与城市内产品关联密度在不同贸易方式下对美出口持续时间均有抑制作用。产品差异化程度分类下，仅有省份内产品关联密度对差异化产品企业对美出口持续时间存在促进作用。作用机制的检验结果表明，省份内产品关联密度对中国企业对美出口持续时间的促进效应很大程度上是通过要素禀赋机制与市场竞争机制实现。

第六，城市内产品关联密度和省份内产品关联密度对中国制造业企业对美出口产品质量均产生了显著正向影响，且前者的促进作用更大，但企业内产品关联密度对对美出口产品质量的影响为负。其他影响因素中仅企业规模变量对中国对美出口产品质量的提升存在提升作用。在异质性检验结果中，分贸易类型的回归结果显示，企业内产品关联密度仅抑制了一般贸易企业对美出口产品质量提升，对加工贸易企业对美出口产品质量没有显著影响，城市内产品关联密度与省份内产品关联密度对一般贸易企业与加工贸易企业对美出口产品质量提升均表现为显著的促进作用。分不同所有制企业的回归结果显示，企业内产品关联密度仅对内资企业的对美出口产品质量的提升产生了抑制作用，对外资企业的影响不显著，城市内产品关联密度、省份内产品关联密度仅对内资企业的对美出口产品质量提升存在促进作用，对外资企业的影响不显著。分不同地区企业的回归结果显示，企业内产品关联密度仅对东部地区企业对美出口产品质量的提升存在显著的抑制作用，但中西部地区企业影响不显著，城市内产品关联密度对东部和中部地区企业对美出口产品质量的提升存在显著的促进作用，对西部地区企业影响不显著。省份内产品关联密度仅对东部地区企业对美出口产品质量提升存在显著的促进作用，对中西部地区企业影响不显著。作用机制的检验结果表明，城市内产品关联密度将通过促进人力资本提升、技术溢出和中间品质量提升效应来推动我国制造业企业对美出口产品质量升级。

目 录

1 绪论 ………………………………………………………………… 1
   1.1 背景与意义 ………………………………………………………… 1
   1.2 研究内容与方法 …………………………………………………… 3
   1.3 主要创新点与不足 ………………………………………………… 9

2 文献综述 ………………………………………………………… 11
   2.1 中美贸易摩擦的文献综述 ………………………………………… 11
   2.2 出口稳定性的文献综述 …………………………………………… 21
   2.3 产品空间理论的文献综述 ………………………………………… 35

3 相关理论基础 …………………………………………………… 39
   3.1 贸易关系连接数量视角 …………………………………………… 39
   3.2 贸易关系连接强度视角 …………………………………………… 43

4 中美贸易摩擦下中国对美出口稳定性的特征事实 …………… 45
   4.1 宏观层面中国对美出口贸易的总体结构 ………………………… 45
   4.2 宏观层面中国对美出口稳定性的特征事实 ……………………… 54
   4.3 微观层面中国对美出口稳定性的特征事实 ……………………… 63

5 中美贸易摩擦对出口稳定性的影响 …………………………… 85
   5.1 中美贸易摩擦对出口额的影响 …………………………………… 85
   5.2 中美贸易摩擦对出口持续时间的影响 …………………………… 92

  5.3 中美贸易摩擦对出口稳定性影响的稳健性检验 …………… 97

6 中国对美出口产品扩张的微观机制检验 …………………………… 100
  6.1 中国对美出口产品扩张的统计探测结果 ………………… 100
  6.2 模型的构建及变量选取 …………………………………… 111
  6.3 实证检验与结果分析 ……………………………………… 114
  6.4 异质性检验分析结果 ……………………………………… 122
  6.5 作用机制检验 ……………………………………………… 126

7 中国对美出口持续时间的微观机制检验 …………………………… 131
  7.1 中国对美出口持续时间的统计探测结果 ………………… 131
  7.2 模型构建及变量选取 ……………………………………… 152
  7.3 实证检验与结果说明 ……………………………………… 155
  7.4 异质性检验分析结果 ……………………………………… 162
  7.5 作用机制检验 ……………………………………………… 166

8 中国对美出口产品质量的微观机制检验 …………………………… 170
  8.1 中国对美出口产品质量的统计探测结果 ………………… 170
  8.2 实证检验与结果分析 ……………………………………… 178
  8.3 异质性检验分析结果 ……………………………………… 185
  8.4 作用机制检验 ……………………………………………… 190

9 结论与政策建议 ……………………………………………………… 194
  9.1 主要结论 …………………………………………………… 194
  9.2 政策建议 …………………………………………………… 198

参考文献 …………………………………………………………………… 202
致谢 ………………………………………………………………………… 228

1 绪 论

1.1 背景与意义

1.1.1 研究背景

2017年8月，美国总统特朗普授权美国贸易代表办公室对中国发起"301调查"，拉开了中美新一轮贸易摩擦的序幕。随后，中美贸易摩擦不断升级，涉及面与金额也越来越大。尽管2017~2018年我国整体贸易数据好于预期，但中美贸易摩擦对我国外贸的负面影响已逐步显现，其中，据国家统计局数据显示，2019年我国对美出口总额同比下降12.49个百分点，经济下行压力加大，中美贸易摩擦已严重威胁着我国外贸的稳定发展与经济的持续增长。中共中央政治局于2018年7月31日会议制定了包括稳外贸在内的"六稳"政策，在2017~2018年的几次中央经济工作会议上，稳外贸也被频繁提及。稳外贸关键在于稳出口，而美国作为2023年之前中国最大的货物进口国，2013~2022年十年间中国对美出口额占中国出口总额的比重均高于15%，2018年中国对美出口额的比重更是接近20%，平均比重为17.57%，因此，中国如何在对美出口中稳中求进和稳中提质成为现阶段外贸发展的重中之重。稳出口的宏观政策须落实到微观层面，即在企业层面如何全面有效地提升出口的稳定性。基于产品空间理论，出口的稳定性可以定义为一国的企业、产品与市场节点所形成的出口贸易关系结构的稳定性，已有研究多关注国家层面、企业层面或产品层面特征对出口稳定性的影响，较少关注"企业－产品"间的溢出效应在一国或地区经济发展过程中的作用，且甚少在中美贸易摩擦背景下探讨中国对美出口稳定性的问题，鉴于此，本书拟基于产品空间视角的"企业－产品"维度系统审视如何促进中国对美出口在中美贸易摩擦背景下的健康稳定发展。

1.1.2 研究意义

在理论层面，首先，本书从贸易网络视角针对贸易连接数量和贸易连接强度的稳定性进行系统剖析，有助于构建出口稳定性的理论分析框架；其次，本书将贸易扩展边际、贸易持续时间以及出口产品质量的研究融入贸易稳定性的分析框架，这可为出口稳定性的微观机制研究提供一个更为综合可行的分析思路。另外，在此背景下本书结合中美贸易摩擦背景对中国对美出口稳定性的微观机制进行全面研究，这对出口稳定性的理论研究无疑是一个有益补充。

在现实层面，第一，利用统计分析法清晰地表征和厘清了中美贸易摩擦下宏观层面和微观层面中国对美出口稳定性的特征事实，可为对美出口政策的制定提供有益的政策参考；第二，本书利用统计分析法、生存分析法统计探测了中美贸易摩擦对出口及出口稳定性的影响，并针对美国加征关税的四大清单构建双重差分变量，计量检验了中美贸易摩擦对出口及出口稳定性的影响，为准确度量中美贸易摩擦的影响提供了研究思路；第三，针对中国对美出口的贸易连接数量和连接强度稳定性的微观机制研究，将对我国企业提升对美出口稳定性具有实践指导价值；第四，结合中美贸易摩擦背景对中国对美出口稳定性的微观机制和对策进行探讨，有利于促进中美贸易摩擦背景下中国对美出口的稳定发展与出口产品结构的优化调整。

1.2 研究内容与方法

1.2.1 研究内容

总体研究内容主要分为理论基础、实证设计以及结论及政策建议研究三部分，具体内容如下。

1.2.1.1 理论基础

（1）界定出口稳定性的内涵

从微观层面来看，出口稳定性指一国的企业、产品与市场节点所形成的出口贸易关系的稳定性，贸易关系稳定性具体包括贸易关系连接数量的稳定性和贸易关系连接强度的稳定性，贸易关系连接数量的稳定性是指贸易关系的数量保持稳定增长，贸易关系连接强度的稳定性指现有贸易关系连接上贸易量或贸易额的变化。赵春明等（2023）指出，目前全球生产网络格局下国内外环境已深刻调整，加之疫情的影响，贸易弱拉动、结构性失衡等问题逐渐显现，贸易高质量增长成为亟需探讨的时代命题。二十大报告进一步强调，高质量发展是全面建设社会主义现代化国家的首要任务。鉴于此，本书将贸易关系连接强度的稳定性定义为现有贸易关系产品质量的稳定性提升。由于本书仅探讨中国对美出口稳定性的微观机制，因此本书将贸易关系连接数量的稳定性定义为中国对美出口产品扩张以及中国对美出口持续时间的延长，将贸易关系连接强度的稳定性定义为中国对美出口产品质量的升级。

（2）分析出口稳定性的微观机制

本部分拟从网络视角对出口稳定性的微观机制进行分析：①从贸易关系连接数量视角分析出口稳定性的微观机制，本书将从网络节点视角考察出口稳定性的微观机制，具体的网络节点包括企业节点、产品节点以及

"企业－产品"节点。其中,企业节点层面的变量包括企业生产率、企业性质、企业规模、企业利润率、企业所在省份出口企业数、企业所在城市出口企业数、企业出口国家数以及企业出口额;产品节点层面变量包括产品差异化程度、是否为中间产品、其他国家该产品在美国市场的市场份额以及其他国家该产品在美国市场的价格;"企业－产品"节点层面变量主要包括企业所在省份该产品出口美国的企业数、企业所在城市该产品出口美国的企业数、该产品占企业出口篮子份额、企业该产品在所在省份的比较优势指数、企业该产品在所在城市的比较优势指数,以及企业潜在出口产品与当地已有出口产品间的平均关联度,即产品关联密度。本书重点考察"企业－产品"节点层面的产品关联密度对中国对美出口稳定性的影响,具体包括企业内产品关联密度、城市内产品关联密度与省份内产品关联密度,鉴于以往文献对于从企业节点、产品节点视角探讨出口稳定性的文献已经非常丰富,因此本书理论分析部分重点从"企业－产品"节点的产品关联密度视角探讨出口稳定性的理论机制,即从各层面产品关联密度分析贸易关系连接数量的稳定性。各层面产品关联密度对贸易关系连接数量稳定性影响的渠道主要包括要素禀赋效应、知识溢出效应以及市场竞争效应。②从贸易关系连接强度视角分析出口稳定性的微观机制,该部分也将从网络节点视角考察贸易关系连接强度的稳定性问题。其中,企业节点变量包括企业年龄、企业规模、企业性质、企业资金约束、企业贸易类型;"企业－产品"节点层面变量包括各层面产品关联密度,本书重点探讨"企业－产品"节点的产品关联密度对贸易关系连接强度稳定性的影响机制。具体包括人力资本提升效应、技术溢出效应以及中间品质量提升效应。

1.2.1.2 实证设计

本书拟首先采用2001~2019年国家层面或产品层面的出口数据以及2000~2013年的中国海关数据库与工业企业数据库对中美贸易摩擦下中国对美出口稳定性的特征事实进行描述;其次,采用2018~2019年UN Comtrade数据库月度的HS06分位产品层面数据,并通过统计分析、生存分析方法以及双重差分方法考察中美贸易摩擦对中国对美出口及出口稳定性的影响；然后，采用 2000～2013 年的中国海关数据库与工业企业数据库的匹配数据对中国对美出口稳定性的微观机制进行统计探测；最后，基于统计探测结果构建计量模型对中美贸易摩擦下中国对美出口稳定性的微观机制进行计量检验。

（1）测度中美贸易摩擦下中国对美出口稳定性的特征事实

本书分别从宏观层面和微观层面测度中美贸易摩擦下中国对美出口稳定性的特征事实。首先，从宏观层面分析中国对美出口贸易的总体结构，具体包括中国对美贸易规模以及中国对美出口贸易的产品结构。其次，从宏观层面剖析中国对美出口稳定性的特征事实，包括中国对美出口贸易增长的稳定性、中国各地区对美出口产品增长的稳定性以及中国各产品对美出口增长的稳定性。最后，从微观层面测度中国对美出口稳定性的特征事实，这是特征事实测度的重点部分，具体包括中国对美出口关系的变动特征、中国对美出口持续时间的特征、中国对美出口贸易流量的特征以及中国对美出口产品质量的特征。前两个部分为微观层面贸易关系连接数量稳定性的特征事实，后两个部分为微观层面贸易关系连接强度稳定性的特征事实。贸易连接数量的稳定性将考虑历年"企业－产品－市场－年份"维度的贸易关系数量变动情况以及产品出口持续时间变动情况。历年"企业－产品－市场－年份"维度的贸易关系数量变动情况将直接比较网络的连接变化计算得出，产品出口持续时间拟采用 K－M 非参数生存分析法进行估计。贸易连接强度的稳定性将通过对比两年的贸易关系流量以及出口产品质量进行表征，其中，对比两年的贸易关系流量将分别计算出流量增长、流量不变以及流量衰退的比重，出口产品质量则对比中国"企业－产品－市场－年份"层面出口产品质量在目的国、年份、行业以及省份分类下的特征事实。

（2）统计探测与计量检验中美贸易摩擦对出口稳定性的影响

根据中美贸易摩擦下美国加征关税的四大商品清单为依据设定双重差分变量，利用 2018～2019 年各月份 HS06 分位产品层面数据，通过统计分析法与生存分析法统计探测了中美贸易摩擦对出口额和出口持续时间的影响，为了同时考察中美贸易摩擦带来的贸易抑制效应和贸易转移效应，该部分选择美国前六大（包括中国在内的）进口来源国对美出口数据进行计量检验①。值得说明的是，由于2018～2019年缺乏中国企业层面的微观出口数据，因此未对中美贸易摩擦对中国对美出口产品质量的影响进行分析，并且，由于月度数据的可得性问题，我们也未对中美贸易摩擦对中国对美出口产品扩张的影响进行检验②。因此，考虑到数据的可得性问题，我们仅采用产品层面对美出口持续时间测度贸易关系连接数量的稳定性，采用产品层面对美出口贸易额测度贸易关系连接强度的稳定性。

（3）统计探测中国对美出口稳定性的微观机制

中国对美出口稳定性的统计探测重点考察中国对美出口产品扩张、中国对美出口持续时间以及中国对美出口产品质量。①统计探测中国对美出口产品扩张与对美出口持续时间的微观机制，包括企业内产品关联密度、城市内产品关联密度、省份内产品关联密度、企业性质、产品类型、产品最终经济用途、出口行为、企业年龄、企业生产率、企业利润率、企业出口份额、企业出口额、企业所在城市出口企业数、企业所在省份出口企业数、企业出口国家数、企业所在城市该产品出口美国的企业数、企业所在省份该产品出口美国的企业数、企业该产品所在城市的比较优势指数、企业该产品在所在省份的比较优势指数、其他国家该产品在美国的市场份额以及其他国家该产品在美国市场的价格对中国对美出口产品扩张的影响。②统计探测中国对美出口产品质量的微观机制，包括企业内产品关联密度、城市内产品关联密度、省份内产品关联密度、企业性质、贸易类型、企业年龄、企业规模、资金约束、行业规模以及行业竞争程度对中国对美出口产品质量的影响。定量变量微观机制的统计探测是将定量变量通过中位数分类后统计出口稳定性的差异。

（4）计量检验中国对美出口稳定性的微观机制

本部分设定企业出口产品扩张与企业出口持续时间作为贸易连接数量稳定性的代理变量，设定企业出口产品质量作为贸易连接强度稳定性的代

---

① 由于 UN Comtrade 数据库下载量受到限制，因此本书仅对包括中国在内的六大美国进口来源国的月度数据进行分析。

② 如果进一步考察中美贸易摩擦对中国对美出口产品扩张的影响，我们还需要 2018～2019 年各月份中国对所有国家产品层面的数据。

理变量，采用"企业-产品-市场-年份"维度数据从企业节点、产品节点、"企业-产品"节点检验其微观机制：①构建 Probit 模型考察中国对美出口产品扩张的微观机制，中国对美出口产品扩张是指上一期中国出口过其他目的市场但未出口过美国市场的产品在当期进入美国市场的贸易关系，并对基准结果进行稳健性检验，之后再根据企业性质、贸易方式以及产品类型分类进行异质性检验，最后采用中介效应模型完成作用机制检验；②构建离散时间模型检验中国对美出口持续时间的微观机制，在此基础上进行稳健性检验，并进一步检验不同企业所有制、不同贸易方式以及不同差异化程度的产品分类下微观机制的差异性，最后采用中介效应模型剖析其作用机制；③构建固定效应模型检验中国对美出口产品质量的微观机制，并进行稳健性检验，进一步检验不同企业所有制、不同贸易方式以及不同区域分类下微观机制的差异性，最后构建计量模型检验其作用机制。

1.2.1.3 结论及政策建议

（1）分析总体层面的发展方向

拟根据中国对美出口稳定性的特征及中国对美出口产品扩张、中国对美出口持续时间以及中国对美出口产品质量稳定性的微观机制，在总体层面厘清中美贸易摩擦下提升中国对美出口稳定性的侧重点和主要抓手。

（2）分析产品层面的发展对策

拟根据产品节点和"企业-产品"节点分类下中国对美出口稳定性的微观机制，识别出中国在产品层面对美出口稳定性的发展潜力以及不同区域的产品发展潜力，一方面有助于政府制定优化调整我国出口产品结构的政策，另一方面为企业出口产品的选择以及企业出口产品质量提升提供思路，从而有效地实现中美贸易摩擦背景下中国对美出口中的稳中提质和稳中求进。

（3）分析企业层面的发展对策

拟根据中国对美出口稳定性的微观机制，识别出显著促进对美出口产品扩张、对美出口持续时间延长以及对美出口产品质量提升的企业特征，有助于企业探求促进出口、优化出口美国市场以及提质出口产品的发展策略。

本书的技术路线如图 1-1 所示。

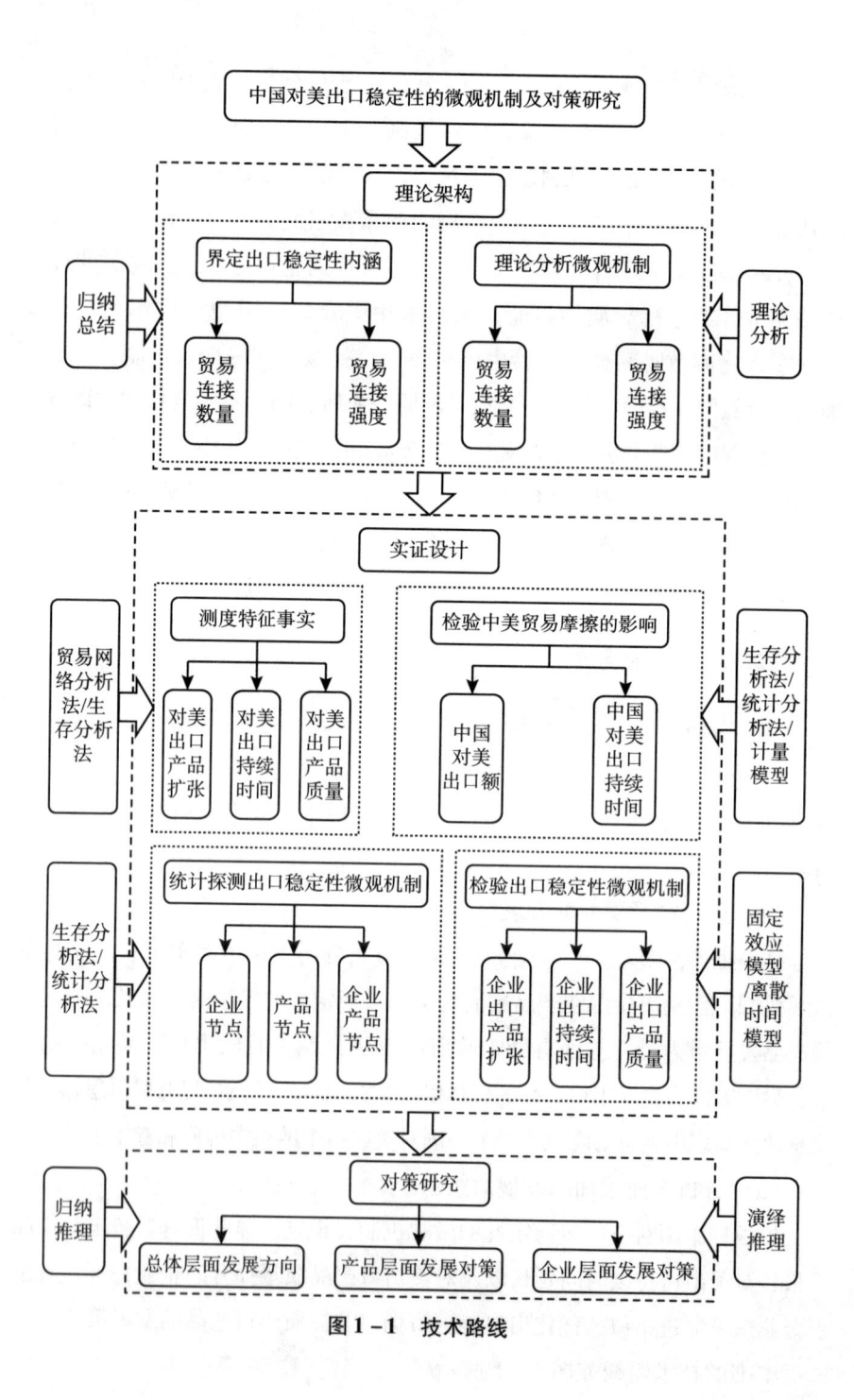

中国对美出口稳定性的微观机制及对策研究

图1-1 技术路线

1.2.2 研究方法

（1）贸易网络分析方法：运用贸易网络的指标对中国对美出口稳定性的特征及微观机制进行统计探测，以从总体上更清晰地展现中美贸易摩擦下中国对美出口稳定性的特征。

（2）生存分析方法：运用生存分析方法从企业层面描述中美贸易摩擦下中国对美出口持续时间的特征以及中美贸易摩擦对中国对美出口持续时间的影响。

（3）离散时间模型：构建离散时间模型检验中美贸易摩擦对中国对美出口持续时间的影响以及中国对美出口持续时间延长的微观机制。

（4）固定效应模型：运用固定效应模型检验中国对美出口产品质量提升的微观机制。

1.3 主要创新点与不足

1.3.1 主要创新点

（1）采用贸易网络分析法系统剖析中美贸易摩擦下中国对美出口稳定性的结构特征，有效地融合并拓展以往关于二元边际、贸易持续时间以及出口产品质量的研究。采用贸易网络分析法可以更好地将传统出口增长的二元边际、贸易持续时间以及出口产品质量的研究有机地整合到一个统一框架下，这将为相关领域的贸易问题提供一个全新的研究视角。

（2）系统审视中国对美出口的贸易连接数量稳定性与连接强度稳定性的微观机制。以往的研究仅采用贸易持续时间指标对出口稳定性进行测度，并没有考虑贸易关系连接强度的稳定性问题，本书将综合考虑贸易连接数量稳定性与连接强度稳定性，这是对出口稳定性研究的有益补充。

（3）基于产品空间理论，本书考察了其核心概念产品关联密度对中国对美出口产品扩张、中国对美出口持续时间以及中国对美出口产品质量的影响，从而全面验证了企业内与企业间溢出效应产生的路径以及产业集聚在何种地理范围内实现的问题。

1.3.2 不足

（1）鉴于中美新一轮贸易摩擦开始于 2018 年，目前现有的中国工业企业数据库与中国海关数据库仅具有 2000~2013 年的匹配数据，因此缺乏充分的数据对中美贸易摩擦背景下中国企业层面对美出口稳定性的微观机制进行实证检验。

（2）本书关于从贸易关系连接强度视角研究中国对美出口稳定性的微观机制仅从出口产品质量视角进行讨论，未来还可从出口技术复杂度视角丰富出口稳定性的微观机制研究。

（3）本书中国对美出口稳定性的研究仅对货物出口的稳定性进行探讨，并未涉及服务贸易，这将是未来可拓展的研究方向。

2 文献综述

2.1 中美贸易摩擦的文献综述

中美贸易摩擦由来已久,学术界对该议题已进行了较为广泛的讨论,特别是2017年中美贸易摩擦的升温更是将这一研究推上了一个新的台阶。国内外学者针对中美贸易摩擦的研究主要从影响因素、经济效应及应对策略方面展开。为此,我们将主要从以上三个方面进行文献梳理。

2.1.1 中美贸易摩擦的影响因素

学术上关于中美贸易摩擦产生的可能影响因素,主要包括以下四种观点:一是贸易保护与贸易失衡,二是技术进步与产业竞争,三是维护美国霸权和国家利益,四是经济发展状况与制度差异,另外,还有学者从多重因素角度进行解读。

2.1.1.1 贸易保护与贸易失衡

中美双边贸易的全面发展是中美贸易摩擦的时代背景,就贸易视角而言,美国的贸易保护政策和两国间经贸失衡是中美贸易摩擦产生的主要原因,诸多学者就此进行了深入的研究。布隆尼根(Blonigen,2005)通过构建模型实证研究发现,当一国进口比重越高,其发起反倾销调查的案件数也会越多,并因此得出,两国之间的贸易差额是其反倾销发起的重要影响因素。鲍恩和麦卡洛克（Bown and Rachel，2009）则通过比较20世纪80年代中期达到顶峰的美日贸易摩擦与始于20世纪90年代末的中美贸易摩擦，发现两者最突出的共同因素是双边贸易的巨大不平衡。国内研究方面，张小宇和刘永富（2019）认为中美贸易失衡是中美贸易摩擦的主要原因。林明臻和郭真（2018）、焦慧莹（2018）等的研究也都认为中美之间严重的贸易不平衡引发了两国之间的贸易摩擦，但前者认为这种不平衡源自于经济结构的差异、产业结构的调整以及美国对中国的出口限制，而后者则更多强调美国自身的制度缺陷。虽然隆国强和王伶俐（2018）认为中美贸易失衡并没有美国对外宣称得如此严重，但依然不否认中美贸易失衡对中美贸易摩擦的影响。同时，全球经济不景气和美国经济增长放缓促使贸易保护主义抬头，贸易摩擦频发。约翰（John，2010）的研究就指出，中美贸易摩擦的发生存在一定的必然性，其原因就在于2008年金融危机发生后，各国都想通过采取更多贸易保护政策来保护本国的国家利益。罗戈夫斯基和张丽娟（Rogowsky，张丽娟，2018）的研究认为特朗普政府发起中美贸易摩擦的原因是以就业保护的贸易政策来促进就业，并加强对其有贸易顺差国家的贸易限制。国内学者如王威（2011）也指出中美贸易摩擦的频繁发生且愈演愈烈是美国新重商主义贸易政策的必然产物，以出口自由和进口限制为特征，反映了美国各利益阶层等之间利益协调的结果和价值取向。从历史发展规律的角度上，冯俊新（2018）指出，经济规模增大的国家趋于开放的贸易政策，经济规模相对缩小的国家趋于保守的贸易政策。因此，美国贸易政策的调整和保护主义色彩的增强，既是美国21世纪初政策调整趋势的延续，也是后危机时代全球贸易政策大环境变化的共性表现（于春海和刘成豪，2018）。

2.1.1.2 技术进步与产业竞争

有一些研究还从技术视角探讨了美国对华产生贸易摩擦的原因，他们将其归结为中国技术的进步和产业结构的转型升级威胁了美国在高新技术产业上的领先地位。早在2004年，国外学者约瑟夫·贝斯特（Joseph Besten）就曾指出由于中国经济发展和产业结构的升级，美国企业正愈发感受到来自中国产品所带来的严峻挑战。而萨缪尔森（Samuelson，2004）在研究技术进步对贸易摩擦的影响时，进一步指出，当中国在产品生产方面获得外生技术进步时，会伤害到美国生产该产品的产业利益，对美国经济造成不可逆的伤害，这将导致中美贸易摩擦的产生。在国内研究方面，李文（2018）指出，在2017年，美国总统特朗普的前首席战略顾问萨缪尔森就指责中国侵犯了美国的知识产权，并通过强制性的技术转让在2008~2017年拿走了美国3.5万亿美元的技术。杨飞等（2018）则利用增长核算法和随机前沿分析法，测度了中美两国的全要素生产率，显示在美国存在利益集团的政治游说下，两国之间技术差距缩小和贸易逆差显著增加了中美之间贸易摩擦的可能性。而夏胤磊（2018）的研究则更进一步，他们认为，美国与中国之间的贸易摩擦的本质原因在于认为中国高新技术产业的发展对美国的科技霸主地位造成了威胁。张淑静和温凯茹（2019）、张幼文（2018）、邓仲良（2018）以及任靓（2017）等的研究也基本认同上述观点，认为中美贸易摩擦的实质就是为了维护其技术性贸易壁垒，遏制中国的产业升级，阻挠中国高科技企业的发展。高建来等（2019）的研究数据显示，与2017年相比，2018年中国高端制造业和战略性新兴产业分别增长11.7%和8.9%，从某种意义上佐证了以上研究的发现。另外，余振等（2018）还从全球价值链的视角考察了其对贸易摩擦的影响，发现中美在全球价值链中的分工地位越紧密，两国间发生贸易摩擦的频率和数量就越高，这一研究发现也基本解释了中美之间贸易摩擦发生的原因。蓝庆新和窦凯（2019）的研究也证实了这一研究结果，发现中美贸易摩擦源自我国在全球价值链分工体系地位的不断上升，进而加剧了中美之间的贸易竞争，而非贸易的失衡。而姚洋和邹静娴（2019）则从更为长期的视角分析了中美贸易摩擦发生的原因，研究发现两国在长期经济增长与生产率进步上的差异才是造成两国贸易摩擦更为基本面的因素。

2.1.1.3 维护美国霸权和国家利益

从政治视角对中美贸易摩擦升级的解释是，中国的崛起导致全球政治经济格局发生了巨大变化，损害了美国的国家利益，威胁到了美国的世界霸权地位，从而引发了中美贸易摩擦（刘建江，2018；刘建丰，2018；陈继勇和杨旭丹，2019）。

这一类文献有一个共同的认知，就是美国追求的是自身在世界上的霸权地位和权力，因此美国全球战略的目的就是要阻止能与其相抗衡国家的存在，特别是中国的崛起。陈勇（2007）、李波和刘昌明（2019）等的研究指出中美贸易摩擦是国家间的利益博弈，是守成国家与崛起中国家之间的一种结构性矛盾，因此发动贸易摩擦的目的就是重新调整利益分配。经过几十年的快速发展，中国的经济实力得到了快速提升，同时对国际贸易和国际投资的影响力显著增强，美国认为这将形成对其全球利益的巨大挑战与威胁（Wayn，2011；胡静寅，2006），从而影响到自身的世界经济主导权和美元霸权对国内经济的输血作用（Robert Atkinson，2012），因此试图通过贸易政策等措施压制中国的发展。中国学者宋国友（2004）认为，美国不顾绝对经济利益的增加对中国发动贸易摩擦的原因，在于政治领域的相对收益，正如曾在尼克松时期担任商务部长的彼得森（Peterson，1992）所言："无论何时，经济利益与军事安全发生矛盾，美国本能地会倾向于选择后者"。当美国所处国际环境发生变化时，其对中国的战略意图加以主观判定，并采取一切措施，破坏或阻止中国经济的加速崛起。

2.1.1.4 经济发展状况与制度差异

国外学者范伯格（Feinberg，2005）研究发现美国国内宏观经济形势与对外反倾销之间有着显著的负向关系，即当美国经济处于衰退时会更多地采取对外反倾销措施；而当经济发展时，其对外反倾销则会更少。史蒂文·罗奇（Steven Roach，2007）的研究也证实，美国经济发展状况是影响中美贸易摩擦的重要因素。相对于国外的研究成果，国内学者的研究针对性则更强。如赵硕刚（2018）指出，保护美国国内的产业及就业是美国特别是特朗普政府在任期间对中国频繁发起贸易争端的目的所在，且中美贸易摩擦具有明显的经济周期的特征。翟东升（2019）认为特朗普发动贸易摩擦的目的不是缓解贸易赤字，而是为了应对财政赤字问题，用关税的增加来弥补国内大规模减税所带来的财政赤字。林毅夫（2008）的研究也认为美国挑起对华贸易争端就是为了转移国内收入差距的矛盾。同时，也有文献指出，中美经济发展水平的巨大差异导致中美贸易摩擦必将长期存在。此外，还有部分学者从制度差异的角度分析了对中美贸易摩擦的影响，如东艳（2019）基于中美贸易摩擦和曾经的美日贸易摩擦进行比较，发现了在贸易关系密切化过程中，具有制度差异的两国间的制度矛盾会凸显，双边贸易摩擦将从微观经济摩擦转向综合性和制度性摩擦。

此外，也有诸多作者认为造成中美贸易摩擦的因素是复杂多样的，并非单纯的某个因素，而是多重因素共同造成了中美贸易摩擦频发的现状。如王领（2006）就从经济利益、国家利益及政治因素等八个方面进行了梳理。邹小宇和朱宇（2009）认为美国在中美贸易摩擦中起主导地位，商业竞争因素、政治因素和国家利益等因素干扰中美贸易的正常发展。李庆四（2018）则从特朗普的个人特质、财团利益诉求、贸易逆差及国际环境等四个方面对特朗普政府对华挑起贸易争端进行了解读。黄礼健（2018）则认为中美贸易摩擦既是美国国内矛盾激化而导致民粹主义的结果，同时也是中国经济、科技和外交等方面的崛起导致美国感到焦虑和敌视。

2.1.2 中美贸易摩擦的经济效应

关于中美贸易摩擦带来的经济效应，现有文献主要从宏观和微观层面进行了探讨，从宏观角度来看，首先肯定的是对贸易结构与贸易规模的影响，其次是产业与全球价值链效应，金融市场效应、价格福利效应等。从微观视角主要剖析了中美贸易摩擦对企业生产率的影响。

2.1.2.1 贸易效应

贸易效应是中美贸易摩擦最直接的影响，因此受到学术界的广泛关注。罗雅迪和维多多（Rosyadi and Widodo，2018）分析了美国计划对中国加征进口关税可能产生的全球影响，认为在中国适当报复反应下完全保护和只针对制造业的保护可能会导致美国和中国的GDP、贸易条件和福利下降，以及两国双边贸易的萎缩和对第三贸易伙伴出口的增加。张原和陈建奇（2018）则认为，中美贸易摩擦的升级不仅会导致国际经济有减速的风险，还会影响中国和其他国家之间的经济贸易合作，增大中国的国际环境不确定性。毕夫（2017）、郭可为（2018）等的研究则表明，中美贸易摩擦还破坏了国际贸易规则，增加国家之间的贸易壁垒，从而影响了世界经济发展和全球治理秩序等。毕吉耀等（2017）从中长期视角考察美国对华贸易摩擦的影响，发现反倾销、反补贴等措施的增多将会加剧我国出口面临的竞争压力。与上述研究认为中美贸易摩擦可能带来的不利贸易影响不同，刘丹阳和黄志刚（2020）通过将中美贸易摩擦划分前后两阶段考察了其对"一带一路"沿线国家出口的影响，研究发现，中美贸易摩擦后期对"一带一路"倡议出口效应的发挥具有显著的促进作用，具体表现为显著的出口转移效应和微弱的出口创造效应。此外，相关学者还从不同行业视角考察了中美贸易摩擦的影响，但结论不一。如李尚（Li，2019）认为中美贸易摩擦会使美国自产的玉米和高粱完全失去市场，同时对美国国内的玉米市场的整体供需格局没有影响。国内研究方面，王霞（2019）的研究发现，中美贸易摩擦敏感行业中贸易政策（RTAs 和进口关税）的出口效应和产出效应有非常明显的异质性。郭晴（2019）、张恪渝等（2020）的研究也认为中美贸易摩擦的贸易效应存在较强的行业异质性。但也有部分文献认为美国的贸易保护政策对我国的影响不大。如邵冠华（2019）认为美国对我国光伏产业采取贸易保护措施仍然会使我国光伏产业整体出口保持高增长，但需要解决光伏产业结构的问题。黄剑飞和赵洪进（2019）、郭可为（2018）也持有类似的观点，认为贸易摩擦对我国工程机械行业和中国钢铁行业的影响不大。

2.1.2.2 产业与全球价值链效应

部分专家学者从各种不同产业的层面来分析中美贸易摩擦对这些产业及全球价值链带来的后果。吕越等（2019）、唐宜红和张鹏杨（2017）等认为中美贸易摩擦将直接导致中美双边贸易额下降，特别对以中国为主导的全球供应链和产业链产生冲击，引发贸易、投资转移效应，中间进口品成本上升，国民福利下降。而周政宁和史新鹭（2019）应用动态 GTAP 模型分析了中美贸易摩擦对中美两国宏观经济和各部门的影响，研究显示，从各部门产出看，在短期内，中国农产品和轻工业会受到正面影响，其余部门会受到负面冲击；美国肉类、采掘、食品、纺织、重工业、通信和服务部门会得到促进，其余部门会受到抑制。长期来看，除农产品部门外，中国其余部门会受到正面冲击；除通信部门外，美国各部门产出的变化与其短期相似。在进一步的研究中，李宏等（2020）利用中国制造业的行业面板数据，实证检验了中美贸易摩擦对中国制造业在全球价值链分工中比较优势地位的影响，发现贸易摩擦显著抑制了中国技术密集型行业的比较优势，尤其是高技术行业，但对劳动密集型行业、资本密集型行业和低技术行业比较优势的影响并不显著。从时期差异来看，虽然贸易摩擦当期对中国制造业的比较优势有显著的抑制作用，但是其长期影响并不显著。鲍勤等（2019）、丸川知雄（2019）、黎峰等（2019）的研究在一定程度上佐证了上述结论，认为中美贸易摩擦对中国进出口贸易特别是如集成电路等高端制造业和高技术出口密切相关的行业出口有明显的负向冲击，导致了国际产业链的混乱和不稳定，直接影响着跨国公司的全球产业布局。另外，张明志和岳帅（2019）还强调美国通过技术阻断的方式挑起此轮中美贸易摩擦，将进一步抑制中国高技术产业参与全球价值链的程度和位置攀升，影响中国在全球价值链分工中的获益水平。但与此相反，丁一兵和张弘媛（2019）的研究则发现，中美贸易摩擦在抑制中国制造业在全球生产网络中间接出口的国内增加值率的同时，也会使基于后向联系的生产长度相对更快地缩短，从而引致生产线位置相对向上游移动，最终提高中国制造业在全球价值链中的地位。而就中美贸易摩擦对农业部门的影响而言，张恪渝等（2020）的研究认为，贸易摩擦对中美农业部门影响大相径庭，且存在较强的行业异质性，其中中国的食物制品、蔬菜水果及肉类制品部门的增加值受损严重。同时贸易摩擦还对中国农业参与全球价值链负面影响严重，但却强化了中国与其他贸易伙伴的农产品贸易。熊立春等（2019）在对中美贸易摩擦对相关林产品出口情况的研究显示，美国对华出口的林产品贸易量远远小于中国出口美国的林产品，更深入的相关研究结果显示，全球价值链很大程度上受到美国对中国出口的林产品情况的影响。

2.1.2.3 金融市场与投资效应

中美贸易摩擦的金融市场效应主要表现在贸易摩擦对国内外股票市场、债券市场和外汇市场风险及跨市场之间风险等的影响，如方意等（2019）的研究发现，在短期内，中美贸易摩擦会升高中国各金融市场的自身风险系数，但各市场呈现出差异性反应特征；贸易摩擦主要通过共同风险敞口及投资者配置调整对跨市场风险传染产生显著且持久的溢出效应，同时还指出，按照贸易摩擦对股、债、汇三个金融市场产生显著溢出效应的先后顺序及溢出峰值由小到大的排序，可将中国金融市场划分为三个风险区。同时，杨令仪和杨默如（2020）的研究也证实了中美贸易摩擦会对我国高新技术企业的股价产生负面波动，且这种负向影响的持续时间较短，但有所不同的是，他们还认为贸易摩擦还可能对我国高新技术企业的股价产生积极的促进作用。而和文佳等（2019）的研究则讨论了中美贸易摩擦对各金融行业的影响，结果显示，银行业抵御外部冲击的能力最强，证券业次之，保险业最差，且中美贸易摩擦对金融各行业的系统性风险水平效应的显著性较弱、趋势效应的显著性较强。此外，中美贸易摩擦还会使我国利用美资以及对美投资的水平发生重要变化（张菲和安宁，2018），一方面，由于中美贸易关系的不稳定及中国对境外投资持续的资本管控，自 2017 年以来，中国对美投资呈现出跳跃性下降趋势（何小钢等，2020），同时美国对华实施反倾销等贸易壁垒也可能推动中国扩大对美直接投资，因为国内企业在美国的海外投资项目可以有效避开贸易壁垒的阻碍，但经济发展水平仍是我国企业对外投资的重要因素（史本叶和李秭慧，2017），另一方面，中美贸易摩擦的持续发酵并没有导致我国出现大规模资本非正常流出的现象（高惺惟，2019），反而在短期内还使得美国对华直接投资保持较高水平的增长，其原因可能在于美国单边外资政策限制与贸易和投资的替代关系的共同作用（卢进勇等，2019）。

2.1.2.4 福利与就业效应

中美贸易摩擦会引起价格和福利效应主要是通过提高产品价格和消费

者的生活成本、降低消费者的福利水平等方式实现的。国外学者埃尔巴赫和袁（Erbahar and Yuan，2017）研究显示，消费者的福利水平会因持续的反倾销而受到一定程度上的损害。阿米蒂等（Amiti et al.，2019）实证分析了特朗普政府的贸易政策对美国物价以及福利的影响效应，发现特朗普政府发起的贸易摩擦大幅提高了美国中间产品和最终产品的价格，还使得进口产品的种类减少，国内价格增加。国内研究方面，李昕（2012）认为美国对华的诸多贸易救济措施从根本上阻碍了两国外贸健康发展，其结果表现在本国的产出水平下降、投资持续不足以及整体消费品价格上涨。刘旭（2012）从美国对中国加征碳关税的行为进行探讨，认为中国的就业市场、居民福利以及劳动力报酬等受到显著的负面影响。2018年中美贸易摩擦升级后，樊海潮和张丽娜（2018）从中间品贸易和量化分析的角度对其影响进行了评估，结果表明，受中间品贸易的影响，两国福利水平均会发生恶化，其中，中国福利水平恶化程度更甚。同时，部分文献还对劳动力市场进行了分析，发现美国贸易保护主义政策会冲击国内的就业市场（谭青山，2017），其中，中美贸易摩擦可能会降低出口部门的就业，而增加进口竞争部门的就业，但这种就业效应在短期内对两国就业的影响不显著（于换军和毛日昇，2019）。

此外，还有学者探讨了中美贸易摩擦的创新效应。如蒋（Jiang，2019）、刘薇和张溪（2019）等就认为中美贸易摩擦和高技术出口限制政策不仅显著影响我国企业的出口流量，还阻碍了我国技术创新发展和企业的创新活动，从而影响我国经济的发展。钱德拉和龙（Chandra and Long，2013）还从企业微观层面研究了中美贸易摩擦的生产率效应，结果显示，如果中美之间发生较为明显和严重的贸易摩擦时，将极大地抑制中国相关出口企业和产业的出口活动，并降低中国出口企业的生产率。杨培强和张兴泉（2014）利用美国企业层面的出口数据，分析了贸易保护政策对不同生产率企业的影响，发现美国对华反倾销会大幅度提高从中国进口产品的价格，同时还提升了非出口企业的生产率，并在一定程度上降低了出口企业的生产率。

2.1.3 中美贸易摩擦的应对策略

国内外关于中美贸易摩擦的应对策略已有大量研究成果，学者们从不同视角提出了解决对策。早在2008年，许（Xu，2008）就从汇率政策视角提出中国应该通过汇率政策的调整来减少与美国的贸易逆差，从而减缓中美之间的贸易摩擦。随着中美之间贸易摩擦的不断升级，金和斯派克（Kim and Spilker，2019）认为中国有必要向两国间贸易摩擦问题的相关利益方进行游说，使其停止对中国的贸易制裁，甚至向美国政府进行一定程度的妥协。同时国内学者从中国的角度也进行广泛的探讨，周政宁和史新鹭（2018）就中美贸易摩擦升级可能对我国带来的巨大的负面影响，主要从税收方面提出了相应对策，包括为企业减税降费、推进个人所得税专项附加扣除政策及加大出口退税力度等。原磊和邹宗森（2018）针对新一轮中美贸易摩擦，除认为实施交叉补贴的关税政策的必要性外，还提出应当支持和鼓励加工贸易发展，并强调进一步深化改革开放的建议。在如何更好地深化改革开放方面，刘红（2012）从政府和企业视角，认为一方面政府要及时调整产业政策和出口政策，开拓更多贸易渠道，另一方面企业也要加强知识产权保护和产品的创新等。何宇等（2019）也提出了类似的观点，认为面对美国对中国的贸易摩擦，可以通过扩大开放，特别是制造业开放、优化进口结构，从而达到优化产业结构、促进产业结构的转型升级的效果。而朱福林和赵绍全（2019）则从构建贸易强国入手提出了应对之策，具体包括改善营商环境、处理好政府与市场关系等。在强调我国经济宏观调控的同时，部分学者还认为要加强中美双边的交流与合作，强化与韩国、日本及其他国家之间的分工合作，构建多元化的双边和多边贸易体系以有效应对中美贸易摩擦（姜团，2014；王晖，2018；张雨等，2020；赵瑾，2019）。陈继勇（2018）则从更宏观的视角出发，认为此次中美贸易摩擦的本质是作为老牌守成帝国的美国与迅速发展的社会主义中国之间的全球战略竞争在经贸领域的反映，因此我们必须在分析其本质的前提下，保持中国全面深化改革开放既有战略的定力，沉着应对中美贸易摩擦可能带来的各种风险。此外，还有部分文献分行业研究了我国相关行业所采取的对策。如李旗明和赵凌云（2015）认为应对中美汽车贸易摩擦，我国需要提高汽车出口企业研发创新能力、发挥汽车行业协会协调能力、增强政府政策导向和扶持作用、利用世贸组织（WTO）争端解决机制等。林涛（2019）则认为随着新一轮中美双方贸易摩擦升级，中国应加快纺织产业结构改革，促进对外投资，提升纺织服装全球供应链地位；拓展市场，降低对美国依赖度；增强企业知识产权保护意识，主动应对侵权纠纷。而龚波（2019）则认为，为减少因中美贸易摩擦对世界粮食贸易造成的不确定性，中国一方面需要坚定维护世界多边贸易体制，另一方面还需要充分利用国内与国外两个市场两种资源，通过稳定口粮生产、加强农业供给侧结构性改革、拓展贸易渠道、实施科教兴农战略、解决贫困群体用粮、节约用粮等策略，来提高自身的粮食保障能力。杜娟（2019）针对中美贸易摩擦对中国农业发展的影响，提出我国应积极调整农业产业结构和积极推动我国农业科技创新，并进一步扩大农业的对外开放水平，同时健全中国的农业贸易政策体系，并抓住本次贸易摩擦后重新谈判的契机，争取参与制定出更加公平合理的国际农业贸易投资新规则。

2.2 出口稳定性的文献综述

国内外学者从微观层面关于出口稳定性的研究主要基于异质性企业贸易理论框架，本书将出口稳定性定义为贸易关系连接数量稳定性和贸易连接强度稳定性两类，其中，贸易关系连接数量稳定性采用"企业－产品－市场－年份"维度数据解析贸易关系的发展变化及其在贸易增长中的贡献。这类文献的研究进展主要集中在二元边际和贸易持续时间两个方向，贸易关系连接强度稳定性采用"企业－产品－市场－年份"维度数据测度产品的出口额以及产品质量升级情况，用以反映贸易关系的连接强度，本书主要采用出口产品质量度量贸易关系的连接强度。

2.2.1 贸易关系连接数量的稳定性

2.2.1.1 二元边际

出口增长的二元边际指的是将出口增长的动态变化划分为集约边际和扩展边际两个部分,从"产品-市场"维度而言,集约边际是指老产品在老市场的贸易额变化,而扩展边际则是新产品进入老市场、老产品进入新市场以及新产品进入新市场带来的变化（Amurgo - Pacheco and Pierola,2012; Bernard et al., 2009）。总而言之,从贸易网络角度来看,集约边际其实是贸易关系连接强度的动态变化,主要反映原有贸易关系连接上贸易流量的变化,而扩展边际则是贸易关系连接数量的动态变化,主要反映因产品集或市场集变动而导致的贸易关系连接的新增或消亡。因此,出口增长的二元边际分析为贸易关系连接数量及连接强度变化的界定奠定了基础。目前关于二元边际的研究多集中于二元边际在贸易增长中的贡献以及二元边际的影响因素分析。

首先,关于二元边际在贸易增长中的作用及贡献,依据研究对象、测度方法及侧重点等方面的差异,相关文献主要有三种不同的观点。第一种观点认为扩展边际对一国出口贸易增长的贡献度更大,这类文献强调扩展边际的重要性。如埃弗奈特和维纳布尔斯（Evenett and Venables, 2002）、伯纳德等（Bernard et al., 2003）、胡梅尔斯和克莱诺（Hummels and Klenow, 2005）、彭和马丁（Pham and Martin, 2007）、索姆瓦鲁等（Somwaru et al., 2008）、科拉里（Colaceli, 2010）等文献从国家层面或产品层面的研究中得出类似结论。而伊顿等（Eaton et al., 2008）、劳立丝（Lawless, 2007）、伯纳德等（Bernard et al., 2009）等文献则从企业视角考察了二元边际对一国贸易增长的贡献大小,结果同样表明了扩展边际对于贸易发展的重要作用。对于扩展边际在贸易增长中的作用,国内相关学者也得到了类似的研究结论,如李显戈和孙林（2012）、宗毅君（2012）、钱学锋等（2013）、刘义和阳素文（2014）等从不同角度,利用二元边际进行研究，得出了较为一致的研究结论，即在中国相关产品的出口贸易增长中，扩展边际起着最重要的促进作用。

与上述观点不同的是，第二种观点则认为集约边际在贸易增长中发挥更大作用，是一国贸易增长的主要原因。希尔贝利和胡梅尔斯（Hillberry and Hummels，2005）、布兰顿和钮法梅尔（Brenton and Newfarmer，2012）、阿穆尔格·帕切科和皮尔劳尔（Amurgo-Pacheco and Pierola，2012）、伯纳德等（Bernard et al.，2009）、拜耳等（Baier et al.，2014）等学者从国家层面的贸易数据出发，实证检验了集约边际是出口贸易增长的主要来源，另外阿米蒂和弗洛伊德（Amiti and Freund，2010）、伊顿等（Eaton et al.，2008）、高等（Gao et al.，2014）等则从产品层面研究发现集约边际对一国出口贸易增长的贡献更大。在国内相关的研究方面，诸如钱学锋和熊平（2010）、施炳展（2010）、盛斌和吕越（2014）、刘洪铎和陈晓珊（2017）、钟腾龙等（2018）等学者进一步证实了这一结论。随着相关研究的深入，研究对象逐渐扩展到农产品、文化产品、高技术产品等产品种类，耿献辉和张晓恒（2014）基于产品层面研究发现，集约边际对中国农产品出口增长起主要作用。曲如晓等（2015）在文化差异视角下研究发现，中国文化产品的出口增长主要是沿着集约边际方向增长。陆晓翔（2015）通过研究中国高新技术产品增长的二元边际，发现集约边际对贸易出口的影响更大。另外，范爱军和刘馨遥（2012）、李淑贞（2013）等还分别从机电产品和电子信息产品层面研究发现，中国机电和电子信息产品的出口增长都主要得益于集约边际的扩张。

此外，还有第三种观点，部分学者认为二元边际对于一国出口贸易增长同等重要，如伯纳德和詹森（Bernard and Jensen，2009）研究发现，集约边际与扩展边际对于20世纪90年代的美国出口贸易增长的贡献度相当。但同时一些学者认为其贡献度还取决于研究对象的特征和其发展阶段。如费尔伯迈尔和科勒（Felbermayr and Kohler，2006）发现，20世纪50年代末至70年代以及90年代，扩展边际对于世界制造业出口贸易发展发挥着更为重要的作用，而在其他时间段集约边际的贡献度则更大。另外，比瑟德和普鲁萨（Besedes and Prusa，2011）也发现二元边际对于不同研究对象间的长期增长还会因研究对象的不同而存在较大差异。

关于二元边际的影响因素研究，现有文献大多基于企业异质性贸易理论，在扩展引力模型基础上来探究不同因素对出口扩张的影响，主要考察的因素有以下几个方面。

贸易成本。贸易成本对出口贸易增长的影响已获得广泛的共识。梅利兹（Melitz，2003）首先在其文章中指出沉没成本在出口贸易上发挥着重要作用，随后达斯等（Das et al.，2007）、劳立丝（Lawless，2010）及芬斯特拉和马（Feenstra and Ma，2014）等进一步研究发现，贸易成本反向影响了国际贸易增长，且这种影响主要是通过扩展边际来实现的。在此基础上，安德森（Anderson，2007）将贸易成本进一步分解为可变贸易成本和固定贸易成本，研究表明二者对于出口贸易的影响主要体现在扩展边际，且固定贸易成本的影响能力更显著。钱学锋（2008）的研究同样证实了这一结论。同时，钱学锋和熊平（2010）的研究发现，可变贸易成本对集约边际出口有明显负向影响，固定成本与集约边际相对独立，但对扩展边际的增长有显著负向影响。康索斯（Kancs，2007）、刘钧霆等（2018）等的研究证实，可变贸易成本是以集约边际作为影响出口增长的主要途径。但黄远浙等（2017）则认为，固定成本对扩展边际和集约边际的扩张均产生不利影响，但可变成本的上升则仅仅影响了集约边际。而史本叶和张永亮（2014）的研究则更进一步，认为不同的贸易成本构成因素对二元边际的影响呈现出多样性，与一国实体经济相关的成本因素更多地影响集约边际，而扩展边际受到其他因素的影响。同时，伯纳德等（Bernard et al.，2003）、芬斯特拉和凯（Feenstra and Kee，2011）、伊顿等（Eaton et al.，2007）及陈阵和隋岩（2013）等在企业异质性理论模型基础上考察了贸易成本的变化对于企业参与国际贸易的影响：贸易成本的下降不仅有助于现有出口企业通过集约边际扩大出口，还能促进企业实现出口扩展边际的增长。

此外，现有文献还从包括运输成本在内的贸易成本角度考察了其对一国出口贸易增长的影响。如宋伟良和王焱梅（2017）通过考察贸易成本与中国高科技产品出口关系时发现，运输费用、贸易壁垒等跨国交易成本的降低能够促进出口贸易的扩张，但对集约边际的影响程度更大。而伯纳德等（Bernard et al.，2007）、克罗泽和柯宁（Crozet and Koenig，2010）等则从地理距离的角度考察了其对二元边际扩张的影响，研究发现，与目标市场的距离越远，贸易成本越高，对二元边际的反向作用越大，并对扩展边际的影响更显著。

贸易制度与政策。与出口的二元边际影响因素相关的贸易制度与政策主要涉及贸易壁垒、经济一体化及贸易便利化等。首先就贸易壁垒的影响而言，伊顿等（Eaton et al.，2008）利用法国的贸易数据研究了贸易壁垒减弱对贸易流量的影响，结果表明二者呈现出显著的负相关，并且影响主要是通过扩展边际实现的。与此相类似的是，在我国出口产品遭遇的反倾销壁垒中，王孝松等（2014）也发现贸易对象国发起的反倾销诉讼显著抑制了中国产品出口的二元边际，这一抑制效应对扩展边际更为明显。而且，吴晓雅（2019）还从时间轴上考察了反倾销壁垒如何影响企业出口的二元边际，结果显示，短期内贸易伙伴发起的反倾销显著地抑制了中国企业出口的二元边际，但是以上效应在较长时期内均不明显。在此基础上，相关研究还进一步地将贸易壁垒分为关税壁垒和非关税壁垒，并分析了其对二元边际的作用。在以关税壁垒的为代表的研究中，德贝雷和莫斯塔沙瑞（Debaere and Mostashari，2010）在分析第二次世界大战后关税减免对新产品出口的影响时，发现关税减免对美国出口增长的扩展边际影响尤为重要；芬斯特拉和凯（Feenstra and Kee，2011）在研究中国与墨西哥对美国贸易种类影响效应时，也得出了较为一致的结论，认为美国的关税降低促进了出口国对美国出口的扩展边际增长。与此相反，布诺和拉兰（Buono and Lalanne，2012）的研究发现关税削减所带来的出口贸易增长主要由集约边际所致，而非通过扩展边际；康（Kaug，2012）的研究也得出了非常相似的结论，即关税的削减主要促进了集约边际的增长，而对扩展边际几乎没有影响。国内研究中，汪颖博等（2014）认为，关税的削减会影响进口的集约边际，非关税政策的实施则主要影响扩展边际；而丁存振和肖海峰（2019）在研究中美双边农产品出口的边际影响时，发现提高关税会同时影响二元边际，但关税变动则主要通过集约边际实现。同时，关于非关税壁垒对集约边际和扩展边际的影响方面，鲍晓华和朱达明（2014）就技术性贸易壁垒对出口的二元边际效应进行了研究，发现技术性贸易壁垒同时对企业出口的二元边际产生影响，只是这种影响对不同行业和收入水平国家存在明显的差异性；张胜满和张继栋（2016）发现环境规制促进了集约边际的增长，同时，环境规制与产品内分工的相互促进关系也有助于扩展边际作用的发挥。樊秀峰等（2019）测度了中国高新技术产品出口的二元边际，结果显示，技术性贸易壁垒在抑制高新技术出口的集约边际的同时，也促进了扩展边际的增长。

随着经济一体化的不断推进，相关的文献日益增多。这部分的研究主要认为区域及国际经济一体化主要通过扩展边际来影响贸易流量（Baldwin and Gu，2004；Kehoe and Ruhl，2009；Stehrer et al.，2010；Baier and Bergstrand，2007、2014）。同时，弗贝梅尔和科勒（Febermayr and Kohler，2006）认为加入WTO对成员国的二元边际有明显的促进作用，尤其对扩展边际的促进作用更显著。伊藤（Ito，2008）和莫利纳等（Molina et al.，2010）分别通过对拉美和非洲新签订自由贸易协定国家的出口商品进行分析得出相同结论，即区域经济一体化扩大了出口国的扩展边际出口。伊藤等（Ito et al.，2010）、钱学锋和熊平（2010）等也得出了相似的结论。然而，本萨西（Bensassi，2012）的研究提出了不同观点，认为巴塞罗那进程对欧洲—地中海贸易伙伴关系与北非国家之间出口的集约边际和扩展边际均有重要影响。杜特（Dutt，2013）在分析世界贸易组织成员方之间出口关系时，发现其出口同样受到二元边际的影响，只是这种影响在扩展边际和集约边际之间存在一定的差异性。国内学者的此类研究中，刘钧霆等（2018）在研究中国与伙伴国（地区）签订自由贸易协定对高技术产品出口二元边际的影响时，发现签订自由贸易协定有助于出口的二元边际增长。陈勇兵等（2015）通过研究中国与东盟自贸区的建立对贸易流量的二元边际影响，发现该自贸区的建立对二元边际都有促进作用，然而对集约边际的影响效应更明显。

就贸易便利化方面，有学者总结发现，国家之间的贸易便利化和自由化，一方面提升了出口国出口的集约边际，另一方面也有助于降低出口扩展边际（Amurgo - Pacheco，2012）。陆伟桢等（2018）通过中国与东盟出口贸易数据证实了贸易便利化对二元边际都存在着显著的促进作用，研究结果还表明中国贸易便利化的影响效果要大于进口国的贸易便利化。与此同时，一些南美洲的发展中国家也通过积极推行贸易促进政策以获得出口贸易的发展，如秘鲁、乌拉圭和哥伦比亚的出口补贴政策通过扩展边际显著地增进了贸易的发展（Martincus and Carballo，2008；Hlmers and Trofimenko，2013）；而阿尔瓦雷斯和克瑞斯皮（Álvarez and Crespi，2000）的研究中则发现，智利的贸易鼓励政策通过扩展边际和集约边际有效促进了贸易活动，上述研究结果检验了贸易促进政策的有效性。

融资约束和金融发展水平。融资成本是企业出口成本的重要组成部分，企业异质性模型认为只有利润可以覆盖出口成本的企业才能够出口，因此融资成本成为影响贸易活动的一个重要因素（Feenstra and Kee，2011）。以融资约束作为衡量指标对二元边际影响效应进行度量的文献中比较典型的包括格林纳威等（Greenaway et al.，2007）、贝洛内等（Bellone et al.，2008、2010）、伯曼和埃里库尔（Berman and Héricourt，2010）、芬斯特拉等（Feenstra et al.，2014），他们的研究都认为融资约束对企业的扩展边际具有更为重要的影响，但对集约边际几乎没有影响。缪斯（Muûls，2008）、苏瓦塔拉登（Suwantaradon，2008）、布赫等（Buch et al.，2010）及伯曼和埃里库尔（Berman and Héricourt，2010）也分别利用比利时、巴西和智利、德国及发展中国家的企业层面数据支持了融资约束主要影响了企业出口的扩展边际的观点。在以中国数据进行的相关研究中，艾格和科斯纳（Egger and Kesina，2014）、万璐和李娟（2014）等的研究也得出了类似的结论，认为融资约束通过扩展边际发挥作用。与上述研究结论不同的是，部分研究认为融资约束不仅通过扩展边际对出口产生影响，还会通过集约边际影响企业的出口流量。如马诺瓦等（Manova et al.，2011）使用中国金融数据研究发现，信贷约束的存在相当于增加中国企业的出口成本，从而抑制了企业出口的集约边际和扩展边际的增长。在后续的研究中，马诺瓦（Manova，2013）还发现金融约束在影响企业进入出口市场的同时，还会制约企业的产出水平，继而得出当行业对融资约束越敏感时，对集约边际和扩展边际的影响越明显。无独有偶，福塞格利亚（Fauceglia，2015）通过研究17个发展中国家的微观企业数据，也实证检验了这一结论，即融资约束对出口的二元边际影响显著。在国内研究方面，邹薇和李浩然（2016）从贸易方式的视角考察了融资约束对企业出口二元边际的影响，发现融资约束对加工贸易类企业的出口影响主要途径是集约边际，而一般贸易类企业正好相反。项松林（2015）的研究结论与此类似。此外，奥雷等（Auray et al.，2012）、杜运苏和曾金莲（2016）及胡雁斌等（2016）分别选取1991~2009年欧洲货币联盟国家、1996~2010年的中国出口数据及非国有企业数据进行研究，发现欧元区的货币统一、金融发展及国家金融体系等因素对扩展边际的作用更为显著。马诺瓦（Manova，2008）利用Melitz模型扩展的多国多部门模型考察了不同的金融发展水平对企业二元边际的影响，发现一国的金融发展水平有助于企业出口的二元边际。

宏观经济条件。早在1969年，国外学者阿明顿（Armington，1969）就发现不同国家间的商品具有不完全替代性，集约边际的增加与市场规模的扩大和市场份额的变化相关，如果一个国家主要通过集约边际来实现出口增长，会导致本国出口产品价格的下降。孙和李（Sun and Li，2018）的研究也发现，贸易相关的变量，如经济规模、农业出口能力等对出口二元边际都会产生一定的影响。易靖韬和乌云其其克（2013）也证实了人均GDP、劳动力、质量指数等对二元边际有影响。同时，还有部分学者认为，一些宏观经济条件，如出口目标国的经济规模、人均GDP、基础设施建设、政府补贴等对出口贸易的扩张有促进作用，并且这种促进作用主要通过出口扩展边际来实现，对集约边际影响不大（Funke and Ruhwedel，2001；Anderson，2007；陈勇兵等，2012；盛丹等，2011；张杰和郑文平，2015）。进一步地，现有部分文献还发现，不同的宏观经济条件对于二元边际的影响呈现出差异性，如黄杰等（2018）得出经济规模、地理面积、人口密度对农产品出口增长扩展边际和集约边际均有显著正向影响，关税水平、贸易距离、各国进口方所需文件数等因素对扩展边际和集约边际均具有显著负向影响；许统生和杨颖（2016）发现，相对经济规模的增长会对集约边际带来正面影响，但对扩展边际产生负面影响。陈林等（2018）认为，目的国经济规模越大，对集约边际的影响大于扩展边际，贸易距离主要是通过集约边际降低中国农产品对"一带一路"沿线国家的总出口。

外部冲击。由于全球化的不断发展，世界各国之间的贸易联系日益紧密，特别是在现有国际生产网络框架下，各国的贸易活动很容易受到外部环境冲击的影响。国外学者伯纳德（Bernard，2009）的研究表明，二元边际均会受到外部经济冲击的影响，其中，扩展边际主要受长期波动的影响，而集约边际则受短期波动影响为主。在国内相关研究方面，钱学锋和熊平（2010）的研究发现，1997年和2001年的世界经济波动对集约边际产生了显著的消极影响，而对扩展边际则产生了一定的积极影响。范爱军和刘馨遥（2012）、郭俊芳和武拉平（2015）和孙一平等（2013）等部分学者的研究也发现外部冲击对集约边际造成了显著的消极影响，但扩展边际几乎不受影响。韩晓璐等（2016）则研究了较长时间经济波动对中国木质林产品出口的二元边际的影响，结果发现经济危机对扩展边际产生了显著的冲击，但对集约边际基本没有影响，此结论某种程度上是对伯纳德（Bernard，2009）关于扩展边际主要受长期波动影响的回应。另外，盛斌和吕越（2014）在研究了2001~2010年211个贸易伙伴近5000种产品出口的数据发现，金融危机对不同经济发展水平的出口市场以及不同技术含量的出口商品种类的影响呈现一定差异，并且，集约边际的大幅下滑是金融危机中导致中国出口贸易短期萎缩的最主要原因。

文化联系。这类文献主要涉及语言、文化、种族、宗教等方面对贸易流量的影响。赫尔普曼等（Helpman et al.，2008）考察了共同语言和殖民关系两项因素对二元边际的影响，结果发现共同语言和殖民关系对二元边际均具有正向促进作用，而且共同语言对扩展边际的影响要大于集约边际。克罗泽和柯宁（Crozetand and Koening，2010）也研究了共同语言和殖民关系对二元边际的影响效应，发现共同语言和殖民关系对二元边际也均产生促进作用。国内的学者如田子方和杜琼（2019）、齐欣和王强（2020）等研究发现，文化距离、儒家文化显著促进了对产品出口的扩展边际和集约边际。另外，还有部分文献认为种族关联有利于集约边际增长

(Coughlin and Wall, 2011), 巴斯托斯和席尔瓦（Bastos and Silva, 2008）通过研究 199 个国家和地区的出口，发现共同语言、居住社区、殖民传统等文化联系可以有效地促进企业零贸易数量的降低并提高既有出口企业的出口量。

创新能力、创新投入与知识产权保护。陈（Chen, 2013）从国家层面对 105 个国家的制造业出口数据和专利申请数据进行分析，发现一国的创新能力对于二元边际有着显著的正向促进作用，尤其在低收入国家更为明显。刘祥霞等（2015）从行业和时序上分析制造业出口的二元边际影响，发现技术创新投入、资本密集度、劳动生产率约束等对集约边际和扩展边际都产生了重要影响。与此类似，康志勇（2013）的研究也认为企业研发对推动企业出口的二元边际积极作用的同时，但还特别强调对于扩展边际的影响尤为显著。与上述研究结论不一样，梁莹莹（2017）则从区域层面对辽宁省制造业出口的二元边际进行了分析，发现该省出口的主要贡献在于集约边际。此外，王奇珍等（2016）则基于企业层面实证研究，表明技术创新对于不同类型企业的二元边际的影响还会存在差异，认为技术创新更有助于促进劳动密集型企业的出口集约边际以及资本密集型企业的出口扩展边际，而对技术密集型企业出口的集约边际和扩展边际的促进作用相对其他两种类型企业来说较小一些，这进一步说明对于企业来说，技术创新是其进行出口选择的重要因素，企业开展技术创新、提高产品技术含量是其走入国际市场的必要途径。对于知识产权保护对于二元边际的影响，余长林（2015）通过将知识产权指标纳入企业异质性模型，发现知识产权保护有利于扩展边际，不利于集约边际。刘钧霆等（2018）则进一步将出口分解为三元边际，结果显示加强知识产权保护对中国高技术产品出口的扩展边际和价格边际均产生正向影响，但是减少了中国高技术产品的出口数量边际，也不利于出口数量的增加。

其他因素。在汇率影响方面，传统的贸易理论一般认为汇率升值会抑制一国的出口贸易，但是切尼（Chaney, 2016）则认为，如果一国的汇率升值，其原有企业的出口规模（集约边际）会下降，同时原有潜在出口企业的扩展边际也可能退出出口市场，但汇率上升也会在产品间差异比较大的情况下致使部分企业进入出口市场,从而使得新出口企业的扩展边际抵消现有企业的集约边际的减少。科拉塞利等(Colacelli et al., 2010)的研究发现双边的实际汇率波动影响贸易流量主要通过扩展边际实现。唐和张(Tang and Zhang, 2012)以中国为主要研究对象,通过研究也得出了相似的结论,认为汇率变动影响中国企业出口贸易的主要途径是扩展边际。不仅汇率波动会对国际贸易活动产生显著影响,汇率制度的不同也会对二元边际产生差异性的影响(Naknoi, 2015; Bergin and Lin, 2009)。少有文献从"企业-产品"节点角度探讨其对二元边际的影响,仅有洛图尔科和马吉奥尼(Lo Turco and Maggioni, 2016)以及孙天阳等(2018)从产品关联与市场邻近等方面验证了其对二元边际的影响。

2.2.1.2 贸易持续时间

持续时间的概念引入贸易领域,为贸易关系的稳定性分析做出了较大贡献。最早将生存分析法引用至国际贸易领域进行贸易持续时间研究的学者是比瑟德和普吕萨(Besedeš and Prusa, 2006a),他们采用1972~1988年TS7分位以及1989~2001年HS10分位高度细分的产品层面数据对美国进口贸易持续时间进行了分析,结果发现美国进口贸易持续时间非常短,持续期中位数仅为2~4年,随后,涌现出了大批学者开始探讨各国进出口贸易持续时间的特征分布,都得到了几乎一致的结论,因此从不同的角度对贸易持续时间特征分布的经验研究依次出现(Besedeš and Prusa, 2006b; Besedeš and Prusa, 2008; Nitsch, 2009; Fugazza and Molina, 2016)。

鉴于贸易持续时间对于贸易关系稳定性分析的重要意义,各国学者从多个角度对贸易持续时间的影响因素进行了研究,主要从国家特征、市场结构特征、产品特征以及企业特征等角度对贸易关系持续时间的影响进行了经验研究,得到了许多有价值的结论。

国家特征方面,劳奇(Rauch, 1999)曾指出更靠近市场,共同的语言以及殖民地联系等引力变量都是建立贸易关系的重要影响因素,因此引力变量也将影响贸易关系的持续时间。比瑟德(Besedeš, 2008)引入GDP、人均GDP、地理距离、共同的语言以及与美国的邻近程度等引力变量至 Cox 模型，发现除地理距离之外，其他的引力变量均与贸易关系的危险率成反比，与贸易关系的持续时间成正比。赫斯和皮尔森（Hess and Persson, 2011）发现，实际汇率水平变动对贸易持续时间存在重要影响。尼奇（Nitsch, 2009）在研究德国进口贸易持续时间中也引入了汇率水平的变动因素，但是其对德国进口贸易持续时间的影响不显著。赫斯和皮尔森（Hess and Persson, 2010）通过研究发现，关税越高，其贸易关系的危险率越低，贸易关系的持续时间越长。另外，还有学者从贸易政策的不确定性角度论证其对出口稳定性的影响，例如周定根等（2019）指出，贸易政策不确定性有助于延长出口持续时间，改善出口稳定性。

市场结构特征方面，主要从产品进口总额、进口来源国数量以及市场份额三个方面展开。尼奇（Nitsch, 2009）研究了德国进口贸易关系持续时间，结果发现，产品进口总额、进口产品市场份额与德国进口贸易关系持续时间正相关。陈勇兵等（2013）的研究发现，进口来源国数量、市场份额、双边贸易、进口总额都对中国进口贸易持续时间的影响为正相关。

产品特征方面，林常青和张相文（2014）发现，贸易持续时间段的初始贸易额越大，其出口持续时间将越长。邵军（2011）指出，产品的单位价值越大越能促进贸易关系持续时间延长。孙楚仁等（2022）通过研究发现，差异化产品的平均生存时间最长，因为其具有垄断定价能力，因而在市场上更具竞争优势。蒋灵多和陈勇兵（2015）构建离散生存分析模型探讨了多产品出口企业内异质产品的出口持续时间问题，他们发现，企业越核心的产品其出口失败概率越小，出口持续时间越长。

企业特征方面。何有良和陆文香（2018）、赵瑞丽等（2017）、李宏兵等（2016）分别从企业家精神、企业出口复杂度以及企业融资约束角度考察了其对贸易持续时间的影响。

此外，"企业-产品"维度层面仅有吴小康和于津平（2018）从产品关联角度解释其对企业新产品出口持续时间的影响。以上关于贸易持续时间的研究为我国出口稳定性及其微观机制分析提供了坚实和广泛的基础。但从其对影响因素变量的整理中可以看到，从产品空间邻近性角度考察其对贸易持续时间的文献较少，潜在出口产品与产品空间现有产品之间的邻近性是否有利于贸易持续时间的延长，关系到产品空间邻近性是否有利于我国出口产品网络持续健康发展的问题，这也是本书拟对贸易持续时间的研究文献进行的有益补充。

2.2.2 贸易关系连接强度的稳定性

本书主要采用出口产品质量变量测度贸易关系连接强度的稳定性，影响企业出口产品质量的因素可主要归纳为四个维度，即国家、地区、产业及企业。

在国家层面，已有研究主要考察了一国的自主技术创新、国家信贷约束、贸易自由化与贸易协定、人民币汇率、出口目的地非正式制度、政府补贴及工资标准等影响因素。科伯恩等（Cockburn et al.，2016）认为具备创新特质的产品和服务的开发有利于提升企业出口产品质量。汪建新和黄鹏（2015）的研究表明，信贷约束使得企业无法得到充足的资金从而显著降低了企业投资高质量产品的行为动力，因而其对企业出口产品质量存在负向影响效应。范等（Fan et al.，2015）考察了企业信贷约束、出口产品质量与其出口价格之间的关系，结果表明当企业面临信贷紧缩时会选择生产质量较低的产品。王明涛和谢建国（2019）以中国–东盟自由贸易区为外生冲击事件，实证考察了贸易政策不确定性对企业出口产品质量的影响，结果显示，贸易政策不确定性下降显著提升了企业出口产品质量，对非核心产品出口质量的促进作用更大。张明志和季克佳（2018）从人民币汇率变动角度考察了其对中国制造业企业出口产品质量的影响，研究发现，人民币升值提高了"企业–目的地"层面的出口产品质量。祝树金等（2019）的研究指出，目的地非正式制度改善，通过降低出口企业预期的违约风险及产品被侵权风险，促进企业出口更高质量的产品。施炳展和邵文波（2014）证实了政府补贴将会提升出口产品质量。另外，许和连和王海成（2016）采用全国各县区最低工资标准数据、中国工业企业数据库与中国海关数据库的匹配数据探讨了最低工资标准对企业出口产品质量的影响，研究表明，最低工资标准显著抑制了企业出口产品质量升级。

在产业或地区维度，既有研究较多从产业政策、产业集聚、产品市场竞争和地区知识产权保护等视角进行探讨。王圣博和颜晓畅（2021）考察了地方政府产业政策对企业出口产品质量的影响，结论显示，地方政府产业政策显著促进了辖区内企业出口产品质量的提升。苏丹妮等（2018）研究了表征本地化生产体系的产业集聚与企业出口产品质量之间的关系，发现产业集聚显著提升了中国企业的出口产品质量。许明（2016）利用双边随机前沿分析方法测度和验证了市场竞争、融资约束对企业出口产品质量的影响，研究结果表明，市场竞争对出口产品质量的提升具有正向效应，而融资约束对出口产品质量的提升具有抑制效应，两者相互作用最终导致实际出口产品质量低于有效出口产品质量水平达到20.36%。魏浩和李晓庆（2019）研究了知识产权保护与中国企业进口产品质量之间的关系，结果表明，中国进口地区加权知识产权保护会拉低进口产品质量的平均水平。

在企业维度，企业出口产品质量的影响因素主要包括企业生产率（Crozet et al., 2012）、企业上市（祝树金和汤超，2020）、国有企业改制（王海成等，2019）、管理质量（Bloom et al., 2018）、融资约束（Bernini et al., 2015）、对外直接投资（Xu and Lu, 2009）及劳动报酬（许明，2016）等。

由以上文献可知，宏观层面、微观层面的研究比较全面地关注了政策、企业特征对产品质量和产业升级的影响，但较少有文献从"企业–产品"维度关注产品关联对出口产品质量的影响，这启发我们可以聚焦于微观层面产品关联的质量效应研究。与这一思路较为相近的文献有苏丹妮等（2018）以及刘信恒（2020）关于产业集聚对出口产品质量升级的影响研究。前者认为产业集聚显著提升了中国企业的出口产品质量，后者指出产业集聚对企业出口产品质量存在倒"U"型影响。这些文献主要关注的是同一产业内企业间的溢出效应对企业出口产品质量升级的影响，而本书则探究产品间溢出效应的作用。因此，本书出口产品质量部分可能的边际贡献主要体现在以下两方面：首先，本书将产品空间理论应用于企业出口产品质量升级，补充了微观层面产品关联对质量升级的影响研究，为企业充分利用产品关联助推中国制造业企业出口产品质量升级提供了政策参考；其次，从微观层面验证了产品间溢出效应在企业出口产品质量升级中的作用，丰富了溢出效应方面的研究。在企业发展中，产品间的溢出效应与企业间的溢出效应同样重要。

2.3 产品空间理论的文献综述

2.3.1 产品空间的界定与测度

伊达尔戈等（Hidalgo et al.，2007）、豪斯曼和克林格尔（Hausmann and Klinger，2007）几乎同时创造性地提出了产品空间理论，该理论认为，产品空间即指产品之间的关系网络，也就是说，全球所有产品之间生产能力的相似性构成了产品空间，从而两种产品生产能力的相似性越高，产品之间转换越容易，反之则越困难。在从企业层面对企业出口产品演化的研究中，洛图尔科和马吉奥尼（Lo Turco and Maggioni，2015）以及哈吉拉等（Hazir et al.，2017）为了同时考察企业自身和当地资源环境的重要性，将产品空间分为企业产品空间和本地产品空间。关于产品空间距离的测度，学者们从国家层面和企业层面进行测度：在国家层面，伊达尔戈等（Hidalgo et al.，2007）利用产品间邻近性指标来度量产品空间距离，由于反映两种产品在生产过程中类似生产要求的数据限制，他们创造性地提出一种新的衡量产品空间技术接近程度的测度指标—邻近性，该指标是一种以出口结果为导向来计算产品空间邻近性的方法，具体计算是在引入巴拉萨（Balassa，1965）提出的RCA指数概念基础上统计出两种产品出口的条件概率，并取最小值，这种计算方法实际上从出口结果的角度反映了两者在生产过程中对组织结构、基础设施、资源、技术和其他组成要素要求的相似性；之后，产品空间距离被许多国内外学者用来预测国家、地区和企业比较优势的发展趋势（张其仔，2008；Boschma et al.，2009；Poncet and De Waldemar，2015；Boschma and Capone，2016；Desmarchelier et al.，2018）。在企业层面，洛图尔科和马吉奥尼（Lo Turco and Maggioni，2015）对企业产品密集度和本地产品密集度的测度中，在利用伊达尔戈等（Hidalgo et al.，2007）产品空间邻近性计算方法的基础上，分别对企业潜在生产产品与上一年度企业和本地所有生产产品的邻近性进行加权处理后得到。

产品空间的界定从宏观的全球产品空间层面发展到一国范围内微观的企业产品空间与本地产品空间层面，这将有利于从更加细化的微观视角研究企业出口产品网络稳定性的问题，然而，在对一国范围内产品空间邻近性的测度上，少有学者从微观企业层面对产品关联进行统计测度，因此，本书的研究有必要重新审视对企业层面产品关联的测度。

2.3.2　产品空间邻近性的影响效应研究

相关研究主要考察了产品空间邻近性对产业转型升级、技术创新以及贸易网络发展的影响效应。首先，在产品空间邻近性对产业转型升级影响的研究中，产业的转型升级意味着一国从低附加值的产品生产向高附加值产品的生产转变，伊达尔戈等（Hidalgo et al.，2007）通过产品空间刻画了产品间关系网络，得出了产品空间具有高度异质性的结论，既存在紧密联系产品组成的中心地带，也存在联系松散的边缘区域，在此基础上，伊达尔戈和克林格尔（Hidalgo and Klinger，2007）、伊达尔戈和豪斯曼（Hidalgo and Hausmann，2009）结合产品空间理论与比较优势演化理论指出，产品空间高度异质性是解释不同地区经济发展差异的关键原因。一国潜在产品与既有产品之间的产品距离反映了潜在产品所需生产能力与既有生产能力的差异，从而决定了其产业转型升级的路径与难易程度。张其仔（2008）在国内首次从产品空间理论视角阐述了比较优势演化与中国产业升级路径的选择，与此得到类似结论的文献还有伍业君等（2012）、刘守英和杨继东（2019）。前者指出，产品演化在比较优势的演化过程中发挥着重要的作用，从而决定了国家或地区产业升级的方向和比较优势演化的路径。后者基于产品空间理论，采用1995~2016年的出口贸易数据描述了中国产品空间变化和产业升级演化的过程，并给出了中国未来产业转型升级的可能方向。然而，近年来也有部分学者指出，并非所有国家的产业升级都遵循路径依赖，例如，杨科夫斯卡等（Jankowska et al.，2012）通过韩国、巴西和墨西哥的案例研究，发现产业政策能够促使经济实现跨越式发展，常（Chang，2003）、杨汝岱和姚洋（2008）、派克等（Pike et al.，2016）均强调后发国家应通过实施非均衡发展战略，一定程度上偏离比较优势，特别是积极推进新兴产业创新，从而实现经济迅速增长。邓向荣和曹红（2016）采用中国数据考察了中国产业升级路径，结果发现，后发国家也可通过产业政策一定程度上偏离比较优势，从而实现经济迅速增长。其次，在产品空间邻近性对技术创新的影响上，布雷斯基等（Breschi et al.，2003）使用1982~1993年美国、意大利、法国、英国、德国和日本向欧洲专利局申请专利的数据研究表明，知识关联度是企业技术创新多元化的主要决定因素。内夫克和亨宁（Neffke and Henning，2013）通过使用跨行业劳动力的流动数据进行研究，表明企业更可能进入那些与现有核心竞争力知识关联度更高的产业。洛图尔科和马吉奥尼（Lo Turco and Maggioni，2015）使用土耳其制造业企业数据研究了企业产品空间邻近性与本地产品空间邻近性对产品技术创新的影响，他们发现，两类产品空间邻近性均对产品技术创新存在促进作用，相比较而言，企业产品空间邻近性的作用更大。近年国内研究产品关联对生产率影响的有关书和成力为（2020），他们采用企业层面数据考察了产品关联对企业生产率的影响。再次，在产品空间对贸易网络发展的影响上，大部分文献主要沿国家层面、地区层面和企业层面展开研究。在国家层面，豪斯曼和伊达尔戈（Hausmann and Hidalgo，2011）拓展了产品空间理论，从国家层面解释了产品多样化方向与增长路径，根据产品空间理论，产品之间由于共同的要素投入、技术关联度、产品价值链的重叠以及相应组织结构的需求等原因而邻近，因而国家的新产品多样化不会随意发生，而会遵循产品演化的路径循序渐进地进行。在地区层面，博什马等（Boschma et al.，2012）、内夫克等（Neffke et al.，2011）、贺灿飞等（2017）将关注点从国家层面转移至地区层面，得到了和国家层面相似的结论,地区层面的产品多样化同样依赖于地区现有的产品生产能力。在企业层面,庞赛特和德沃尔德(Poncet and De Waldemar,2015)利用中国制造业企业数据验证了企业某一产品的出口绩效与该产品和本地产品空间邻近性之间的关系,他们发现,当企业生产与本地生产结构紧密联系的产品时,出口绩效将会更高。弗拉格和马修(Flagge and Matthew,2015)同时从地区层面和企业层面考察了产品邻近性对印度生产结构变动的影响。

从国家层面、地区层面以及企业层面对产品空间邻近性的影响效应研究已为产品空间理论的发展和实际应用提供了诸多案例借鉴。但是,目前这方面的研究仍有以下可以拓展的空间:一是缺乏从产品空间视角对中国出口产品稳定性的机制梳理,从而缺乏贸易理论的支撑和解释;二是缺乏从产品空间视角对中国对美出口稳定性的机制检验。

综观已有研究成果,对于中美贸易摩擦、出口稳定性以及产品空间理论方面的研究均取得了丰厚成果,为本书研究提供了坚实的参考借鉴基础,但由于中美新一轮的贸易摩擦始于2017年8月美国对中国发起的"301调查",因此结合新一轮的中美贸易摩擦背景对中国出口稳定性的研究并不多,一是在对中国对美出口贸易关系的结构特征及变化趋势上缺乏整体性的描述和预测;二是从网络视角针对中国对美出口的贸易连接数量和贸易连接强度的稳定性等问题缺乏系统性审视;三是在中美贸易摩擦背景下对中国对美出口稳定性的微观机制缺乏全面研究。本书将针对以上研究的不足,拟在中美贸易摩擦背景下对中国对美出口稳定性的微观机制及对策展开系统研究,力求在相关理论与实践应用方面做出应有贡献。

3 相关理论基础

鉴于本书的出口稳定性从微观层面的贸易关系连接数量与贸易关系连接强度两个方面进行定义，因此相关理论基础拟从以上两个视角进行分析。贸易关系连接数量的稳定性包括出口产品扩张、出口市场扩张与出口持续时间三个维度，但由于本书仅分析中国对美出口稳定性，不讨论出口市场扩张问题，因此仅对出口产品扩张与出口持续时间两个维度的出口稳定性进行分析。贸易关系连接强度的稳定性机制拟从中国对美出口产品质量的视角进行分析。另外，从网络节点关联视角包括企业节点、产品节点与"企业–产品"节点，鉴于本书重点讨论的变量为"企业–产品"节点的产品关联，因此理论分析部分仅讨论产品关联对贸易关系连接数量与贸易关系连接强度稳定性的影响机制。

3.1 贸易关系连接数量视角

产品关联可能通过集群效应促进新产品的出口产品扩张与出口持续时间的延长。当相关产品集中在同一地区时，由于投入产出联系、知识外溢、人才共享、公共资源及政府专业化服务队伍的形成，新产品更容易获得外部规模经济。

区域内众多企业对目的国出口，将会产生集聚效应和学习效应，从而促使企业扩大其出口产品范围（钱学锋等，2013）。如果出口企业与当地企业有较高的产品关联和市场邻近，表明出口企业与当地企业需要相似的机构、基础设施、资源、技术等要素（Hidalgo，2007；Poncet and De Waldemar，2015），并可能获得相似出口企业的经验（Fernandes and Tang，2014；陈勇兵等，2015），享受空间集聚带来的外部经济效益（陈旭等，2016）。通过专业化分工、邻近所带来的更便捷的贸易信贷等因素，集聚经济减少了出口企业的可变成本和固定成本，降低了企业进入国际市场的门槛，进而提升企业出口的表现（Long and Zhang，2011）。因此，企业出口产品与一定地理范围内具有比较优势的出口产品的关联密度越高，会使得集群区域具备越好的知识溢出效应。因此，充分利用不同地理范围内产品关联所带来的知识溢出，对于提高我国企业的贸易关系连接数量稳定性具有积极影响，其可能的影响渠道表现为以下三个方面。

3.1.1 要素禀赋效应

比较优势理论认为，各国应专注于生产其具有相对比较优势的产品，如果一国或地区在某种产品的生产上具有比较优势，那么在使用相同或相近要素所生产的相关产品上也应具有比较优势。伊达尔戈等（Hidalgo et al.，2007）的研究也指出，一国或地区的产品生产能力具有路径依赖性，新产品的生产总是以既有产品的生产能力为基础。与此相类似，作为一国或地区产品生产能力的微观基础，企业新产品的出口扩展往往也是与其地理邻近的相关企业的已有产品为基础。也就是说，企业新增出口与其地理邻近的相关企业的关联愈紧密，出口扩展边际也会愈好。此外，产品差异在一定程度上反映了要素投入密集度的不同（Torstensson，1991），如果产品的关联密度越高，那么该产品与当地的要素禀赋结构越契合（吴小康和于津平，2018），越可能发挥产品比较优势，从而扩大企业新产品的出口。企业产品出口持续时间延长的机制与其类似，当企业产品为本地具有比较优势的产品，或者与本地具有比较优势产品的关联度较高时，企业的该产品出口风险率较小，从而出口持续时间较长。

3.1.2 知识溢出效应

一方面，由于产品空间表征了产品的空间演化路径，企业可以借助自身的产品优势和能力禀赋，通过不断创新，保持领先地位。随着先发企业持续进行创新升级，能够生产的产品越复杂，这种先发优势带来的溢出效应也可能越多，后发企业可以通过模仿处于优势地位企业的产品空间结构和演进路径，不断向先发企业产品空间特质演化，将出口篮子瞄准先发企业出口的商品组合，附加值更高的创新产品，从而能够更好地促进企业出口扩展边际。此外，集聚在一定地理范围内的有关组织，共同的知识基础和认知邻近性更便于集聚区内企业间的沟通与交流。集聚区内企业通过各种交流方式更易于获得最新的市场信息、产业内知识创新动态，从而提高集聚区内企业的技术创新的效率和能力。同时，在企业的技术创新活动中，缄默知识对技术创新的贡献更重要。但缄默知识由于不能有效地实现格式化，其共享与传播只能在近距离内通过正式与非正式的交流来实现。大量关联性企业在地理空间的集聚为企业间提供了近距离学习的机会与条件，从而提高了缄默知识的共享与传播效率。

另一方面，与地理邻近相比较，认知邻近对知识溢出的影响更大（Autant-bernard，2001），技术关联是认知邻近或互补的结果，是企业间知识溢出有效发生的必要条件（Boschma and Frenken，2011），对区域产业创新至关重要（Zhu，2018）。如果企业出口产品与其他企业的产品关联密度越高，则越容易吸收其他企业的知识溢出，从而更能推动企业的技术进步和区域创新能力的提高。因此，企业出口产品与一定地理范围内出口产品的关联越高，会使得集群区域具备越好的知识溢出效应，进而促进企业出口产品扩张的实现与出口持续时间的延长。

3.1.3 市场竞争效应

相互关联的大量企业集聚于同一区域既为相关企业提供了中间品和最

终产品市场，同时由于产品相互关联的企业在投入产出联系、劳动力共享、技术关联及市场需求联系等方面较为接近（吴小康和于津平，2018），又会加剧企业之间在要素市场和产品市场的竞争，从而不利于企业出口产品扩张的实现与出口持续时间的延长。首先，从要素市场来看，相关联的企业大量集中在同一区域所引致的对要素市场的激烈竞争会提高要素价格、压低相关厂商的利润水平，并阻碍了劳动力等要素的自由流动（Krugman，1991；吕政和曹建海，2000），从而使得企业研发投入和研发效率下降，继而对相关企业出口产品扩张和企业出口持续时间的延长产生不利影响；其次，就产品市场而言，大量集聚在同一区域的相关企业同样会引发产品市场的过度竞争，一定区域范围内产品关联较高的企业出口到同一目的市场的可能性更大，当市场竞争程度过高时，产品价格会降低，企业创新收益减少，甚至可能承担创新失败的损失，此时企业会减少研发投入，从而表现为"熊彼特效应"（Aghion et al.，2005），因此将进一步抑制企业出口产品扩张的实现与出口持续时间的延长。但是，市场竞争也可能通过促进"产学研"合作创新从而促进企业开拓新市场，刘斐然（2022）认为，市场竞争程度上升，企业更可能寄希望于开拓新市场或形成差异化以在激烈竞争中脱颖而出。钟廷勇等（2021）通过研究也认为，在激烈的市场竞争下，受到产业政策激励的企业会倾向于进行实质性创新，因此，产品关联带来的市场竞争也可能通过创新正向促进企业产品扩张或出口持续时间的延长。产品关联对企业出口产品扩张与企业出口持续时间延长的理论机制如图3–1所示。

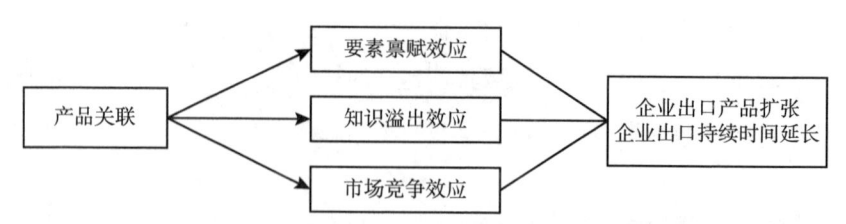

图3–1 产品关联对企业出口产品扩张与企业出口持续时间延长的理论机制

3.2 贸易关系连接强度视角

贸易关系连接强度主要从出口产品质量角度讨论,在梳理相关文献的基础上,本书认为产品关联主要从"人力资本提升""技术溢出"及"中间品质量提升"三条路径影响企业出口产品质量升级。

3.2.1 人力资本提升效应

产品关联将通过以下两方面对人力资本结构进行改善:其一,吸引效应。某一地理范围内产品关联密度大的产品一般与当地的要素禀赋结构越契合,越可能发挥产品比较优势,越能吸引投资汇集,从而形成区域范围内大规模的产业集聚,也将吸引高素质人才跨区流动,形成比较优势产业与高素质人力资本共同集聚的现象。其二,"干中学"效应。一方面,区域范围内高素质人力资本的集聚可能淘汰部分低级人力资本,也可能通过"干中学"效应将低级人力资本更迭成高级人力资本,从而通过人力资本的积累实现区域内总体人力资本水平的提升;另一方面,人力资本结构的改善既能通过促进技术创新、推动技术进步促进出口产品质量升级,也可通过提高企业内部的管理运行效率,降低企业运行过程中的无效率损失,进而带动出口产品质量升级(程锐和马莉莉,2020)。

3.2.2 技术溢出效应

与地理邻近相比较,认知邻近对技术溢出的影响更大(Autant-bernard,2001),技术关联是认知邻近或互补的结果,是企业间技术溢出有效发生的必要条件(Boschma and Frenken,2011),对区域产业创新至关重要(Zhu,2018)。

企业产品关联越高,意味着其出口产品与其他企业的产品关联越紧密,则越容易吸收其他企业的技术溢出,从而越能推动企业的技术进步和企业出口产品质量升级。进一步地，产品关联更紧密的企业之间的地理邻近有助于知识和经济资源的共享，共同的知识基础和认知邻近性更便于集群内企业之间的沟通与交流，位于同一集群内部的企业可以比集群外部的其他企业更容易地获取出口产品质量升级所需的投入要素和技术知识。从产品空间的角度，当产品关联越高，其周边累积的生产能力禀赋越大，尝试生产创新产品和高附加值产品的蓝图越清晰，在较大程度上能够降低成本的不确定性，减少发现成本，可以激励企业家勇于开展产品的创新升级尝试，同时也会激发后续企业不断跟进，促使创新升级从点到面蔓延开来（马海燕和刘林青，2018）。因此，企业出口产品与一定地理范围内出口产品的关联越高，越会使得集群区域具备更好的技术溢出效应。

3.2.3 中间品质量提升效应

企业生产并出口某一地理范围内产品关联高的产品可通过成本效应和竞争效应促进中间品质量提升。首先，产品关联高的产品具有比较优势，因此生产成本较低，企业利润更高，从而促使企业提高中间产品的质量；其次，由于产品相互关联的企业在投入产出联系、劳动力共享、技术关联及市场需求联系等方面较为接近（吴小康和于津平，2018），又会加剧企业之间在要素市场和产品市场的过度竞争，因此，企业为了扩大自己的利润空间而选择进口高质量中间品（余淼杰和李乐融，2016）。高质量中间品是国内外企业研发投入和高技术水平的体现，往往代表着更高的质量水平，而更高的中间品质量水平能够促进企业出口产品质量的提升（Bas and Strauss–Kahn，2015）。产品关联对企业出口产品质量升级的理论机制如图3-2所示。

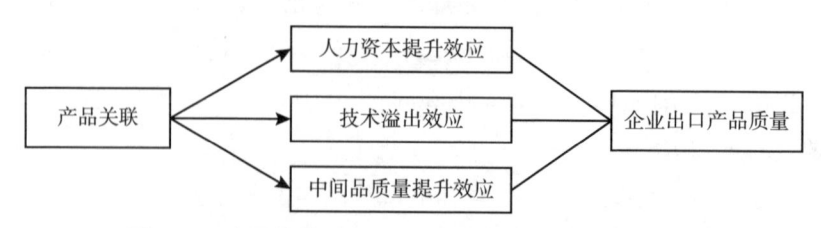

图3-2 产品关联对企业出口产品质量升级的理论机制

4 中美贸易摩擦下中国对美出口稳定性的特征事实

本章首先通过数据统计和分析揭示宏观层面中美贸易摩擦下中国对美出口贸易的总体发展现状；其次，从宏观层面描述中美贸易摩擦下中国对美出口稳定性的特征事实；最后，进一步地测度微观产品层面和企业层面中国对美出口稳定性的特征事实，从而更为全面地展示中美贸易摩擦下中国对美出口稳定性的统计特征。

4.1 宏观层面中国对美出口贸易的总体结构

4.1.1 中国对美出口贸易规模

据中华人民共和国国家统计局数据显示，2001~2019年中国对美出口总额情况如表4-1所示。除了2009年、2016年以及2019年的对美出口总额呈负增长以外，2001~2019年的其他各年份的对美出口总额均呈现出逐年递增的发展趋势，其中中国对美出口的贸易总额从2001年的5427951万美元快速扩张到2019年41866408万美元，年均增长速度高达12.49%。此外，从出口市场排名来看，2001~2019年以来，美国市场除了在2013年名列第2位以外，一直高居中国出口市场的榜首。不仅如此，2001~2019年中国对美贸易也一直保持顺差，且顺差额也持续处于高位。

表4–1　　　2001~2019年中国对美出口总额情况

年份	中国对美出口总额（万美元）	出口增长速度（%）	美国出口市场排名	中国与美国的贸易差额（万美元）
2001	5427951	4.18	1	2807728
2002	6994579	28.86	1	4270815
2003	9246677	32.20	1	5860068
2004	12494203	35.12	1	8028548
2005	16289075	30.37	1	11426898
2006	20344842	24.90	1	14423737
2007	23267655	14.37	1	16328594
2008	25238355	8.47	1	17102362
2009	22080222	-12.51	1	14334184
2010	28328655	28.30	1	18118782
2011	32445336	14.53	1	20232445
2012	35177679	8.42	1	21887933
2013	36840640	4.73	2	21606410
2014	39606255	7.51	1	23700155
2015	40921390	3.32	1	26140483
2016	38527101	-5.85	1	25082587
2017	42973038	11.54	1	27578486
2018	47839581	11.32	1	32327262
2019	41866408	-12.49	1	29576788

资料来源：通过中华人民共和国国家统计局网站数据整理统计得到。

2010年，在全球经济增长乏力、美国金融危机的余威尚存的背景下，中国出口贸易取得了不俗的成绩，据国家统计局数据显示，2010年，中国对美出口额再创新高，达到了28328655万美元，同比增长高达28.30%。虽然2008年始自美国的金融危机严重影响了中国对美出口，并使得2009年中国对美出口同比下降12.51%，但在2010年，中国对美出口不仅完全恢复到金融危机前的水平，还获得了较快的成长。自2012年以来，全球贸易量的增长率已连续5年低于全球经济增长率。贸易引领经济的力量明显减弱，加之新一轮中美贸易摩擦的影响，中国对美出口的增长速度急剧下滑并落后于经济发展速度，2019年更是出现了12.49%的负增长，同时汇率波动和国际市场大宗商品价格的下降也是造成2019年中国对美出口负增长的重要原因。

4.1.2 中国对美出口贸易的产品结构

4.1.2.1 根据商品协调制度分类的产品结构特征

根据HS编码的分类标准，2015~2019年中国对美出口的主要产品结构特征如表4-2所示。2019年，中国出口美国的商品结构中，所占比例最大的两类商品是机电设备（HS85）和机械器具（HS84），截至2019年这两类商品的占比分别为25.39%和20.68%，其中机电设备所占比重较之2015年提高了2.08%，而机器具占比则略有下降，降幅为0.05%。

2019年，由于受到中美贸易摩擦的影响，中国对美出口罕见出现了近12.49%的下滑，中国对美出口主要商品都受到了不同程度的影响，其中下降幅度最大的是车辆及其零件（HS87）和家具及零件（HS94）等，分别下降了20.81%和17.13%，而玩具、游戏及运动制品（HS95）、纺织材料及其制品（HS61）与鞋类、踩踏器和类似物品（HS64）等商品所受影响不大。上述数据表明，中美贸易摩擦实质上损害了中美贸易关系，已对中国对美出口增长态势产生了极大的消极影响，同时也进一步说明中美贸易摩擦的实质即打击中国的高新技术产业，限制相关产业的发展和技术进步。

表4-2　2015~2019年根据HS编码分类主要产品出口额情况　　单位：亿美元

产品分类	2019年	2018年	2017年	2016年	2015年
HS85 机电设备	1063.09	1195.79	1070.29	931.58	954.02
HS84 机械器具	865.77	1029.86	917.27	794.62	844.40

续表

产品分类	2019年	2018年	2017年	2016年	2015年
HS94 家具及零件	276.64	333.82	292.54	273.93	291.01
HS95 玩具、游戏、运动制品等	191.47	194.48	186.17	147.70	151.37
HS39 塑料及其制品	171.84	184.58	153.71	131.56	140.46
HS61 纺织材料及其制品	170.59	176.35	160.08	160.95	175.73
HS87 车辆及其零件，但铁道及电车道车辆除外	143.19	180.81	151.34	139.11	132.50
HS62 非针织或钩编的服装及衣着附件	131.62	145.56	140.70	143.20	151.36
HS64 鞋类、踩踏器和类似物品	115.28	121.37	119.96	121.54	140.75
HS73 铁或钢制品	99.90	118.59	102.18	89.77	104.99

资料来源：根据联合国商品贸易统计数据库（UN Comtrade）数据整理而得。

4.1.2.2 根据国际贸易标准分类的产品结构特征

表4-3和图4-1从国际贸易标准分类视角考察了2006~2019年中国初级产品和工业制成品对美出口的产品结构特征。整体而言，中国对美出口产品结构进一步优化，但总体比重保持基本稳定。其中，初级产品出口比重基本呈现先递增后递减，所占比重从2006年的5.68%下降到2019年的5.54%，而工业制成品比重的变化趋势则与此不同，已由2006年的94.32%上升到2019年的94.46%，这一变化趋势可由图4-1更为直观地看到。

表4-3　各类产品出口占中国对美出口总额的比重及增长率　　单位：%

年份	出口商品中初级产品比重	初级产品出口增长率	出口商品中工业制成品比重	工业制成品出口增长率
2006	5.68	24.15	94.32	24.94
2007	5.61	13.05	94.39	14.49

续表

年份	出口商品中初级产品比重	初级产品出口增长率	出口商品中工业制成品比重	工业制成品出口增长率
2008	7.12	37.68	92.88	6.70
2009	6.08	-25.31	93.92	-11.49
2010	6.14	29.62	93.86	28.15
2011	6.67	24.40	93.33	13.88
2012	6.42	4.27	93.58	8.74
2013	6.20	1.19	93.80	4.96
2014	6.14	6.52	93.86	7.67
2015	5.70	-4.08	94.30	3.72
2016	5.90	-2.74	94.10	-6.12
2017	5.86	10.95	94.14	11.62
2018	6.07	15.31	93.93	11.23
2019	5.54	-20.25	94.46	-12.26

注：根据国家统计局网站定义，初级产品包括食品及主要供食用的活动物类、饮料及烟类、非食用原料类、矿物燃料、润滑油及相关原料类、动植物油脂及蜡类，工业制成品包括化学品及相关产品类、轻纺产品、橡胶制品、矿冶产品及其制品类、机械及运输设备类、杂项制品类及未分类其他商品。

资料来源：根据联合国商品贸易统计数据库（UN Comtrade）数据整理而得。

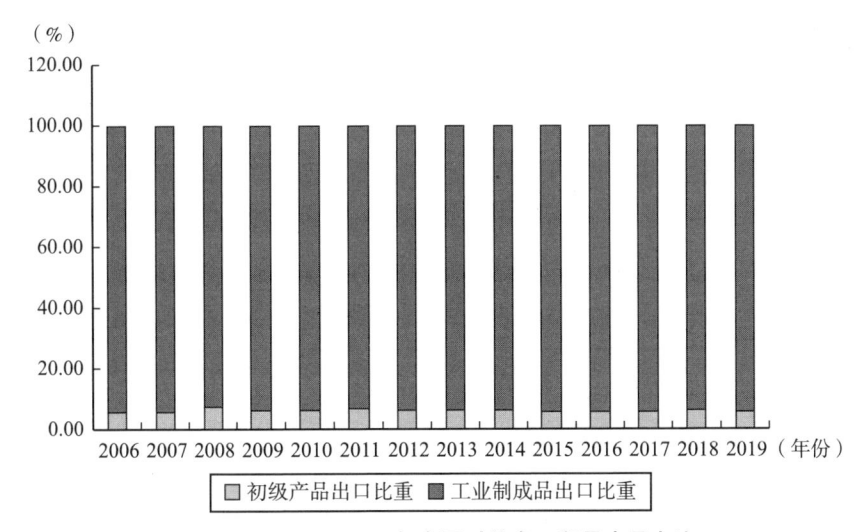

图 4-1 2006~2019 年中国对美出口贸易产品占比

资料来源：根据联合国商品贸易统计数据库（UN Comtrade）数据整理而得。

4.1.2.3 根据产品技术含量分类的产品结构特征

联合国统计署（UN Comtrade 数据库）公布的 2015~2019 年中国对美国出口的 SITC Rev.2 商品目录中包括 1~3 位码的商品数据，参考 Lall（2000）的国际贸易标准分类，本书将产品分为 PP（初级产品）、RB1（农业资源型制成品）、RB2（其他资源类产品）、LT1（纺织服装等产品）、LT2（其他低技术产品）、MT1（自动化产品）、MT2（加工工业产品）、MT3（机械产品）、HT1（电子器件及电器产品）、HT2（其他高科技产品）十类。

表 4-4、表 4-5 及表 4-6 显示了 2015~2019 年根据产品技术含量分类的中国对美出口贸易的产品结构特征。随着中美贸易规模的不断扩大，中国输美产品的结构也在不断优化，其中，中高技术产品所占比例持续提高，已由 2015 年 55.54% 提升到 2019 年的 60%，而初级产品和资源类产品则与此相反，2015~2019 年，不仅对美出口额出现了一定程度的下降，而且对美出口的比重也已由 2015 年的 6.95% 下滑至 2019 年的近 6%。2019 年，在对美出口产品技术含量按其所占比重高低排序依次为 HT1（电子器件及电器产品）、LT2（其他低技术产品）、MT3（机械产品）、LT1（纺织服装等产品）、MT1（自动化产品）、HT2（其他高科技产品）、RB2（其他资源类产品）、MT2（加工工业产品）、RB1（农业资源型制成品）、PP（初级产品）。

表 4-4　2015~2019 年根据产品技术含量分类主要产品出口额情况

单位：亿美元

产品分类	2019 年	2018 年	2017 年	2016 年	2015 年
PP	43.46	56.13	60.82	56.55	57.90
RB1	89.11	124.53	113.36	108.28	115.30
RB2	116.28	150.98	123.82	103.27	110.79
LT1	590.23	644.85	608.54	623.40	684.88

续表

产品分类	2019 年	2018 年	2017 年	2016 年	2015 年
LT2	818.46	919.00	816.15	780.56	846.89
MT1	213.53	239.25	210.17	124.92	118.14
MT2	104.23	152.95	130.65	101.09	122.16
MT3	606.78	678.48	595.60	595.18	626.42
HT1	1412.69	1634.13	1462.41	1254.25	1312.78
HT2	148.43	166.66	154.84	90.29	89.22

注：不包括"特殊交易"产品，具体不包括编码为 892、896、931、941、961、971 的产品，不包括的产品名称有电流、电影、印刷品、特殊交易、黄金、艺术品、硬币、宠物。
资料来源：根据联合国商品贸易统计数据库（UN Comtrade）数据整理而得。

表 4-5　　2015~2019 年根据产品技术含量分类主要产品比重情况　　单位：%

产品分类	2019 年	2018 年	2017 年	2016 年	2015 年
PP	1.05	1.18	1.42	1.47	1.42
RB1	2.15	2.61	2.65	2.82	2.82
RB2	2.81	3.17	2.90	2.69	2.71
LT1	14.25	13.53	14.23	16.24	16.77
LT2	19.75	19.28	19.09	20.34	20.73
MT1	5.15	5.02	4.91	3.26	2.89
MT2	2.52	3.21	3.06	2.63	2.99
MT3	14.65	14.23	13.93	15.51	15.34
HT1	34.10	34.28	34.20	32.68	32.14
HT2	3.58	3.50	3.62	2.35	2.18

资料来源：参考齐俊妍（2009）对产品技术含量分类的方法并整理 UN Comtrade 中 2015~2019 年的数据得到。

表 4-6　　　　　　　　　　产品的技术含量

技术含量分类	具体产品分类	子分类	产品举例
初级产品	PP		新鲜鱼类、肉类、大米、茶叶、木柴、煤炭、原油、天然气等

续表

技术含量分类	具体产品分类	子分类	产品举例
资源性产品	RB1	农业加工产品	经加工的肉类鱼类、饮料、木制品、植物油等
	RB2	自他资源性产品	金属精矿、石化产品、水泥、玻璃、石材等
低技术产品	LT1	纺织服装产品	纺织产品、衣物、皮革制造、箱包等
	LT2	其他低技术产品	陶瓷、金属铸件、家具、珠宝、玩具、塑料制品等
中技术产品	MT1	自动化产品	汽车及配件、摩托车及配件等
	MT2	加工工业产品	合成纤维、化工制品、颜料、合成化肥、钢、塑料、铁路机车等
	MT3	机械产品	引擎、制造业机械设备、水泵、轮船、钟表、家用类电器等
高技术产品	HT1	电子电器产品	办公自动设备、电信设备、半导体、电子设备、电力机械等
	HT2	其他高技术产品	医药、制造业、航空设备、精密光学仪器等

资料来源：分类方式参考齐俊妍（2009）整理得到。

4.1.2.4 根据国际贸易产品分类标准具体分类的产品结构特征

根据联合国的国际贸易标准分类，可将产品划分为十大类。其中，食品及主要供食用的活动物类、饮料及烟类、非食用原料类、矿物燃料、润滑油及相关原料类等这五类为初级产品，而动植物油脂及蜡类、化学品及相关产品类、轻纺产品、橡胶制品、矿冶产品及其制品类、机械及运输设备类、杂项制品类及未分类其他商品等则为工业制成品。表4-7和表4-8展示了该分类标准下2015~2019年中国对美出口产品的结构特征情况。从初级产品来看，2015~2019年，对美出口主要为食品及主要供食用的活动物类，其次为非食用原料类及矿物燃料，但是与总的中国对美出口额相比较，这三类产品从出口额到出口占比都不大且呈现出递减趋势，而其他初级产品的出口额和占比则更小。在工业制成品中，轻纺产品、橡胶制品、矿冶产品及其制品类产品在对美出口中所占比重最大，而且其比重还呈逐年上升趋势，从2015年占比为47.82%提高到2019年的52.59%，该类产品出口已占到中国对美出口的近一半份额，在对美出口产品中处于主导地位。机械及运输设备类和化学品及相关产品类产品在出口所占比重已分别由2015年的33.34%和13.12%下降到2019年的29.87%和11.36%，虽然都略有下滑，但仍高居第二位和第三位。动植物油脂及蜡类产品所占比重则比较稳定，2015~2019年占比始终保持在3.46%~3.96%之间。杂项制品类及未分类其他商品对美份额较小，但对美出口增长较快，从2015年的0.01%增加到2019年的0.63%。

表4-7　2015~2019年根据SITC分类的主要行业出口额情况　　单位：亿美元

产品分类	2019年	2018年	2017年	2016年	2015年
食品及主要供食用的活动物类	54.69	71.61	66.93	64.56	63.99
饮料及烟类	0.79	0.98	0.74	0.74	0.57
非食用原料类	12.56	15.34	12.98	15.25	16.43
矿物燃料	8.96	12.29	12.62	12.70	9.63
润滑油及相关原料类	0.88	0.93	0.95	0.82	0.93
动植物油脂及蜡类	154.19	189.84	158.15	133.41	142.32
化学品及有关产品类	475.51	565.88	506.02	468.02	538.01
轻纺产品、橡胶制品、矿冶产品及其制品类	2201.27	2544.70	2266.78	1888.06	1960.39
机械及运输设备类	1250.45	1380.76	1264.46	1268.23	1367.04
杂项制品类及未分类其他商品	26.54	14.68	13.66	5.01	0.48

资料来源：根据联合国商品贸易统计数据库（UN Comtrade）数据整理而得。

表4-8　2015~2019年根据SITC分类主要行业出口额比重情况　　单位：%

产品分类	2019年	2018年	2017年	2016年	2015年
食品及主要供食用的活动物类	1.31	1.49	1.56	1.67	1.56
饮料及烟类	0.02	0.02	0.02	0.02	0.01
非食用原料类	0.30	0.32	0.30	0.40	0.40
矿物燃料	0.21	0.26	0.29	0.33	0.24
润滑油及相关原料类	0.02	0.02	0.02	0.02	0.02
动植物油脂及蜡类	3.68	3.96	3.67	3.46	3.47
化学品及有关产品类	11.36	11.80	11.76	12.13	13.12
轻纺产品、橡胶制品、矿冶产品及其制品类	52.59	53.05	52.68	48.95	47.82
机械及运输设备类	29.87	28.78	29.38	32.88	33.34
杂项制品类及未分类其他商品	0.63	0.31	0.32	0.13	0.01

资料来源：根据联合国商品贸易统计数据库（UN Comtrade）数据整理而得。

4.2　宏观层面中国对美出口稳定性的特征事实

4.2.1　中国对美出口贸易增长的稳定性

根据联合国的 UN Comtrade 数据库的数据显示，表 4-9 和表 4-10 呈现了 2008~2018 年中国对美出口贸易增长的稳定性情况，2008 年中国对美出口同比增长 8.47%，2009 年受美国金融危机的影响，对美出口出现了骤降，降幅达到 12.51%，2010 年又快速反弹至 28.30%，随后对美出口基本呈持续下降趋势，一直延续到 2016 年的负增长 5.85%，在 2017~2018 年对美出口又保持了较快的增长，分别达到了 11.54% 和 11.32%。与此相对应，2008~2018 年中国对美出口占中国出口总额的比重也呈现出较大幅度的波动。2009 年美国金融危机致使中国对美出口增长急剧下滑，但中国对美出口占中国出口总额的比重反而提高了，这可能是由于中国对美出口产品受金融危机的影响相对其他国家较小。随后从 2010 年开始，中国对美出口占中国出口总额的比重持续下滑，一直减少到 2014 年的 16.91%，从 2015 年开始又较快递增到 2018 年的 19.24% 的高位。此外，从机电产品和高新技术产品出口美国市场的比重来看，2008~2018 年中国机电产品和高新技术产品出口美国市场的比重大致保持稳定状态，这期间变动不大，其中，2018 年机电产品对美出口比重相对于 2007 年下降了 0.57%，而高新技术产品的出口比重则仅下滑了 0.35%，在 2008~2018 年，这两类产品对美出口的增长率波动阶段也基本与中国对美出口产品的增长波动阶段相一致，但是与高新技术产品相比，机电产品受到金融危机的影响更大，2009 年机电产品对美出口增长率下降高达 14.11%，而高新技术产品则同比仅下降 3.50%。同时，2015 年，这两类产品对美出口都出现了负增长，而同期中国对美出口则增长了 3.32%，直到 2016 年才出现了 5.85% 的负增长，说明这两类产品对美出口表现出一定的前瞻性，而在随后的 2016~2018 年间，这两类产品也表现出了较之中国整体对美出口的更大涨幅。

表 4-9　　　　　　　中国对美出口贸易增长的稳定性　　　　　单位：%

年份	出口增长速度	占中国出口总额的比重	机电产品出口比重	高新技术产品出口比重
2008	8.47	17.64	0.59	0.32
2009	-12.51	18.38	0.58	0.35
2010	28.30	17.96	0.56	0.35
2011	14.53	17.09	0.58	0.33
2012	8.42	17.17	0.58	0.33
2013	4.73	16.68	0.58	0.33
2014	7.51	16.91	0.59	0.32
2015	3.32	18.00	0.56	0.30
2016	-5.85	18.37	0.57	0.30

续表

年份	出口增长速度	占中国出口总额的比重	机电产品出口比重	高新技术产品出口比重
2017	11.54	18.99	0.58	0.31
2018	11.32	19.24	0.59	0.32

资料来源：通过中华人民共和国国家统计局网站数据与 UN Comtrade 数据库网站整理统计得到。

表4-10　机电及高新技术类产品出口占中国对美出口总额的比重及增长率　　　单位：%

年份	机电产品出口增长率	高新技术产品出口增长率
2008	7.15	5.08
2009	-14.11	-3.50
2010	28.90	26.36
2011	13.70	10.06
2012	8.78	7.98
2013	3.66	2.77
2014	9.39	6.59
2015	-0.86	-4.20
2016	-4.74	-5.57
2017	14.36	16.49
2018	12.05	12.16

资料来源：根据联合国商品贸易统计数据库（UN Comtrade）数据整理而得。

4.2.2　中国各地区对美出口产品增长的稳定性

表4-11和表4-12分别描述了2015~2018年中国各地区对美出口的比重和2016~2018年对美出口增长率情况[①]。2015~2018年，河南、

---

① 限于篇幅，仅报告2015~2018年对美出口额的前15个省份的出口情况。

江苏、上海、重庆、安徽、福建六省市对美出口所占比重较大,尤其是河南省对美出口所占比重高达37%左右,并且这种高比重从2015年的37.42%一直持续到2018年的37.05%,虽然由于美国政府的贸易保护措施,2016年河南省对美出口增长率下降至20.95%,但在2017~2018年又迅速反弹至27.06%和31.43%。而重庆、江苏、上海、安徽和福建五省市2018年的对美出口比重也都超过20%,其次为浙江省、山东省和广东省,而与2017年相比,2018年对美出口所占比重下降的省份虽较多,如北京、上海、江西等省市,但其下降幅度均较小,如下降幅度最大的上海市,其幅度也仅为1.06%,这说明中美贸易摩擦发生之后,美国在2018年仍然是中国主要省份的出口目的市场,部分省份还在持续扩张中。当然,出口市场过于集中,一方面可能由于出口目的市场的经济危机或政治危机等原因而使出口不稳定,另一方面还有可能导致贸易条件恶化、收入不稳定,甚至出现贫困化增长现象。另外,如果一国或地区的出口市场结构过于集中还可能会引发更多的贸易摩擦。

表4-11　中国各地区2015~2018年度对美出口占比情况　　单位:%

地区	2015年对美出口所占比重	2016年对美出口所占比重	2017年对美出口所占比重	2018年对美出口所占比重
广东	16.75	16.59	17.35	17.33
江苏	21.50	22.46	23.56	23.02
浙江	17.71	18.39	19.02	19.59
上海	23.14	24.48	23.99	22.93
山东	18.20	17.29	17.70	18.10
福建	19.49	19.38	20.26	20.97
北京	9.07	9.40	8.10	7.09
河南	37.42	28.00	31.81	37.05
重庆	22.44	24.02	27.11	29.38
辽宁	6.23	7.38	8.50	11.03
湖南	11.62	14.47	14.51	14.39

续表

地区	2015年对美出口所占比重	2016年对美出口所占比重	2017年对美出口所占比重	2018年对美出口所占比重
天津	14.05	14.15	14.98	14.78
安徽	17.22	18.84	18.52	21.17
江西	13.23	16.39	17.37	16.64
湖北	10.50	13.03	14.57	15.78

注：限于篇幅，仅列出排名前15位的省份，余表同。

资料来源：通过各省份统计局网站数据整理得到。同时，《四川省统计年鉴》未报告对美出口数据，因此未进行统计。

表4-12　中国各地区2016~2018年度对美出口增长率情况　　　单位：%

地区	2016年对美出口增长率	2017年对美出口增长率	2018年对美出口增长率
广东	-7.86	8.80	3.76
江苏	-1.47	19.32	8.65
浙江	6.84	13.80	12.18
上海	-1.45	3.43	2.27
山东	-9.57	9.80	11.36
福建	-8.53	5.83	14.13
北京	-1.33	-3.06	10.94
河南	-20.95	27.06	31.43
重庆	-21.09	18.18	30.69
辽宁	0.37	19.89	41.11
湖南	17.96	27.94	30.79
天津	-12.83	605.84	7.15
安徽	-5.84	5.16	35.79
江西	18.47	19.34	-3.59
湖北	10.80	30.74	21.09

资料来源：通过各省份统计局网站数据整理得到。

4.2.3 中国各产品对美出口增长的稳定性

4.2.3.1 根据国际贸易标准分类的各产品增长率

表4-13及图4-2为我们展示了2006~2019年中国对美出口的初级产品和工业制成品的增长率变化趋势情况，在此期间这两类产品的出口增长的波动较大，其中尤以2009年和2019年为甚。2009年美国金融危机爆发前后下降得最为显著，其中，工业制成品的出口增长率下降了11.49%，而初级产品对美的出口增长率下降得更为明显，高达25.31%。这一方面说明由美国次贷危机引发的金融危机对中美贸易影响的严重程度，另一方面还反映了中国出口结构中出口市场过于集中以及出口产品过于集中有着紧密的联系。2010年，随着美国经济的逐步复苏，中美贸易开始迅速恢复，2011年之后，无论是初级产品还是工业制成品的出口增长都在继续下降，直至2016年年底。而到2019年，中国对美出口出现急速下滑，主要源自特朗普政府对华发起的中美贸易摩擦，其中，中美贸易摩擦对中国对美工业制成品出口的破坏性甚至超过了2009年金融危机的影响，致使该年度中国对美工业制成品的出口下滑了12.26%，而初级产品则损失较小。

表4-13　2006~2019年各类产品出口占中国对美出口总额的增长率　　单位：%

年份	初级产品出口增长率	工业制成品出口增长率
2006	24.15	24.94
2007	13.05	14.49
2008	37.68	6.70
2009	-25.31	-11.49
2010	29.62	28.15
2011	24.40	13.88
2012	4.27	8.74

续表

年份	初级产品出口增长率	工业制成品出口增长率
2013	1.19	4.96
2014	6.52	7.67
2015	-4.08	3.72
2016	-2.74	-6.12
2017	10.95	11.62
2018	15.31	11.23
2019	-20.25	-12.26

资料来源：根据联合国商品贸易统计数据库（UN Comtrade）数据整理而得。

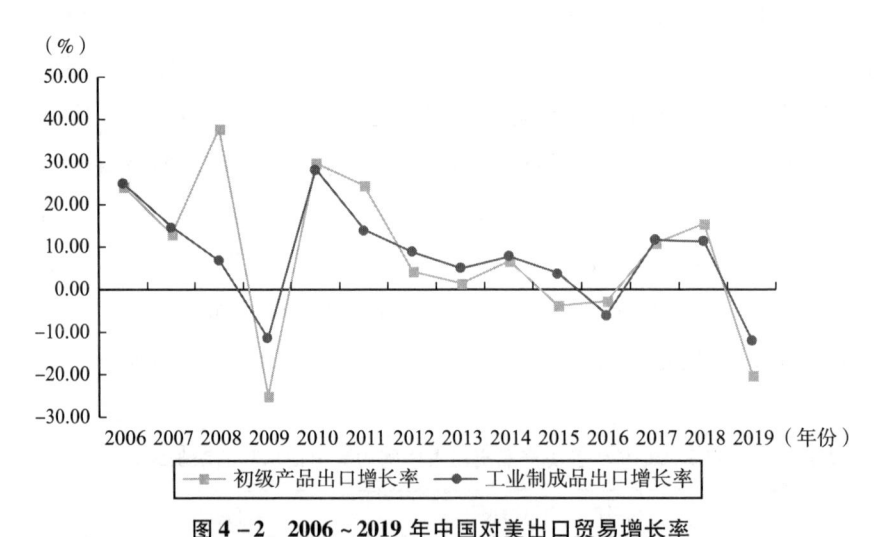

图 4-2 2006~2019 年中国对美出口贸易增长率

资料来源：根据联合国商品贸易统计数据库（UN Comtrade）数据整理而得。

4.2.3.2 根据产品技术含量分类的主要产品增长率

从表4-6及表4-14可以看出，2016~2019年依据产品技术含量分类的主要产品增长率变化情况，总体而言呈现出阶段性和多样性的波动趋势，具体表现为：2016~2018年初级产品、部分资源性产品和低技术产品的波动性小于中技术产品和高技术产品，在中高技术产品类中，自动化产品（MT1）和其他高科技产品（HT2）在此期间对美最低出口增长率分别为5.74%和1.20%，而最高增长率却达到68.24%和71.50%，同时其他资源类产品（RB2）在2016～2018年间也出现了较大的波动。另外，从2019年中国对美出口的情况来看，初级产品（PP）和资源性产品（RB1、RB2）受中美贸易摩擦波及的影响较深，这期间对美出口都下滑了超过20%，而低技术产品、中技术产品虽然也受到了中美贸易摩擦加剧的影响，但所受损害相对较小，降幅均在10%左右，但中技术产品分类下加工工业产品（MT2）以及高技术产品分类下电子电器产品（HT1）下降幅度分别达到31.86%和13.55%，由此可知，上述两类产品在此轮的贸易摩擦中损失最大。

表4-14 2016～2019年根据产品技术含量分类主要产品增长率　　单位：%

技术含量分类	具体产品分类	2016年	2017年	2018年	2019年
初级产品	PP	-2.33	7.55	-7.71	-22.58
资源性产品	RB1	-6.09	4.69	9.85	-28.44
	RB2	-6.79	19.91	21.93	-22.98
低技术产品	LT1	-8.98	-2.38	5.97	-8.47
	LT2	-7.83	4.56	12.60	-10.94
中技术产品	MT1	5.74	68.24	13.83	-10.75
	MT2	-17.25	29.25	17.06	-31.86
	MT3	-4.99	0.07	13.92	-10.57
高技术产品	HT1	-4.46	16.60	11.74	-13.55
	HT2	1.20	71.50	7.63	-10.94

资料来源：参考齐俊妍（2009）对产品技术含量分类的方式并整理UN Comtrade中2016～2019年的数据得到。

4.2.3.3 根据国际贸易标准分类的主要产品增长率

表4-15为2016～2019年依据联合国的国际贸易标准分类的主要产品增长率变化情况，在此期间，按照国际贸易标准划分的十大类对美出口

产品都出现了大幅波动，2016年矿物燃料、饮料及烟类等两大类初级产品都分别实现了31.85%和29.79%的高增长，其中尤以杂项制品类及未分类其他商品为甚，甚至达到了946.06%的超高增长，且这种增长态势一直持续到2019年的80.80%，但化学品及相关产品类、润滑油及相关原料类等品类的产品在2016年同时出现了超过10%的跌幅，其他大类产品也都出现不同程度的下滑。与此相反，2017~2018年，除了矿物燃料类产品等为负增长外，大多数品类对美出口的产品都实现了较快的正增长，其中，动植物油脂及蜡类和轻纺产品、橡胶制品、矿冶产品及其制品类还保持了12.26%~20.04%的高增速。随后在2019年，随着中美贸易摩擦的加剧，中国对美出口又出现了剧烈波动，对美出口的大部分品类产品都出现了急剧下降，其中受影响最大的是矿物燃料、食品及主要供食用的活动物类等初级产品，跌幅都超过20%，在工业制成品中，受影响较大的品类产品包括动植物油脂及蜡类、化学品及相关产品类、轻纺产品、橡胶制品、矿冶产品及其制品类，其下滑比重都超过了10%。

表4-15　　根据国际贸易标准分类的主要产品增长率　　单位：%

产品分类	2016年	2017年	2018年	2019年
食品及主要供食用的活动物类	0.89	3.68	7.00	-23.63
饮料及烟类	29.79	0.84	32.28	-19.21
非食用原料类	-7.21	-14.86	18.16	-18.14
矿物燃料	31.85	-0.67	-2.59	-27.12
润滑油及相关原料类	-11.75	16.21	-1.76	-6.10
动植物油脂及蜡类	-6.26	18.54	20.04	-18.78
化学品及相关产品类	-13.01	8.12	11.83	-15.97
轻纺产品、橡胶制品、矿冶产品及其制品类	-3.69	20.06	12.26	-13.50
机械及运输设备类	-7.23	-0.30	9.20	-9.44
杂项制品类及未分类其他商品	946.06	172.75	7.48	80.80

资料来源：根据联合国商品贸易统计数据库（UN Comtrade）数据整理而得。

4.3 微观层面中国对美出口稳定性的特征事实

4.3.1 中国对美出口关系数量的变动特征

4.3.1.1 产品层面的出口关系变动特征

在产品层面标准中选择 HS96 产品层面和 SITC Rev. 2 产品层面 2 个分类标准考察了中国对美出口关系数量的变动特征。首先，如表 4-16 所示，该表描述了 2008~2019 年 HS96 产品层面中国对美出口关系数量及增长示意图。总体上，在此期间中国对美出口关系数量保持基本稳定并略有增加，从 2008 年的 4045 种增加到 2019 年的 4141 种，对美出口关系数量增长了约 1%，从具体的变化阶段来看，2008~2010 年中国对美出口产品数量基本保持不变，2011~2013 年，对美出口关系数量减少至 4054 种（共减少了 15 种），到 2018 年递增到 4182 种，增幅为 3.16%，而后又回落至 2019 年的 4141 种。

表 4-16　2008~2019 年 HS96 产品层面中国对美出口关系数量及增长情况

年份	出口关系数量（种）	出口关系数量增长率（%）
2008	4045	-1.58
2009	4046	0.02
2010	4048	0.05
2011	4069	0.52
2012	4066	-0.07
2013	4054	-0.30
2014	4083	0.72
2015	4120	0.91

续表

年份	出口关系数量（种）	出口关系数量增长率（%）
2016	4139	0.46
2017	4138	-0.02
2018	4182	1.06
2019	4141	-0.98

资料来源：根据联合国商品贸易统计数据库（UN Comtrade）数据整理而得。

然后，表4-17也从SITC Rev.2产品层面展示了中国对美出口关系数量及增长情况，然而，从SITC Rev.2产品层面得出的中国对美出口关系数量的变化则存在较大程度的降幅，相比2008年中国对美出口关系数量，2019年对美出口关系数量下滑了26.46%，特别是2017年，中国对美出口关系数量急挫了27.27%，这很大程度上可能归因于特朗普政府所推行的贸易保护政策。在此期间的其他年份，中国对美出口数量关系则相对变化不大。

表4-17　2008~2019年SITC Rev.2产品层面中国对美出口关系数量及增长情况

年份	出口关系数量（种）	出口关系数量增长率（%）
2008	1179	-0.67
2009	1166	-1.10
2010	1167	0.09
2011	1178	0.94
2012	1178	0.00
2013	1173	-0.42
2014	1184	0.94
2015	1178	-0.51
2016	1192	1.19
2017	867	-27.27

续表

年份	出口关系数量（种）	出口关系数量增长率（%）
2018	876	1.04
2019	867	-1.03

资料来源：根据联合国商品贸易统计数据库（UN Comtrade）数据整理而得。

4.3.1.2 企业层面的出口关系数量的变动特征

2001~2013年，企业层面的中国对美出口关系数量的变化特征[①]如表4-18所示。与产品层面的对美出口关系数量变动不同，2001~2013年企业层面中国对美出口关系数量快速飙升，由2001年的160537种增加到2013年的668773种，大幅递增了316.58%，年均增长率高达13.85%，这也在一定程度上说明了在此期间中国企业对美出口产品多样化成效显著。但是，2010~2013年企业层面中国对美出口数量也出现了剧烈震荡，中国企业对美出口关系数量呈现出较为不稳定的态势。

表4-18　　2001~2013年企业层面中国对美出口关系数量及增长情况

年份	出口关系数量（种）	出口关系数量增长率（%）
2001	160537	—
2002	208855	30.10
2003	259977	24.48
2004	302987	16.54
2005	401068	32.37
2006	457194	13.99
2007	584001	27.74
2008	584113	0.02
2009	636670	9.00

---

① 鉴于我们仅具有中国海关数据库企业层面2000~2013年的数据，因此企业层面的描述性统计与计量检验数据仅限于该样本区间。

续表

年份	出口关系数量（种）	出口关系数量增长率（%）
2010	734804	15.41
2011	564214	-23.22
2012	703719	24.73
2013	668773	-4.97

资料来源：通过中国海关数据库的数据整理统计得到。

4.3.2　中国对美出口持续时间的特征

4.3.2.1　产品层面的中国对美出口持续时间分布特征

对于产品层面中国对美出口持续时间分布特征的分析，本部分采用 UN Comtrade 数据库中 2007~2019 年中国对美出口 HS96 分位的贸易数据，并参考陈勇兵（2012）的做法，将所有贸易关系中多个贸易片段作为独立贸易关系进行贸易持续时间的分布统计，持续时间的分布特征如表4-19 所示，观测值共为 53241 个，其中，持续时间为 13 年的时间段占总体的比重超过 60%，而持续时间 1 年的时间段的比重则仅有 12.44%，说明中国对美出口的大多数产品都保持了相对稳定，但仍有部分产品的持续时间较短。同时，鉴于如果从样本期的首年即 2007 年开始统计贸易持续时间将会低估贸易持续时间，因此本部分先对全部样本进行了左删失，即删掉了中国对美从 2007 年开始出口的第一个片段的全部观测值（共 47319 个），左删失之后的观测值为 5922 个，具体如表 4-20 所示。与全样本数据不同，左删失之后持续时间为 1~2 年的时间段占总体比重超过 50%，持续时间 5 年及以上的时间段比重为 29.88%，10 年及以上的时间段则不足 10%，这一情况与以往相关研究结论基本一致。

表4-19　多个持续时间段的持续时间分布特征（全样本）

持续时间（年）	持续时间段数（个）	百分比（%）	累计百分比（%）
1	682	12.44	12.44
2	349	6.37	18.80
3	221	4.03	22.83
4	148	2.70	25.53
5	144	2.63	28.16
6	79	1.44	29.60
7	77	1.40	31.00
8	75	1.37	32.37
9	46	0.84	33.21
10	70	1.28	34.49
11	72	1.31	35.80
12	45	0.82	36.62
13	3475	63.38	100.00

资料来源：根据联合国商品贸易统计数据库（UN Comtrade）数据整理而得。

表4-20　多个持续时间段左删失之后的持续时间分布特征（产品层面）

持续时间（年）	持续时间段数（个）	百分比（%）	累计百分比（%）
1	541	35.69	35.69
2	264	17.41	53.10
3	156	10.29	63.39
4	102	6.73	70.12
5	95	6.27	76.39
6	66	4.35	80.74
7	54	3.56	84.30
8	58	3.83	88.13
9	38	2.51	90.63
10	45	2.97	93.60
11	64	4.22	97.82
12	33	2.18	100.00

资料来源：根据联合国商品贸易统计数据库（UN Comtrade）数据整理而得。

表 4-21 描述了中国对美出口贸易关系持续时间的总体估计。本部分根据样本的不同处理方式给出了以下 8 种情况的生存时间估计，即全部样本、全部样本左删失之后、第一个持续时间段的样本（当贸易关系存在多个持续段时仅取第一个持续时间段）、第一个持续时间段样本左删失之后、仅有一个持续时间段的样本（仅选取贸易关系只有一个持续时间段的样本）、仅有一个持续时间段样本左删失之后、调整一年间隔的全部样本（当贸易关系中断一年自动补齐）以及调整一年间隔的全部样本左删失之后。

表 4-21　中国对美出口贸易关系持续时间的总体统计

样本处理方式	观测值的数量（个）	持续时间段的数量（个）	贸易关系数的个数（个）	生存时间（年）均值	生存时间（年）中位值	K-M法估计的生存率（%）1年	K-M法估计的生存率（%）5年
全部样本	53241	5483	4651	9.00	13	85	72
全部样本（左删失后）	5922	1516	1066	3.28	2	63	35
第一个持续时间段	49084	4651	4651	10.55	13	90	80
第一个持续时间段（左删失后）	3981	1066	1066	3.73	2	61	33
只有一个持续时间段	46958	3830	3830	12.26	13	97	95
只有一个持续时间段（左删失后）	1210	245	245	4.94	2	64	48
调整一年间隔的全部样本	53241	5226	4651	10.19	13	91	81
调整一年间隔的全部样本（左删失后）	4064	1116	827	3.64	2	69	40

资料来源：根据联合国商品贸易统计数据库（UN Comtrade）数据整理而得。

从表 4-21 可以看出，左删失后的样本与未进行左删失的样本，在中国对美出口贸易关系持续时间方面存在显著差异，凡是进行左删失后的样本的生存时间均值均不超过 5 年，其中全部样本（左删失后）的生存时间均值

4 中美贸易摩擦下中国对美出口稳定性的特征事实

甚至只有3.28年,而其生存时间中位值也都为2年,与此不同的是,只要是未进行左删失后的样本,其生存时间均不低于9年,在只有一个持续时间段的样本其生存时间均值更高达12.26年,同时其生存时间中位值也皆为13年。此外,这两类样本之间的差异也体现在K-M法估计的生存率,如未进行全部样本左删失处理方式的四种情况的样本中,根据K-M法估计的生存率最低的样本是全部样本,其生存时间为1年的生存率为85%,生存时间为5年的生存率也高达72%,但是在第一个持续时间段(左删失后)的生存率则下降至61%,其中,生存时间为5年的生存率更是锐减为33%。

借助于K-M法生存率估计图4-3和图4-4可以更直观地展示中国对美出口贸易关系持续时间的分布特征,我们发现:首先,中国对美出口贸易关系持续时间存在负的时间依存性的特点,随着一种产品持续出口超过几年之后,那么以后它停止出口的危险就会下降,在图中表现为K-M曲线在前两年非常陡峭,而之后却越来越平缓;其次,在所有持续时间段、仅有一个持续时间段以及第一个持续时间段三个样本左删失处理后的生存率比较中,仅有一个持续时间段左删失之后的生存率最高,第一个持续时间段左删失之后的生存率最低;最后,与所有持续时间段左删失之后的样本相比,调整一年间隔左删失之后的样本生存率要更高。

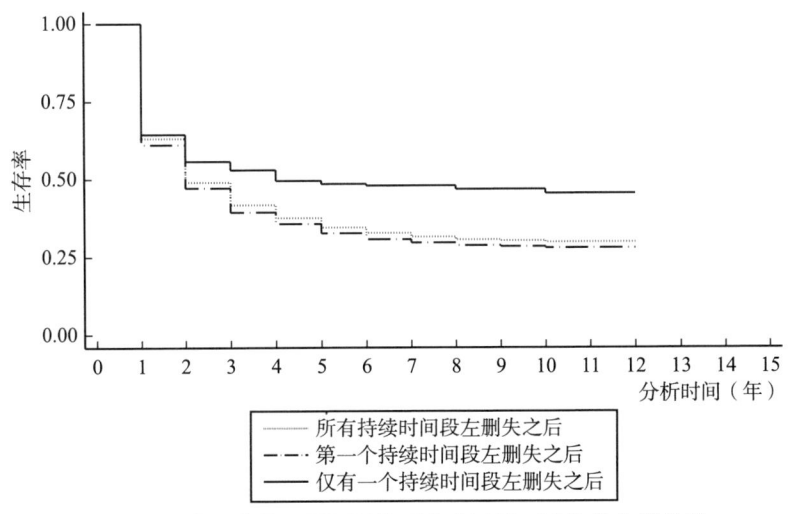

图4-3 中国产品层面不同处理方式下K-M法生存率估计

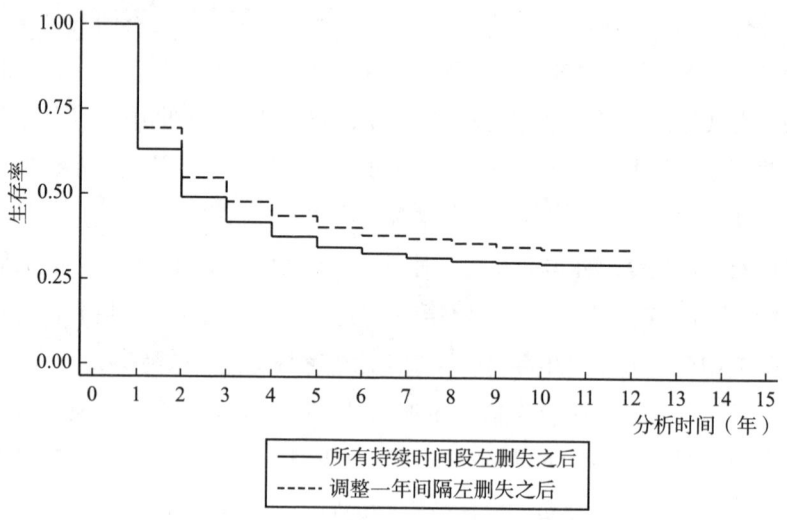

图 4-4　中国产品层面所有持续时间段与调整一年间隔的
样本 K-M 法生存率比较

4.3.2.2　企业层面的中国对美出口持续时间分布特征

本部分主要采用中国海关数据库 2001~2013 年企业层面的中国对美出口 HS06 分位的贸易数据,考察了同期中国对美出口持续时间的分布特征,在此期间企业层面中国对美出口数据观测值为 6266912 个,且持续时间普遍较短,具体如表 4-22 所示,持续时间是 1 年的时间段数占到总体比重的 76.24%,而持续时间为 6 年及以上的时间段数竟不到 2%。另外,按照前文的做法,对全部样本进行了左删失,其中,左删失观测值 413034 个,左删失之后的观测值 5853878 个,左删失之后的时间段数为 4003323 个。研究发现,对全部样本进行了左删失之后的结论与上述结果基本一致,其多个持续时间段左删失之后的持续时间甚至更短,如持续时间为 1 年的时间段数占到总体比重高达 77.30%,在持续时间 6 年及以上的时间段数不足 1%,具体如表 4-23 所示。

表4-22 中国企业层面多个持续时间段的持续时间分布特征

持续时间（年）	持续时间段数（个）	百分比（%）	累计百分比（%）
1	3163757	76.24	76.24
2	569723	13.73	89.97
3	235719	5.68	95.65
4	85744	2.07	97.72
5	41136	0.99	98.71
6	27380	0.66	99.37
7	11213	0.27	99.64
8	5635	0.14	99.77
9	3314	0.08	99.85
10	2103	0.05	99.91
11	1201	0.03	99.93
12	1060	0.03	99.96
13	1663	0.04	100.00

资料来源：根据中国海关数据库数据整理得到。

表4-23 中国企业层面多个持续时间段左删失之后的持续时间分布特征

持续时间（年）	持续时间段数（个）	百分比（%）	累计百分比（%）
1	3094424	77.30	77.30
2	544504	13.60	90.90
3	221731	5.54	96.44
4	76807	1.92	98.35
5	35683	0.89	99.25
6	14250	0.36	99.60
7	6814	0.17	99.77
8	3665	0.09	99.86
9	2215	0.06	99.92
10	1410	0.04	99.95

续表

持续时间（年）	持续时间段数（个）	百分比（%）	累计百分比（%）
11	951	0.02	99.98
12	869	0.02	100.00

资料来源：根据中国海关数据库数据整理得到。

表4-24也根据样本的不同处理方式分别给出了8种情况下的生存时间估计。与产品层面样本不同处理方式下中国对美出口贸易关系持续时间存在显著差异不同，在企业层面中国对美出口贸易关系持续时间基本相同，即中国对美出口贸易关系普遍存在持续时间较短的现象，其中，生存时间均值最低的，即只有一个持续时间段（左删失后）的样本，其生存时间均值为1.30年，而生存时间均值最高的调整一年间隔的全部样本生存时间均值也仅为1.52年，其生存时间中位值均为1年。从K-M法估计的生存率而言，也是如此。不同处理方式的8种情况的生存时间为1年的生存率都在30%左右，而当生存时间增加到5年后，其生存率均锐减到8%及以下。

表4-24　中国企业层面对美出口贸易关系持续时间的总体统计

样本处理方式	观测值的数量（个）	持续时间段的数量（个）	贸易关系数的个数（个）	生存时间（年） 均值	生存时间（年） 中位值	K-M法估计的生存率（%） 1年	K-M法估计的生存率（%） 5年
全部样本	6266912	4425612	3887722	1.42	1	31	6
全部样本（左删失后）	5853878	4265075	3769205	1.37	1	30	5
第一个持续时间段	5370178	3887722	3887722	1.38	1	29	4
第一个持续时间段（左删失后）	5039174	3769205	3769205	1.34	1	28	3
只有一个持续时间段	4580355	3440227	3440227	1.33	1	28	5

续表

样本处理方式	观测值的数量（个）	持续时间段的数量（个）	贸易关系数的个数（个）	生存时间（年）均值	生存时间（年）中位值	K-M法估计的生存率（%）1年	K-M法估计的生存率（%）5年
只有一个持续时间段（左删失后）	4302803	3321710	3321710	1.30	1	27	4
调整一年间隔的全部样本	6266912	4133637	3887722	1.52	1	34	8
调整一年间隔的全部样本（左删失后）	5800522	3973100	3752876	1.46	1	33	7

资料来源：根据中国海关数据库数据整理得到。

此外，通过K-M法生存率估计图4-5和图4-6同样可以显示，企业层面中国对美出口贸易持续时间段的分布特征，从其显示的特征来看，首先，与产品层面中国对美出口贸易关系持续时间存在负的时间依存性的特点相同，企业层面的一种产品在持续出口超过几年以后，其停止出口的

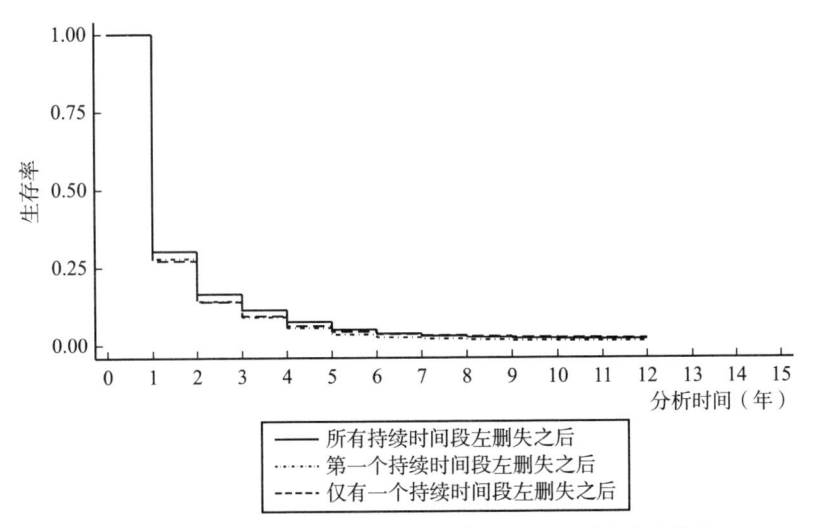

图4-5 中国企业层面不同处理方式下K-M法生存率估计

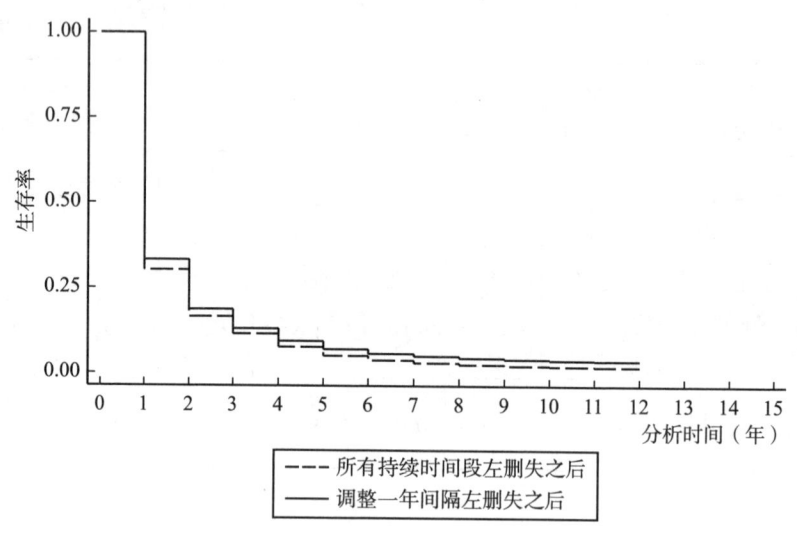

图4-6 中国企业层面所有持续时间段与调整一年间隔的样本 K-M 法生存率比较

危险也会逐年递减；其次，在所有持续时间段、仅有一个持续时间段以及第一个持续时间段三个样本左删失处理后的生存率比较中，前五年生存率最高的是所有持续时间段，而仅有一个持续时间段以及第一个持续时间段在前五年的生存率基本重合，且在五年后不同处理方式下 K-M 法生存率估计几乎无差异；最后，在所有持续时间段与调整一年间隔的样本 K-M 法生存率比较中，企业层面呈现出与产品层面相一致的结论，即调整一年间隔左删失之后的样本的生存率要更高。

4.3.3 中国对美出口贸易流量的特征

4.3.3.1 中国产品层面对美出口贸易流量的特征

2008~2019年产品层面中国对美出口贸易的产品数波动幅度情况，如表4-25所示。其中，在此期间各年相对于上一年出口额的增长幅度（仅计算上下两年都有出口的产品增幅）。首先，从2008~2019年产品层面中国对美出口贸易的产品数波动总数来看，呈现出微幅振荡的上涨趋势，从

2008年的3887种增加到2019年的4038种,增加了3.88%。然后,通过图4-7我们还能更直观地看到2008~2019年不同波动范围的产品数比重情况,其中,对美出口产品数跌幅超过50%的年份主要集中在2009年、2016年和2019年,特别是在2009年与2019年这两年对美出口的产品数跌幅更是超过60%,这一结果与前文关于中国对美出口贸易的变动情况基本一致。由于美国经济的逐步回暖和美国消费者信心的提升,2010年中国对美出口的产品数增加的产品比重迅速接近80%,2011~2015年也基本维持在50%~70%之间。

表4-25　　2008~2019年产品层面中国对美出口贸易增幅的产品数统计　　单位:种

年份	降幅≥50%且<100%	降幅≥0%且<50%	增幅>0%且≤50%	增幅>50%且≤100%	增幅>100%	共计
2008	487	1091	1219	427	663	3887
2009	800	1710	734	186	427	3857
2010	356	711	1452	570	793	3882
2011	324	900	1564	438	673	3899
2012	428	1183	1481	328	481	3901
2013	426	1301	1486	293	416	3922
2014	345	1209	1570	335	469	3928
2015	388	1344	1471	302	456	3961
2016	440	1858	1092	214	399	4003
2017	356	1197	1597	345	508	4003
2018	385	1059	1811	339	453	4047
2019	703	2026	846	164	299	4038

资料来源:根据联合国商品贸易统计数据库(UN Comtrade)数据整理而得。

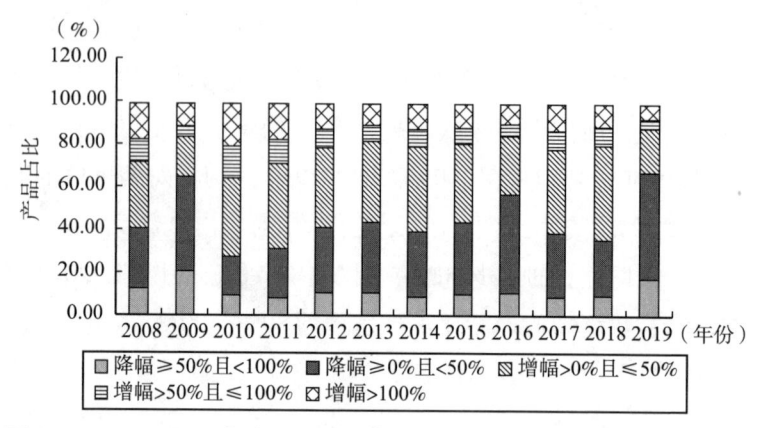

图 4-7 2008~2019 年中国产品层面对美出口贸易增幅的产品数比重统计

资料来源：根据联合国商品贸易统计数据库（UN Comtrade）数据整理而得。

4.3.3.2　中国企业层面对美出口贸易流量的特征

如表 4-26 所示，2002~2013 年中国对美出口波动的企业数较多，12 年间中国对美出口的企业数增长了 63087 家，增幅高达 309.77%，这一方面可能是由于加入世界贸易组织，中国对美出口企业数激增，另一方面说明美国市场竞争激烈、宏观经济环境波动剧烈。此外，从图 4-8 我们还可以更清楚看到，在此期间中国对美出口波动的企业数比重变化趋势图，其中，2002~2006 年对美出口的企业波动幅度维持相对稳定，大致有 60% 的企业对美出口保持增长态势，2007~2013 年对美出口企业的波动幅度开始加剧，尤其在 2007 年和 2009 年，对美出口降幅大于等于 50% 且小于 100% 的企业数都超过 40%，而在 2010~2012 年也有 30%~40% 的企业对美出口增幅超过 100%。

表 4-26　2002~2013 年企业层面中国对美出口贸易增幅的企业数统计

单位：家

年份	降幅≥50%且<100%	降幅≥0%且<50%	增幅>0%且≤50%	增幅>50%且≤100%	增幅>100%	共计
2002	3637	4044	3963	2247	6475	20366
2003	4835	5904	4748	2468	7715	25670

续表

年份	降幅≥50%且<100%	降幅≥0%且<50%	增幅>0%且≤50%	增幅>50%且≤100%	增幅>100%	共计
2004	5867	6523	5960	3185	9944	31479
2005	6776	8289	7353	3768	13295	39481
2006	9915	10892	9444	4733	14580	49564
2007	20243	5782	3367	2168	17458	49019
2008	21370	7993	5009	3443	25636	63451
2009	25674	8358	4938	3150	22484	64604
2010	22181	8715	5616	3820	28752	69084
2011	18042	6524	4291	3052	26750	58664
2012	15710	14632	11715	8121	27930	78108
2013	17915	21961	16552	7511	19514	83453

注：降幅>100%的企业所在年份仅有2007年和2011年，分别有1家和5家，鉴于企业数太少，因此上表未对降幅>100%的企业数和比重进行统计。

资料来源：根据中国海关数据库数据整理得到。

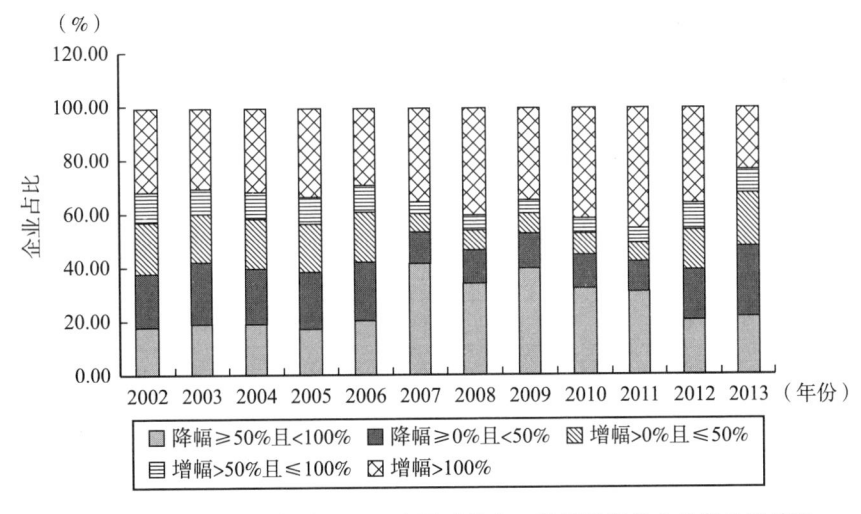

图4-8 2002~2013年企业层面中国对美出口贸易增幅的企业数比重统计

资料来源：根据中国海关数据库数据整理得到。

4.3.3.3 中国"企业-产品"层面对美出口贸易流量的特征

为了进一步了解中国对美出口贸易流量的变化特征，本部分还从"企业-产品"层面进行了考察。在表4-27中，2002~2013年"企业-产品"层面中国对美出口的关系数也出现了大幅振荡上扬态势，由2002年的79892个递增到2013年的316231个，12年间增加了295.82%，其中，波动幅度较大的年份为2007年和2012年，尤以2012年为甚，该年中国对美出口的关系数攀升了105.15%。而通过图4-9可以发现，2002~2013年，"企业-产品"层面中国对美出口的关系数变化主要发生在2007~2011年，2007~2009年降幅在≥50%且<100%的对美出口关系数维持在35%~40%，直到2012年才逐步下降到20%左右，同期增幅超过100%的对美出口关系数也从2007年的不足40%增加到2011年超过50%，而其他年份则保持相对稳定。

表4-27　　2002~2013年"企业-产品"层面中国对美出口贸易增幅的出口关系数统计　　　　　　　　　　单位：个

年份	降幅≥50%且<100%	降幅≥0%且<50%	增幅>0%且≤50%	增幅>50%且≤100%	增幅>100%	共计
2002	20005	14989	11177	6706	27015	79892
2003	28616	21233	14307	8454	33545	106155
2004	33265	24351	17726	10539	41688	127569
2005	39150	30293	21194	12006	49845	152488
2006	50603	37797	26139	14926	57195	186660
2007	40465	12309	7527	4897	34125	99323
2008	41709	16027	10169	6711	49207	123823
2009	49802	17146	9820	6501	43679	126948
2010	46739	18032	11730	7889	56374	140764
2011	36839	15186	9813	6529	56606	125003

续表

年份	降幅≥50%且<100%	降幅≥0%且<50%	增幅>0%且≤50%	增幅>50%且≤100%	增幅>100%	共计
2012	69614	49494	34357	21795	81184	256444
2013	83411	71340	48453	25753	87274	316231

注：降幅>100%的"企业-产品"关系数所在年份仅有2011年，"企业-产品"关系数有30个，鉴于"企业-产品"关系数太少，因此上表未对降幅>100%的"企业-产品"关系数及其比重进行统计。

资料来源：根据中国海关数据库数据整理得到。

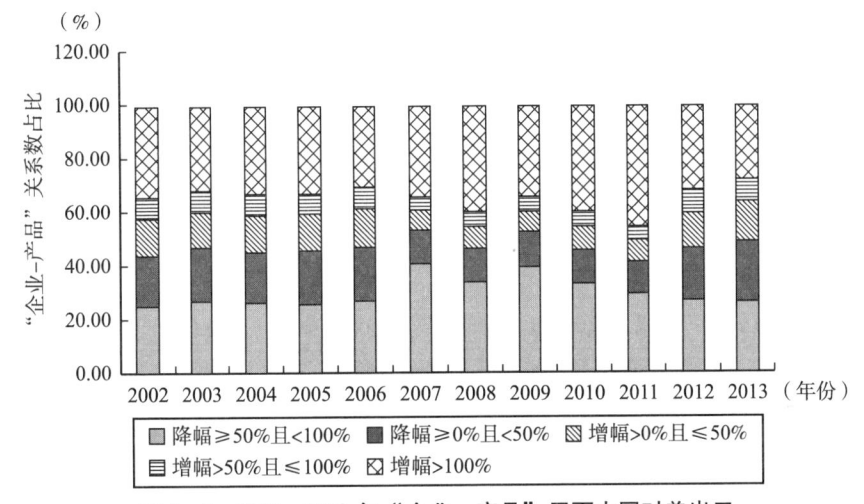

图4-9 2002~2013年"企业-产品"层面中国对美出口贸易增幅的出口关系比重统计

资料来源：根据中国海关数据库数据整理得到。

4.3.4 中国对美出口产品质量的特征

4.3.4.1 中国对美出口产品质量的总体特征

我们先对"企业-产品-市场-年份"层面中国出口产品质量以及中国对美出口产品质量的总体特征进行比较[1]，结果如表4-28与表4-29

---

[1] 中国"企业-产品-市场-年份"层面的出口产品质量的测算方法见第8章。

所示,从纵向来看,无论是中国出口总体层面还是中国对美出口层面,其出口产品质量的平均值均没有明显的上升,中国出口总体层面出口产品质量的中位数有一定的提升,但中国对美出口产品质量的中位数无明显变化趋势。从横向对比来看,中国对美出口产品质量的均值均大于同一年度中国总体层面出口产品质量的均值。这一定程度上说明了中国企业出口到美国的产品质量水平高于同期出口到全球市场的产品质量水平。

表4-28　2001~2013年"企业-产品"层面中国出口产品质量的总体特征

年份	平均值	最大值	最小值	中位数	观测值
2001	0.490	1.000	0.000	0.153	106399
2002	0.491	1.000	0.000	0.152	145356
2003	0.490	1.000	0.000	0.154	187861
2004	0.493	1.000	0.000	0.156	264649
2005	0.486	1.000	0.000	0.153	390482
2006	0.486	1.000	0.000	0.156	444852
2007	0.496	1.000	0.000	0.164	368094
2008	0.486	1.000	0.000	0.165	401255
2009	0.489	1.000	0.000	0.164	493182
2010	0.496	1.000	0.000	0.167	459052
2011	0.486	1.000	0.000	0.162	568226
2012	0.488	1.000	0.000	0.167	709562
2013	0.495	1.000	0.000	0.164	512101
总计	0.490	1.000	0.000	0.162	5051083

资料来源:根据中国海关数据库与中国工业企业数据库数据整理计算得到。

表4-29　2001~2013年"企业-产品"层面中国对美出口产品质量的总体特征

年份	平均值	最大值	最小值	中位数	观测值
2001	0.504	0.981	0.000	0.513	7817
2002	0.507	1.000	0.000	0.513	10419

续表

年份	平均值	最大值	最小值	中位数	观测值
2003	0.508	0.995	0.000	0.512	13343
2004	0.512	1.000	0.000	0.516	18172
2005	0.500	1.000	0.000	0.504	29170
2006	0.501	1.000	0.000	0.505	31813
2007	0.505	1.000	0.000	0.510	30929
2008	0.490	0.994	0.000	0.491	33740
2009	0.494	1.000	0.000	0.498	44806
2010	0.500	1.000	0.000	0.506	38454
2011	0.499	1.000	0.000	0.507	37081
2012	0.498	1.000	0.000	0.507	44154
2013	0.506	1.000	0.000	0.516	33674
总计	0.500	1.000	0.000	0.506	373572

资料来源：根据中国海关数据库与中国工业企业数据库数据整理计算得到。

4.3.4.2 中国对美出口产品质量的行业分布特征

为了了解中国行业层面对美出口产品质量的特征，我们将样本根据国民经济行业2位码分类将制造业分为29个行业，然后在此基础上分别测算29个行业中国"企业－产品－市场－年份"层面的出口产品质量的平均值。结果如表4－30所示，从观测值数量来看，中国企业对美出口产品主要集中于纺织业、烟草制造业、电气机械及器材制造业、通信设备、计算机及其他电子设备制造业、金属制品业等。从出口产品质量平均值来看，中国对美出口产品质量较高的前十大行业包括黑色金属冶炼及压延加工业、化学纤维制造业、纺织服装、鞋、帽制造业、非金属矿物制品业、塑料制品业、化学原料及化学制品制造业、烟草制造业、家具制造业、金属制品业、工艺品及其他制造业。农副食品加工业、食品制造业在中国对美出口产品质量行业排名最为靠后。

表4-30　2001~2013年中国行业层面对美出口产品质量特征

行业	平均值	最大值	最小值	中位数	观测值
黑色金属冶炼及压延加工业	0.555	0.971	0.000	0.178	875
化学纤维制造业	0.548	0.953	0.032	0.175	391
纺织服装、鞋、帽制造业	0.533	1.000	0.000	0.169	14376
非金属矿物制品业	0.528	1.000	0.000	0.172	7517
塑料制品业	0.517	1.000	0.000	0.171	19768
化学原料及化学制品制造业	0.516	1.000	0.000	0.179	6039
烟草制造业	0.515	1.000	0.000	0.167	36553
家具制造业	0.515	1.000	0.000	0.178	15907
金属制品业	0.515	1.000	0.000	0.182	27027
工艺品及其他制造业	0.512	0.999	0.000	0.170	18485
造纸及纸制品业	0.507	0.945	0.000	0.180	1728
橡胶制品业	0.507	1.000	0.004	0.187	2249
医药制造业	0.504	1.000	0.000	0.186	2319
纺织业	0.503	1.000	0.000	0.161	61233
印刷业和记录媒介的复制业	0.500	0.974	0.013	0.180	2847
文教体育用品制造业	0.500	1.000	0.000	0.178	20813
电气机械及器材制造业	0.498	1.000	0.000	0.185	32368
皮革、毛皮、羽毛及其制品业	0.497	1.000	0.024	0.170	2233
通用设备制造业	0.496	1.000	0.000	0.189	27825
有色金属冶炼及压延加工业	0.495	0.985	0.000	0.178	1124
仪器仪表及文化、办公用机械制造业	0.477	1.000	0.000	0.193	11034
专用设备制造业	0.468	1.000	0.000	0.186	13388
通信设备、计算机及其他电子设备制造业	0.462	1.000	0.000	0.190	29939
交通运输设备制造业	0.460	1.000	0.000	0.196	16195
石油加工、炼焦及核燃料加工业	0.446	0.822	0.058	0.194	75
废弃资源和废旧材料回收加工业	0.438	0.753	0.154	0.145	37

续表

行业	平均值	最大值	最小值	中位数	观测值
食品制造业	0.424	0.945	0.000	0.187	287
农副食品加工业	0.411	0.875	0.000	0.155	564
饮料制造业	0.379	0.795	0.079	0.170	84
总计	0.500	1.000	0.000	0.179	373280

资料来源：根据中国海关数据库与中国工业企业数据库数据整理计算得到。

4.3.4.3 中国对美出口产品质量的区域分布特征

为了进一步掌握中国对美出口产品质量的区域分布特征，我们在整理中国海关数据库与中国工业企业数据库的基础上，测算了中国30个省份对美出口产品质量的省份分布特征[①]，结果如表4-31所示。从观测值来看，中国对美出口产品主要集中在广东、浙江、江苏、上海、福建、山东、辽宁、天津以及北京等省市。从出口产品质量平均值来看，中国对美出口产品质量较高的前十大省份包括山西、宁夏、河北、湖南、山东、江西、天津、吉林、浙江、河南。

表4-31　　　　2001~2013年中国省份层面对美出口产品质量特征

省份	平均值	最大值	最小值	中位数	观测值
山西	0.578	0.975	0.130	0.172	293
宁夏	0.545	0.856	0.003	0.180	149
河北	0.535	1.000	0.000	0.185	3913
湖南	0.524	1.000	0.018	0.181	775
山东	0.521	1.000	0.000	0.177	20540
江西	0.52	0.952	0.023	0.172	1493
天津	0.512	1.000	0.000	0.202	6439

---

① 鉴于西藏自治区仅有5个观测值，因此不予统计计算。

续表

省份	平均值	最大值	最小值	中位数	观测值
吉林	0.508	0.855	0.022	0.169	440
浙江	0.506	1.000	0.000	0.168	94150
河南	0.505	1.000	0.000	0.185	1694
安徽	0.504	1.000	0.000	0.184	2687
广东	0.501	1.000	0.000	0.176	105001
贵州	0.501	0.853	0.074	0.186	93
辽宁	0.5	0.99	0.000	0.185	6605
甘肃	0.5	0.811	0.133	0.154	53
江苏	0.497	1.000	0.000	0.184	49841
四川	0.497	0.954	0.000	0.182	1402
湖北	0.496	0.966	0.000	0.182	2485
新疆	0.495	0.893	0.071	0.198	122
福建	0.492	1.000	0.000	0.183	25784
内蒙古	0.49	0.884	0.054	0.179	293
云南	0.488	0.948	0.004	0.220	180
黑龙江	0.483	1.000	0.052	0.167	574
广西	0.483	0.93	0.002	0.173	1258
上海	0.48	1.000	0.000	0.188	40159
北京	0.475	0.995	0.000	0.190	4888
青海	0.465	0.782	0.000	0.242	24
海南	0.461	0.944	0.055	0.187	156
重庆	0.459	0.99	0.000	0.208	1166
陕西	0.443	0.988	0.042	0.178	618
总计	0.500	1.000	0.000	0.179	373280

资料来源：根据中国海关数据库与中国工业企业数据库数据整理计算得到。

5 中美贸易摩擦对出口稳定性的影响

考虑到新一轮中美贸易摩擦期间企业层面数据的可得性问题,本章仅采用中美贸易摩擦期间产品层面对美出口贸易额测度贸易关系连接强度的稳定性,考察中美贸易摩擦对中国对美出口贸易关系连接强度的影响,采用产品层面对美出口持续时间测度贸易关系连接数量的稳定性,进一步考察中美贸易摩擦对贸易关系连接数量稳定性的影响。

5.1 中美贸易摩擦对出口额的影响

5.1.1 数据来源及处理

中美贸易摩擦下美国对中国加征关税的清单数据来源于美国贸易代表办公室官方网站。为了同时评估美国对中国征税产生的贸易抑制效应与贸易转移效应,本章整理了联合国商品贸易统计数据库(UN Comtrade)网站中,美国2017~2019年进口来源国的排名情况,如表5-1所示。这三年中美国前六大进口来源国依次为中国、墨西哥、加拿大、日本、德国以及韩国,前六大进口来源国对美出口额占比在60%左右。各月度美元兑换人民币汇率的中间价来自美联储经济数据网站(FRED ECONOMIC DATA),美国前六大进口来源国季度层面GDP数据来源于中国国家统计局网站。2017~2019年前六大进口来源国各月份对美国出口的HS06位码层面的出口数据来自 UN Comtrade 网站。

表 5-1　　　　2017~2019 年美国进口市场结构统计情况　　　　单位：%

国家	2017 年市场份额	2018 年市场份额	2019 年市场份额
韩国	3.052	2.918	3.114
德国	4.987	4.915	5.058
日本	5.809	5.587	5.724
加拿大	12.707	12.471	12.722
墨西哥	13.127	13.372	14.073
中国	21.859	21.567	18.402

资料来源：根据联合国商品贸易统计数据库（UN Comtrade）数据整理而得。

5.1.2　中美贸易摩擦下美国对中国加征关税清单统计

中美贸易摩擦主要的表现形式即为相互加征关税，新一轮中美贸易摩擦的发生一般认为始于 2017 年 8 月美国贸易代表办公室对中国开展的"301 调查"，并于 2018 年 4 月公布了对中国加征关税的 500 亿美元商品清单，但最终该清单并未生效。之后，美国先后公布并实施了四大征税清单，因此，本章将以该四大征税清单为依据，通过描述性统计以及实证研究方法评估其对中国对美出口的影响以及对其他五大进口来源国的影响，即贸易抑制效应和贸易转移效应。2018 年 4 月 4 日，美国贸易代表办公室公布了对中国加征关税的 340 亿美元商品清单和 160 亿美元商品清单，分别于 2018 年 7 月 6 日和 2018 年 8 月 23 日正式生效，加征税率均为 25%。2018 年 7 月 10 日公布了对中国加征关税的 2000 亿美元商品清单，2018 年 9 月 24 日生效，加征税率为 10%，2019 年 6 月 15 日又将税率提高至 25%。2019 年 8 月 13 日公布了对中国加征关税的 3000 亿美元商品清单，第一批清单征税生效时间为 2019 年 9 月 1 日，加征税率为 15%，第二批清单生效时间为 2019 年 12 月 15 日，加征税率为 10%（见表 5-2）。①

---

① 资料来源于美国贸易代表办公室官网（USTR）。

表 5-2　　2018~2019 年美国对中国加征关税清单及涉及产品统计

清单类型	公布时间	生效时间	加征税率（%）	加征商品价值（亿美元）	加征产品种类（HS06）（种）
清单一	2018 年 4 月 4 日	2018 年 7 月 6 日	25	340	560
清单二	2018 年 4 月 4 日	2018 年 8 月 23 日	25	160	199
清单三	2018 年 7 月 10 日	2018 年 9 月 24 日	10	2000	3177
		2019 年 6 月 15 日	25		
清单四	2019 年 8 月 13 日	2019 年 9 月 1 日	15	3000	1268
		2019 年 12 月 15 日	10		333

资料来源：作者根据美国贸易代表办公室官网（USTR）数据整理而得。

5.1.3　中美贸易摩擦对出口额影响的统计探测

中美贸易摩擦的发生不在预期之内，因此其对中国和美国其他主要的进口来源国的影响也不会在预期之内，我们可以将中美贸易摩擦视为一个"准自然实验"，通过双重差分法来评估美国对中加征关税对中国和美国其他主要进口来源国的影响。双重差分变量的设定如下：

$$dum_{jt} = treat_j \times posti_t \quad (5-1)$$

式（5-1）中，dum_{jt} 为双重差分变量；j 为对美出口产品；t 为美国加征关税的月度；$treat_j$ 为是否为美国加征关税的产品，即当该出口产品为美国加征关税清单所涉及产品时，该值取 1，否则为 0；$posti_t$ 为加征关税的时期变量，根据美国加征关税四个清单的具体生效时间设定，当期出口产品的月度在清单生效时间当期或之后，该值取值为 1，否则为 0。值得说明的是，当加征关税的部分产品同时存在多个清单时，本章选择将以该产品最早生效的清单为准设定其 $posti_t$ 变量。$treat_j \times posti_t$ 交乘项即指美国对中加征关税的政策变量，当中国或其他美国进口来源国对美出口产品属于四类清单涉及产品，并且出口月份在美国对中加征关税清单生效时间当期或之后，那么该交乘项取值为 1，否则为 0。表 5-3 汇报了 2018~2019 年美国对中国加征关税对各主要国家影响的描述性统计结果。

表 5-3　　2018~2019 年美国对中国加征关税对各主要国家对美出口影响的描述性统计

国家分类	双重差分变量（dum_{jt}）	平均值	中位数
六大主要进口来源国	1	12.689	12.797
	0	12.474	12.543
中国	1	13.126	13.184
	0	13.678	13.832
其他五大主要进口来源国	1	12.573	12.684
	0	12.148	12.195

资料来源：根据联合国商品贸易统计数据库（UN Comtrade）数据以及美国贸易代表办公室网站数据整理而得。

如表 5-3 所示，统计了三种分类下双重差分变量为 1 和 0 两组分样本对美出口额的平均值和中位数。首先，在六大主要进口来源国的产品层面样本中，双重差分变量取值为 1 时，其平均值和中位数均比其取值为 0 时更大，这意味着美国对中国加征关税的政策实施使得包括中国在内的前六大主要进口来源国对美出口额增加；其次，当美国的进口来源国为中国时，双重差分变量取值为 1 时，其对美出口额的平均值和中位数均比其取值为 0 时更小，意味着美国对中国加征关税的政策对中国对美出口发生了贸易抑制效应，因而对美出口额下降。进一步地，我们观察到其他五大主要进口来源国的分类统计结果，当双重差分变量取值为 1 时，其对美出口额的平均值和中位数比其取值为 0 时不仅没有变小，反而更大，这也进一步地证明了美国对中加征关税的政策不仅产生了贸易抑制效应，而且还对其他主要来源国对美出口产生了贸易转移效应，由于贸易转移效应超过了贸易抑制效应，因此，在六大主要进口来源国分类下，美国对中加征关税的政策实施反而使得美国从前六大来源国的进口总额增加。

5.1.4 中美贸易摩擦对出口额影响的实证检验

首先,在参考张建武与钟晓凤(2022)以及范夏阳等(2022)文献的基础上,我们设定了如下计量模型针对美国对中国加征关税的贸易抑制效应进行计量检验。式(5-2)仅对其抑制效应进行检验,即评估美国对中国加征关税对中国的贸易抑制效应,因此,式(5-2)仅对中国2018~2019年各月度产品层面对美出口的影响进行检验。

$$\ln ex_{ijt} = \alpha_1 + \alpha_2 dum_{jt} + \alpha_3 exch_t + \alpha_4 \ln gdp_{it} + \alpha_5 \ln price + v_j + v_t + \varepsilon_{ijt} \tag{5-2}$$

其中,$\ln ex_{ijt}$是指2018~2019年各月度产品层面对美出口贸易额;dum_{jt}为双重差分变量,测度美国对中国加征关税的政策变量,具体定义见式(5-1);$exch_t$是指各月份美元兑换人民币的中间价;$\ln gdp_{it}$是指中国各月份的GDP;$\ln price$是HS06分位层面中国对美出口的产品价格;v_j、v_t分别为产品固定效应以及月份固定效应;ε_{ijt}为误差项。另外,为了避免可能存在的异方差和自相关等问题,该式的回归选择在产品层面聚类。各月份GDP以及中国对美出口的产品价格均取对数处理。

其次,为了评估美国对中国加征关税的贸易转移效应,同时考虑到数据的可得性,本章选择考察美国对中国加征关税对其他五大进口来源国对美出口的影响,即美国对中征税的贸易转移效应。具体的计量模型如式(5-3)所示。

$$\ln ex_{ijt} = \beta_1 + \beta_2 dum_{jt} + \beta_3 exch_t + \beta_4 \ln gdp_{it} + \beta_5 \ln price + v_j + v_i + v_t + \varepsilon_{ijt} \tag{5-3}$$

其中,$\ln gdp_{it}$是指美国除中国之外的前五大进口来源国2018~2019年各月份的GDP,$\ln price$是HS06分位层面其他前五大进口来源国对美出口的产品价格,值得说明的是,dum_{jt}与式(5-2)一致,仍为双重差分变量,当其他进口来源国对美出口产品属于美国对中国加征关税的四大清单所涉及的产品,组成该双重差分变量的$treat_i$变量则取值为1,否则为0,

当其他进口来源国对美出口产品的月份在美国对中加征关税清单生效时间当期或之后，那么 $post_{it}$ 变量取值为 1，否则为 0。$treat_i$ 变量与 $post_t$ 变量的交乘项组成 dum_{it} 变量。v_j、v_t、v_i 分别为产品固定效应、月份固定效应以及进口来源国固定效应，$\ln ex_{ijt}$、$exch_t$ 的含义与式（5-2）一致，回归仍在产品层面聚类。

最后，为了进一步考察美国对中国加征关税对包括中国在内的前六大进口来源国的贸易总效应，同样根据式（5-3）进行了计量检验，唯一与贸易转移效应检验不同的是添加了中国对美出口的产品样本，即考察美国对中国征税的政策变量对包括中国在内的前六大进口来源国的贸易总效应。

式（5-2）与式（5-3）的实证结果如表5-4第（1）~（2）列所示，第（1）列未添加任何控制变量，第（2）列添加了控制变量，固定效应的控制以及聚类层面的选择均一致。我们发现，无论是否添加控制变量，美国对中国加征关税对中国对美出口带来的贸易抑制效应都非常显著，意味着美国对中国四大清单的产品加征关税显著抑制了中国对美出口，如表5-4第（2）列所示，美国对中国加征关税使得中国对美出口额下降了0.216%，美元兑换人民币中间价的提升促进了中国对美出口额的增加，即人民币贬值，意味着中国对美国出口额将会增加，这一结果与预期一致。中国GDP的增加反而抑制了中国对美出口额的增加，这可能是因为国内市场越大，对外的出口需求反而受到影响的原因。产品价格越高，对美出口额将会受到抑制，这与预期一致。美国对中国加征关税的贸易转移效应结果如表5-4的第（3）~（4）列所示，无论是否添加控制变量，美国对中国加征关税均促进了其他五大进口来源国对美国出口额的增加。第（2）列结果显示，美国对中国加征关税，促进了其他五大进口来源国对美出口额增加了0.029%，这也与预期基本一致，美国国内市场需求不会在对中征税的短时期之内发生较大变化，当美国对中国征税抑制对中国产品需求的同时，只能依赖于其他主要进口来源国市场满足美国国内需求。美元兑换人民币汇率中间价上升，意味着人民币贬值，有利于中国对美出口，但不利于其他进口来源国对美出口，其他控制变量的估计系数基本与预期一致。

表 5-4　　　　　　　　　中美贸易摩擦对出口额的影响

变量	美国对中国加征关税的影响					
	贸易抑制效应		贸易转移效应		贸易总效应	
	(1)	(2)	(3)	(4)	(5)	(6)
美对中征税	-0.345*** (-30.78)	-0.216*** (-14.91)	0.011* (1.83)	0.029*** (3.049)	-0.052*** (-9.13)	-0.018** (-2.03)
汇率		0.902*** (17.36)		-0.062** (-2.57)		-0.099*** (-4.51)
来源国 GDP		-7.774*** (-24.87)		-0.379*** (-2.64)		-0.613*** (-11.15)
产品价格		-0.194*** (-9.68)		-0.455*** (-25.79)		-0.461*** (-27.67)
常数项	13.580*** (2319.67)	103.300*** (28.84)	12.370*** (3797.30)	18.930*** (9.73)	12.610*** (4224.56)	22.410*** (30.48)
产品固定效应	是	是	是	是	是	是
月份固定效应	是	是	是	是	是	是
来源国固定效应	是	是	是	是	是	是
观测值	90765	80200	340187	300283	431170	380688
R^2	0.911	0.913	0.593	0.602	0.539	0.544

注：*、** 及 *** 分别表示在 10%、5% 和 1% 的显著性水平，括号内的回归结果为 t 值。所有回归均在产品层面聚类。以上信息，本章表统同。

美国对中国加征关税的贸易总效应如表 5-4 的第（5）~（6）列所示，无论是否添加控制变量，美国对中国加征关税对包括中国在内的前六大进口来源国的总效应方向为负，意味着美国对中加征关税，一定程度上抑制了前六大进口来源国对美的出口。原因可能来自以下两方面，一是对中国的贸易抑制效应大于对其他五大进口来源国的贸易转移效应，从而总体表现为负向的贸易抑制效应，二是本章因为数据的可得性原因，仅选择前六大进口来源国对美的出口数据样本，如果将所有美国的进口来源国对美出口数据包括进来，或许贸易总效应的方向可能为正或者影响不显著。其他控制变量估计系数的方向与预期基本一致。

5.2 中美贸易摩擦对出口持续时间的影响

5.2.1 数据来源及处理

2018~2019年各月份美国前六大进口来源国对美国出口持续时间均在 UN Comtrade 网站数据基础上整理而得。关于出口持续时间数据的处理存在两个关键问题，分别为数据删失以及多个持续时间段的处理问题。

首先，数据的删失可分为左删失和右删失，前者是指在样本观测期之前已经存在并持续至观测期的样本，如果不进行左删失处理，我们有可能低估持续时间的测度，后者是指在样本观测期之后仍未结束的样本，同样的道理，不进行右删失处理也将低估持续时间的计算。本章的观测期是 2018年1月~2019年12月，由于本章采用的是产品层面的月度数据，因此在样本观测期之前已经存在的样本量较大，如果考虑左删失，样本损失数量较大。因此，本章选择不进行样本的左删失处理，但由于生存分析法可以恰当地处理右删失的问题，所以右删失根据生存分析法处理。其次，数据的多个持续时间段的处理问题。本章的处理办法与第4章一致，将多个持续时间段视为相互独立的若干持续时间段。

5.2.2 美国前六大进口来源国的出口持续时间统计

本章对美出口的数据为产品层面数据，具体包括"出口国－产品－月份－美国"四个节点，表5－5统计了美国前六大进口来源国的出口持续时间。我们发现，中国对美出口样本的观测值数量、持续时间段数量以及贸易关系数量均多于其他五大进口来源国，并且，前六大进口来源国中，中国对美出口生存时间的中位数以及均值均大于其他进口来源国，尤其是均值的优势更加明显，另外，我们还比较了中国与其他五大进口来源国总体生存时间的均值和中位数，结论类似。从K-M法估计的生存率来看，无论与其他五大进口来源国总体比较，还是与其他各国比较，中国对美出口1年和5年的生存率均高于其他进口来源国。

表5-5　　2018~2019年美国前六大进口来源国的出口持续时间

来源国	观测值的数量（个）	持续时间段的数量（个）	贸易关系数	生存时间（年）均值	生存时间（年）中位数	K-M法估计的生存率（%）1年	K-M法估计的生存率（%）5年
韩国	50647	11147	3634	4.544	2	59.7	35.9
德国	75579	10194	4307	7.414	2	62.7	36.9
日本	67234	10337	4083	6.504	2	59.4	32.3
加拿大	80854	9800	4558	8.250	2	62.7	39.6
墨西哥	65849	8379	3930	7.859	2	61.1	38.4
中国	90946	9415	4715	9.660	3	68.3	45.9
除中国外其他五大进口来源国	340163	49857	20512	6.823	2	61.1	36.5
前六大进口来源国	431109	59272	25227	7.273	2	62.2	38.0

图5-1、图5-2及图5-3通过K-M法依次比较了样本期内中国与其他进口来源国生存率的差异、征税前生存率的差异以及征税后生存率的差异。我们可更为直观地看到，图5-1再次证明了在整个样本期内中国相比美国其他五大进口来源国而言生存率更高，生存时间更长。图5-2与图5-3呈现了美国加征关税前后中国与其他五大进口来源国生存率的比较。加征关税之前，中国对美出口的生存率远高于其他五大进口来源国对美出口生存率，并且相比图5-1而言，差距更加明显，但图5-3的生存率比较结果则刚好相反，美国加征关税之后，其他五大进口来源国对美出口的生存率高于中国对美出口生存率，虽然差距不大。这一定程度上说明了美国对中国加征关税提升了中国对美出口风险率，削弱了中国对美出

口生存能力，从而降低了其生存率，缩短了其出口持续时间。对于其他五大进口来源国而言，反而提高了其对美出口生存率，延长了其对美出口持续时间。

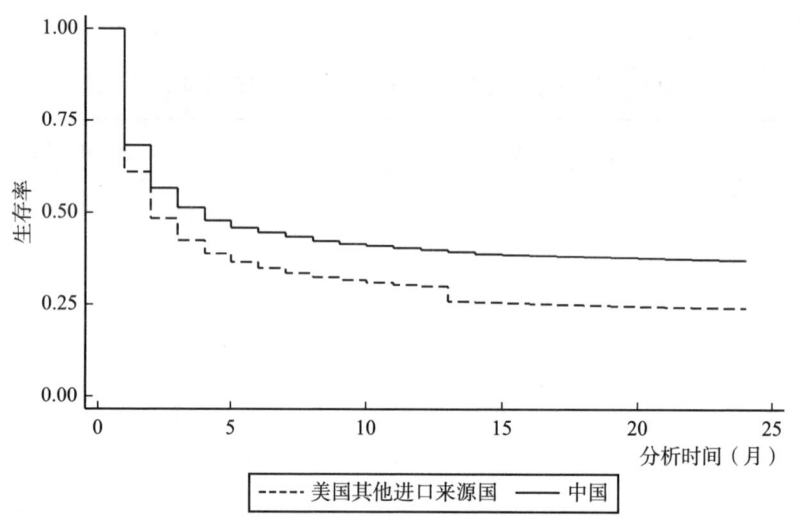

图 5-1 中国与美国其他进口来源国生存率的比较

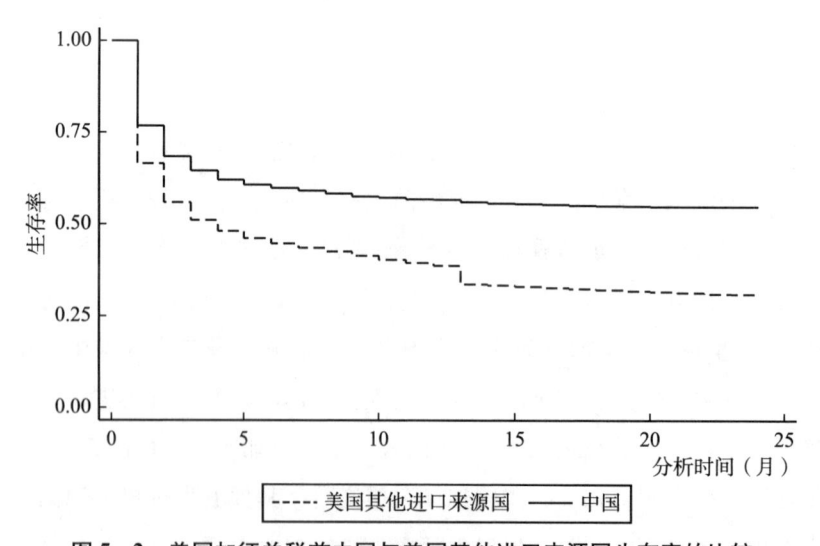

图 5-2 美国加征关税前中国与美国其他进口来源国生存率的比较

5 中美贸易摩擦对出口稳定性的影响

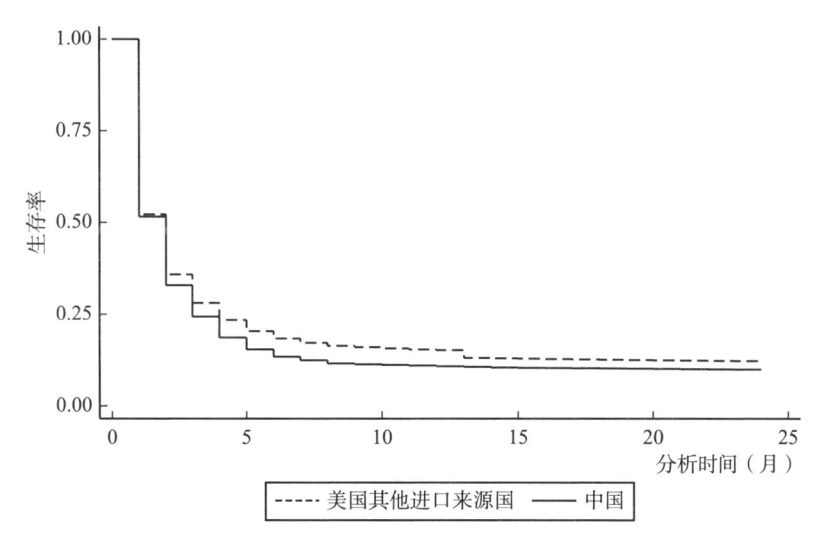

图 5-3 美国加征关税后中国与美国其他进口来源国生存率的比较

5.2.3 中美贸易摩擦对出口持续时间影响的实证检验

本章在考察中美贸易摩擦的贸易抑制效应与贸易转移效应的基础上，进一步考察中美贸易摩擦对出口持续时间的影响，分别考察对中国对美出口持续时间、其他五大进口来源国对美出口持续时间以及包括中国在内的前六大进口来源国对美出口持续时间的影响。本章仍采用离散时间 Probit 模型进行估计，首先，针对中国对美出口持续时间的考察构建计量模型，如式（5-4）所示。

$$b_{ijt} = \chi_1 + \chi_2 dum_{jt} + \chi_3 exch_t + \chi_4 \ln gdp_{it} + \chi_5 \ln price + v_j + v_t + \varepsilon_{ijt} \quad (5-4)$$

其中，被解释变量 b_{ijt} 为虚拟变量，表示出口是否失败，出口失败为 1，否则为 0，如果一个中国对美出口贸易关系最后一月的观测值为 2019 年 12 月，那么该贸易关系每月观测值的 b_{ijt} 值均设定为 0，如果该贸易关系最后一月的观测值在 2018 年 1 月~2019 年 11 月之间的某一月，那么该贸易关系的最后一月的 b_{ijt} 值设定为 1，意味着出口失败，其余月份设定为 0。其他控制变量的设定、固定效应的控制以及聚类层面的选择均与式（5-2）一致。

其次，进一步考察美国加征关税对美国其他五大进口来源国以及前六大进口来源国对美出口持续时间的影响，构建的计量模型如式（5-5）所示。

$$b_{ijt} = \delta_1 + \delta_2 dum_{jt} + \delta_3 exch_t + \delta_4 \ln gdp_{it} + \delta_5 \ln price + v_j + v_i + v_t + \varepsilon_{ijt}$$

(5-5)

其中，对 b_{ijt} 值的设定与式（5-4）一致，由于式（5-5）考察了美国加征关税对多个进口来源国对美出口持续时间的影响，因此在式（5-4）的基础上添加了进口来源国的固定效应。其他控制变量的设定、固定效应的控制以及聚类层面的选择均与式（5-4）一致。

美国加征关税对中国对美出口持续时间的结果如表 5-6 的第（1）~（2）列所示，由于被解释变量 b_{ijt} 为出口失败的虚拟变量，因此表 5-6 的估计系数为各变量对出口风险率的影响系数，估计系数为正，意味着对出口风险率为正向影响，但对出口持续时间的影响却为负向影响，估计系数为负则相反。结果显示，无论是否添加控制变量，美国对中国四大清单加征关税提高了中国对美出口风险率，抑制了对中国对美出口持续时间的延长。并且，添加控制变量后，其估计系数更大。原因在于，美国对中国加征关税，税率均在 10% 以上，大大增加了中国对美出口商品的出口成本，削弱了中国对美出口商品的竞争力，从而缩短了其对美出口持续时间。美国对中国加征关税对其他五大进口来源国对美出口持续时间的影响如表 5-6 的第（3）~（4）列所示，无论是否添加控制变量，美国对中国加征关税将使得其他五大进口来源国的对美出口风险率下降，从而促进了其对美出口持续时间的延长。原因在于，美国对中国出口产品征税后，中国对美出口产品成本增加，出口失败的可能性增大，但短时间之内美国国内市场需求不会发生较大变化，因此从其他主要进口来源国进口弥补从中国减少的进口可能性增大，进而延长了其他主要进口来源国的对美出口持续时间。最后，我们发现，美国对中国加征关税促进了包括中国在内的前六大进口来源国对美出口持续时间的延长。原因可能在于，美国对中国加征关税对其他五大进口来源国对美出口持续时间的正向影响大于对中国对美出口持续时间的负向影响，导致从总体来看，对前六大进口来源国对美出口持续时间的影响为正。

表 5-6　中美贸易摩擦对出口持续时间的影响

变量	美国对中国加征关税的影响					
	中国		其他五大进口来源国		前六大进口来源国	
	(1)	(2)	(3)	(4)	(5)	(6)
美对中征税	0.080*** (5.53)	0.116*** (5.79)	-0.045*** (-6.97)	-0.071*** (-8.27)	-0.024*** (-4.01)	-0.040*** (-5.04)
汇率		0.504*** (4.35)		0.211*** (8.64)		0.173*** (7.85)
来源国GDP		-4.118*** (-6.53)		-1.219*** (-7.50)		-0.045 (-0.63)
产品价格		-0.047*** (-10.96)		0.025*** (14.31)		0.014*** (8.79)
常数项	-1.510*** (-67.08)	45.340*** (6.47)	-1.095*** (-100.12)	13.280*** (6.20)	-1.140*** (-109.89)	-1.738* (-1.86)
产品固定效应	是	是	是	是	是	是
月份固定效应	是	是	是	是	是	是
来源国固定效应	是	是	是	是	是	是
观测值	90946	80388	340163	300376	431109	380764
对数似然值	-21249	-19125	-111578	-98072	-132938	-117496

5.3　中美贸易摩擦对出口稳定性影响的稳健性检验

5.3.1　中美贸易摩擦对出口额影响的稳健性检验

为了更好地缓解双重差分法运用中的内生性问题,我们参照陆等(Lu et al.,2013)选取参照组的思路,选取同一HS04分位行业内非四大清单的产品作为对照组,并在此基础上进行双重差分的估计。稳健性检验结果如表 5-7 所示,通过同一 HS04 分位行业内选取对照组的方法与前文的基准回归结果基本相似,这也进一步证明中美贸易摩擦的贸易抑制效应与贸易转移效应的基准回归结果是可信的。

表 5-7　　中美贸易摩擦对出口额影响的稳健性检验

变量	美国对中国加征关税的影响					
	贸易抑制效应		贸易转移效应		贸易总效应	
	(1)	(2)	(3)	(4)	(5)	(6)
美对中征税	-0.346*** (-30.91)	-0.216*** (-15.52)	0.011* (1.78)	0.030*** (3.21)	-0.052*** (-9.19)	-0.016* (-1.86)
产品固定效应	是	是	是	是	是	是
月份固定效应	是	是	是	是	是	是
来源国固定效应	是	是	是	是	是	是
观测值	89186	78714	334970	295558	424371	374472
R^2	0.911	0.914	0.593	0.605	0.539	0.547

5.3.2　中美贸易摩擦对出口持续时间影响的稳健性检验

为了验证中美贸易摩擦对出口持续时间影响的稳健性,我们仍然参照 5.3.1 部分选取参照组的办法,选取同一 HS04 分位行业内非四大清单的产品作为对照组,并在此基础上进行双重差分的估计。中美贸易摩擦对出口持续时间影响的稳健性检验结果如表 5-8 所示,通过同一 HS04 分位行业内选取对照组的方法与前文的基准回归结果基本相似,这也进一步证明中美贸易摩擦对出口持续时间影响的基准回归结果是稳健的。

表 5-8　　中美贸易摩擦对出口持续时间影响的稳健性检验

变量	美国对中国加征关税的影响					
	中国		其他五大进口来源国		前六大进口来源国	
	(1)	(2)	(3)	(4)	(5)	(6)
美对中征税	0.081*** (5.56)	0.123*** (5.94)	-0.045*** (-6.89)	-0.080*** (-9.03)	-0.023*** (-3.94)	-0.046*** (-5.67)
产品固定效应	是	是	是	是	是	是
月份固定效应	是	是	是	是	是	是
来源国固定效应	是	是	是	是	是	是
观测值	89387	78897	335060	295646	424447	374543
对数似然值	-20881	-18779	-109879	-96540	-130873	-115633

6 中国对美出口产品扩张的微观机制检验

6.1 中国对美出口产品扩张的统计探测结果

6.1.1 数据来源及变量测度

6.1.1.1 数据来源

鉴于研究中国对美出口产品扩张微观机制的需要，首先要对不同层次的产品关联密度进行测度，因此采用 2000~2013 年 UN Comtrade 网站中 HS06 分位产品层面的进出口数据计算产品之间的邻近度，并利用 2000~2013 年中国海关数据库企业层面出口数据测度"企业－产品"层面的关联密度；其次为了获得企业层面总体的产品关联密度，还要将"企业－产品"层面的关联密度加总到企业层面，采用先标准化再根据出口贸易额加权平均的方法进行测度。企业层面的控制变量来自中国工业企业数据库。中国工业企业数据库与中国海关数据库的匹配问题主要处理方法如下：首先，将剔除缺失企业名称、企业邮政编码、电话号码及关键性指标等观测数据；其次，为便于后文的精确匹配，本书还将样本期间中国海关数据库中 HS08 分位月度数据合并成 HS06 分位的年度数据；最后，再先后根据企业名称、邮政编码和电话号码后七位两种方法对两个数据库进行匹配。

6.1.1.2 变量指标测度

产品关联密度是以伊达尔戈等（Hidalgo et al.，2007）提出的产品空间理论为基础，用以度量产品之间技术关联程度的指标。其基本逻辑是，如果两种具备比较优势的产品被一国同时出口的可能性越大，则这两种产品的邻近度就越高。而若两种产品的邻近度越高，说明这两种产品在劳动力、技术知识、制度供给以及基础设施等方面有更高的相似性，那么这两种产品就越有可能在同一地区被同时生产出来。在进行产品关联密度测度时，本章使用 2000~2013 年 HS06 分位的 UN Comtrade 数据库中全球的出口数据计算产品间的邻近度，其计算方法如下：

$$\phi_{i,j} = \min\{P(RCA_i \geq 1 | RCA_j \geq 1), P(RCA_j \geq 1 | RCA_i \geq 1)\} \quad (6-1)$$

式（6-1）中，两种产品的邻近度 $\phi_{i,j}$ 表示一国在产品 j 上具有比较优势的同时在产品 i 上兼具比较优势的条件概率与一国在产品 i 上具有比较优势的同时在产品 j 上也兼具比较优势的条件概率的较小值，当然任何产品与其自身的邻近度皆为 1。

式（6-2）中，$P(RCA_i | RCA_j)$ 表示一国同时在产品 i、j 上都具有比较优势的国家数与只在产品 i 具有比较优势的国家数的比值。$P(RCA_j | RCA_i)$ 则指一国同时在产品 i、j 上都具有比较优势的国家数与只在产品 j 具有比较优势的国家数的比值。

$$P(RCA_i | RCA_j) = \sum_c \frac{RCA_c(i|j)}{RCA_c(i)} \quad (6-2)$$

式（6-2）中，当一国 c 在产品 i 上具有比较优势时，RCA 指数应 ≥ 1，其表达式为：

$$RCA_c(i) = \frac{export_c(i) / \sum_i export_c(i)}{\sum_c export_c(i) / \sum_c \sum_i export_c(i)} \quad (6-3)$$

其中，$export_c(i)$ 表示 c 国当年在产品 i 上的出口额。因此，$RCA_c(i)$ 等于 c 国的产品 i 占 c 国出口总额的比重比上全球的产品 i 占全球出口总额的比重。

在此基础上，进一步计算产品的关联密度。参照豪斯曼和科林格（Hausmann and Klinger, 2007）的研究，本章对企业内产品关联密度、城市内产品关联密度和省份内产品关联密度分别进行了测度，其表达式分别如式（6-4）、式（6-5）和式（6-6）所示。

$$density_{fi} = \frac{\sum_{j \in I} \phi_{i,j}}{\sum \phi_{i,j}} \quad (6-4)$$

$$density_{fik} = \frac{\sum_{j \in RCA} \phi_{i,j}}{\sum \phi_{i,j}} \quad (6-5)$$

$$density_{fil} = \frac{\sum_{j \in RCA} \phi_{i,j}}{\sum \phi_{i,j}} \quad (6-6)$$

其中，$density_{fi}$、$density_{fik}$ 与 $density_{fil}$ 分别表示企业 f 的出口产品 i 与其生产的其他产品的平均关联密度、企业 f 的出口产品 i 与所在城市 k 内其他具有比较优势产品的平均关联密度和企业 f 的出口产品 i 与所在省份 l 内其他具有比较优势产品的平均关联密度，其大小由企业 f 的出口产品 i 与其所在城市 k 范围内具有比较优势的其他产品的邻近度之和与出口产品 i 与其他所有产品的邻近度之和的比值来确定。

其中，式（6-4）中，$density_{fi}$ 表示 f 企业出口的 i 产品与其出口的其他产品之间的平均关联密度，其大小等于 f 企业出口的 i 产品与当年该企业所有其他出口产品之间的邻近度之和与 f 企业出口的 i 产品与当年世界上所有其他出口产品之间的邻近度之和的比值；式（6-5）中，$density_{fik}$ 表示 f 企业出口的 i 产品与所在城市 k 内具有比较优势的其他产品之间的平均关联密度，分母的表示与式（6-4）一致，分子为 f 企业出口的 i 产品与其所在城市 k 内具有比较优势的其他产品之间的邻近度之和；式（6-6）中，$density_{fil}$ 表示 f 企业出口的 i 产品与所在 l 省份内具有比较优势的其他企业出口产品的关联密度，分母与式（6-4）一致，分子为 f 企业出口的 i 产品与其所在 l 省份内具有比较优势的其他企业出口产品之间的邻近度之和。值得说明的是，产品在某一地区范围内是否具有比较优势的具体测度方法为，当某一地区某一产品占该地区出口总额的比重比上中国该产品出口额占中国出口总额的比重大于等于 1 时，该产品在该地区范围内具有比较优势。

为了获得企业层面总体的产品关联密度，需要将产品层面的产品关联密度加总到企业层面，然而，不同产品的关联密度加总经济学意义不大，为此我们参照许和连和王海成（2016）对产品层面变量加总到企业层面的做法，先对式（6-4）~式（6-6）测算得到的产品层面关联密度进行标准化处理，从而可获得企业在每个年度每一 HS06 分位产品的标准化产品关联密度指标，其中，企业层面企业内产品关联密度的标准化公式如式（6-7）所示，城市内产品关联密度与省份内产品关联密度的标准化公式与此类似。

$$sdensity_{fi} = \frac{(density_{fi} - min\_density_{fi})}{(max\_density_{fi} - min\_density_{fi})} \quad (6-7)$$

式（6-7）中，$max\_density_{fi}$、$min\_density_{fi}$ 分别为针对产品 i，在所有年度、所有企业层面求出的企业内产品关联密度的最大值和最小值。$sdensity_{fi}$ 的值在 0~1，并且没有单位，可以在不同层面进行加总。企业层面加总后的企业内产品关联密度的整体指标为：

$$density_{ft}^{e} = \frac{\sum v_{it}}{\sum_{i \in f} v_{it}} sdensity_{fit} \quad (6-8)$$

其中，$density_{ft}^{e}$ 代表企业层面在 t 年的企业内产品关联密度；f 为企业 f 的所有产品集合；$\frac{\sum v_{it}}{\sum_{i \in f} v_{it}}$ 表示 t 年企业 f 的产品 i 的出口额占企业 f 出口总额的比重，加总到企业层面的城市内产品关联密度与省份内产品关联密度的做法一致。以上测度的企业层面产品关联密度变量将用于第 8 章作用机制的检验（见 P190~P193）。

此外，其他变量的含义如表 6-1 所示。

表 6-1　　其他变量名称及定义

变量	符号	定义
中国企业对美出口产品扩张	b	对美出口产品扩张为1，否则为0
企业规模	lnt	企业总资产的自然对数
企业生产率	tfp	采用莱文森和佩特林（Levinsohn and Petrin，2003）提出的LP方法估计
企业年龄	lnage	企业成立年限的自然对数
企业利润率	lirunlv	利润总额与总资产的比值表示
是否为外资企业	type	外资取值为1，其他为0
是否为差异化产品（rauch分类）	dif	差异化产品为1，否则为0
产品是否为中间产品	pyc	中间产品为1，否则为0
上一年该企业是否出口过美国	m1	企业上一年出口美国为1，否则为0
上一年该产品占企业出口篮子份额	bz_hs	该产品占企业出口篮子份额
企业产品的省份内比较优势指数	rca_pro	企业该产品在所在省份的比较优势指数/100
企业产品的城市内比较优势指数	rca	企业该产品在所在城市的比较优势指数/100
企业所在省份出口企业数	lnqysp	企业所在省份出口企业数的对数
企业所在城市出口企业数	lnqysc	企业所在城市出口企业数的对数
企业出口国家数	lncous	企业出口国家数的对数
企业出口额	lnchu	企业出口额的对数
企业所在省份该产品出口美国的企业数	lna2	企业所在省份该产品出口美国的企业数对数
企业所在城市该产品出口美国的企业数	lna1	企业所在城市该产品出口美国的企业数对数
其他国家该产品在美国市场的市场份额	fene	其他国家该产品在美国市场的市场份额
其他国家该产品在美国市场的价格	price_qt	其他国家该产品在美国市场的价格/10000

6.1.2　核心解释变量的统计探测结果

我们首先汇报了本书核心解释变量——不同地理范围的产品关联密度对中国企业对美出口产品扩张影响的探测结果，结果如表6-2所示。当产品关联密度小于其中位数时取值为 0，反之为 1。其中，企业内产品关联密度和城市内产品关联密度中位数以下的企业对美出口扩张的均值均要大于中位数以上的企业的均值，且二者的均值之差逐渐递减，说明在企业与城市层面的产品关联密度越大越不利于对美出口产品扩张，而且这种阻碍程度从企业内产品关联密度到城市内产品关联密度呈递减趋势，但是省份内产品关联密度结果则截然相反，省份内产品关联密度中位数以上企业对美出口产品扩张的均值要明显大于中位数以下企业，意味着省份内产品关联密度越大越有助于对美产品出口扩张，当然上述结论还有待于后文的基准回归分析进一步验证。

表 6-2　不同地理范围的产品关联密度对中国对美出口产品扩张影响的统计探测结果

分类标准	按中位数分类	均值	标准差
企业内产品关联密度分类（rela_qy）	0	0.10	0.30
	1	0.08	0.27
总计		0.09	0.29
城市内产品关联密度分类（rela_ci）	0	0.10	0.30
	1	0.08	0.27
总计		0.09	0.29
省份内产品关联密度分类（rela_pro）	0	0.08	0.27
	1	0.10	0.30
总计		0.09	0.29

资料来源：根据中国海关数据库数据整理得到。

6.1.3　其他定性变量的统计探测结果

在前文对本部分的数据来源及变量测度的基础上，我们将进一步分析相关变量的统计探测结果，以便为后文的基准回归分析提供参考和依据。

表 6-3 报告了中国企业对美出口产品扩张的定性影响变量的统计探

测结果。从报告的企业性质结果来看，外资企业对美出口产品扩张的均值要大于内资企业对美出口产品扩张的均值，说明外资企业比内资企业更有利于实现对美出口产品扩张；在根据 Rauch（1999）分类法的产品类型分类结果中，差异化产品对美出口产品扩张的均值为 0.09，与此对应，同质化产品的均值为 0.08，与同质化产品相比，差异化产品更容易实现对美出口；而在按产品最终使用用途的分类中，中间产品对美出口产品扩张的均值也显著优于最终产品，此外企业出口美国市场的经验也会影响对美出口产品扩张，如果具有出口美国市场经验的企业对美出口产品扩张的均值为0.1，而没有出口美国市场经验的企业，其对美出口产品扩张的均值仅为0.07，说明出口美国市场经验会显著影响企业对美出口产品扩张。

表6-3 中国企业对美出口产品扩张的定性变量统计探测结果

分类标准	具体分类	均值	标准差
企业性质（type）	内资企业	0.09	0.28
	外资企业	0.10	0.29
总计		0.09	0.29
产品类型（dif）	同质化产品	0.08	0.27
	差异化产品	0.09	0.29
总计		0.09	0.29
产品最终经济用途（pyc）	最终产品	0.09	0.28
	中间产品	0.10	0.30
总计		0.09	0.29
出口行为（m1）	未出口美国	0.07	0.26
	出口美国	0.10	0.30
总计		0.09	0.29

资料来源：根据中国海关数据库数据整理得到。

6.1.4 其他定量变量的统计探测结果

本部分将中国对美出口产品扩张的定量影响变量通过中位数分类分为

中位数以上和中位数以下两类，当定量变量大于等于中位数则取值为1，否则取值为0，以下为各定量变量在中位数以上和中位数以下两种分类下出口产品扩张变量的平均值和标准差。

首先从企业层面特征来看，结果如表6-4所示。企业年龄是指当期年份减去企业开业年份，依据企业年龄对数值的大小划分为两类，即中位数以上（取值1）和中位数以下（取值0）两类。结果表明，企业年龄在中位数以上的企业更不利于对美出口产品扩张；与此相反，在企业规模和企业生产率层面，二者在中位数以上的企业对美出口产品扩张均要优于在中位数以下的企业，说明企业规模越大、企业生产率越高，企业越能更好地实现对美出口产品扩张，企业利润率在中位数以上的企业对美出口产品扩张与企业利润率在中位数以下的企业无显著差异，当然变量统计探测结果还需要基准回归结果验证。

表6-4 企业层面特征对中国对美出口产品扩张影响的统计探测结果

分类标准	按中位数分类	均值	标准差
企业年龄（lnage）	0	0.10	0.29
	1	0.09	0.28
总计		0.09	0.29
企业规模（ln$t$）	0	0.08	0.27
	1	0.10	0.30
总计		0.09	0.29
企业生产率（tfp）	0	0.08	0.27
	1	0.10	0.30
总计		0.09	0.29
企业利润率（$lirunlv$）	0	0.09	0.29
	1	0.09	0.28
总计		0.09	0.29

资料来源：根据中国海关数据库数据整理得到。

表6-5汇报了企业出口份额和出口额对中国企业对美出口产品扩张影响的统计结果。当出口产品占企业出口篮子在中位数以上（取值1）时，其出口产品扩张的均值为0.12，显著大于该出口产品占企业出口篮子份额在中位数以下（取值0）的均值，同样，当企业出口额的对数在中位数以上时，其对美出口产品扩张也明显优于中位数以下的均值。以上结果说明出口产品占企业出口篮子份额越大、企业出口额更多的企业可能更有利于对美出口产品扩张。

表6-5　企业出口份额和出口额对中国对美出口产品扩张影响的统计探测结果

分类	按中位数分类	均值	标准差
该产品占企业出口篮子份额（bz_hs）	0	0.06	0.24
	1	0.12	0.32
总计		0.09	0.29
企业出口额的对数（$lnchu$）	0	0.08	0.27
	1	0.10	0.30
总计		0.09	0.29

资料来源：根据中国海关数据库数据整理得到。

表6-6进一步汇报了企业所在不同区域出口企业数对中国对美出口产品扩张影响的统计探测结果。从表中结果来看，当所在城市出口企业数的对数在中位数以上（取值1）时，企业出口产品扩张的均值要小于中位数以下（取值0）的企业。与此不同，当所在省份出口企业数的对数和企业出口国家数的对数在中位数以下时，其出口产品扩张的均值要小于中位数以上的企业，这可能意味着企业所在省份的出口企业数和企业出口国家数越多越有助于促进中美贸易关系的加强，增进中国企业对美出口，而企业所在城市出口企业数的增多则可能阻碍了对美出口产品扩张。

6 中国对美出口产品扩张的微观机制检验

表6-6 企业所在不同区域出口企业数对中国对美出口产品扩张的统计探测结果

分类标准	按中位数分类	均值	标准差
企业所在城市出口企业数的对数（lnqysc）	0	0.10	0.29
	1	0.09	0.28
总计		0.09	0.29
企业所在省份出口企业数的对数（lnqysp）	0	0.08	0.28
	1	0.10	0.30
总计		0.09	0.29
企业出口国家数的对数（lncous）	0	0.08	0.26
	1	0.10	0.31
总计		0.09	0.29

资料来源：根据中国海关数据库数据整理得到。

表6-7汇报了企业该产品在不同区域出口美国的企业数对美出口产品扩张影响的统计结果。当企业所在城市的该产品出口美国的企业数对数在中位数以上（取值1）时，其出口产品扩张的均值要大于中位数以下（取值0）的均值，同样，企业所在省份该产品出口美国的企业数对数的中位数以上的出口产品扩张均值也大于中位数以下的均值，这说明了企业该产品在不同区域范围内出口美国企业数量越多，对于中国企业对美出口产品扩张均有利。

表6-7 企业在不同区域出口美国企业数对中国对美出口产品扩张影响的统计探测结果

分类标准	按中位数分类	均值	标准差
企业所在城市该产品出口美国的企业数对数（lna1）	0	0.08	0.27
	1	0.10	0.30
总计		0.09	0.29

续表

分类标准	按中位数分类	均值	标准差
企业所在省份该产品出口美国的企业数对数（lna2）	0	0.08	0.27
	1	0.10	0.30
总计		0.09	0.29

资料来源：根据中国海关数据库数据整理得到。

为进一步了解企业该产品在不同区域的比较优势指数对中国企业对美出口产品扩张的影响，此处首先对相关比较优势指数进行了统计探测。结果如表6－8所示。结果显示，当企业该产品在不同区域的比较优势指数在中位数以上（取值1）时，其出口产品扩张的均值都要显著大于中位数以下（取值0）的企业，结果表明，企业该产品在不同区域的比较优势指数均有利于实现对美出口产品扩张，且这种比较优势指数愈大愈能促进对美出口产品扩张。

表6－8　企业在不同区域的比较优势对中国对美出口产品扩张影响的统计探测结果

分类标准	按中位数分类	均值	标准差
企业该产品在所在城市的比较优势指数（rca）	0	0.08	0.27
	1	0.10	0.30
总计		0.09	0.29
企业该产品在所在省份的比较优势指数（rca_pro）	0	0.08	0.27
	1	0.10	0.30
总计		0.09	0.29

资料来源：根据中国海关数据库数据整理得到。

表6－9给出了其他国家该产品在美国市场的市场份额及价格对美出口产品扩张影响的统计探测结果。由结果可知，当其他国家出口该产品在美国市场的份额在中位数以下（取值0）时，其出口产品扩张均值要显著

大于中位数以上（取值1）的均值，而其他国家该产品在美国市场的价格在中位数以下的出口产品扩张均值与中位数以上的均值几乎无差异，这表明其他国家该产品在美国的市场份额越小，对中国企业对美出口产品扩张越有利。其他国家该产品在美国市场的价格未对中国企业对美出口产品扩张产生影响。

表6-9 其他国家产品对美出口产品扩张影响的统计探测结果

分类标准	按中位数分类	均值	标准差
其他国家该产品在美国的市场份额（fene）	0	0.10	0.30
	1	0.08	0.27
总计		0.09	0.29
其他国家该产品在美国市场的价格（price_qt）	0	0.09	0.28
	1	0.09	0.29
总计		0.09	0.29

资料来源：根据中国海关数据库数据整理得到。

6.2 模型的构建及变量选取

6.2.1 模型构建

令 S_{fnit} 为一个二值变量，表示中国企业 f 的出口产品 i 是否在 t 年进入美国市场 n，即中国企业 f 是否在 t 年实现了一个对美出口关系。表达式如式（6-9）所示：

$$S_{fnit} = \begin{cases} 1, & \text{if } \chi_{fnit} > 0 \text{ 且 } \chi_{fnit-1} = 0 \text{ 且 } \chi_{fpit} > 0 \\ 0, & \text{if } \chi_{fnit} = 0 \text{ 且 } \chi_{fnit-1} = 0 \text{ 且 } \chi_{fpit} > 0 \end{cases} \quad (6-9)$$

式（6-9）表示，当 $\chi_{fnit} > 0$ 且 $\chi_{fnit-1} = 0$ 且 $\chi_{fpit} > 0$ 时，$S_{fnit} = 1$，表明当中国企业 f 的出口产品 i 在 $t-1$ 年未出口过美国市场 n，但出口过其他

市场 p，并且在 t 年实现了对美国市场 n 的出口，也就是说该潜在对美贸易关系在 t 年得到实现，因此定义 $S_{fnit}=1$；反之，若 $\chi_{fnit}=0$，则 $S_{fnit}=0$，意味着当企业 f 的出口产品 i 在 $t-1$ 年未出口过美国市场 n，但出口过其他市场 p，并且企业 f 在 t 年仍未出口产品 i 到美国市场，那么 $S_{fnit}=0$。依据上述关于 S_{fnit} 的界定，回归方程的构建如下：

$$\Pr(S_{fnit}=1)=f(density^e_{fit-1},Z) \qquad (6-10)$$

式（6-10）中，Z 是除各层面产品关联密度外的其他解释变量的组合，$density^e_{fit-1}$ 表示滞后一期的"企业-产品"层面的企业内产品关联密度变量，鉴于本章内容主要探讨各层面产品关联密度对中国企业对美出口产品扩张的影响，同时也为了减少内生性问题，因此选用滞后一期的企业内产品关联密度。关于城市内产品关联密度和省份内产品关联密度对中国企业对美出口产品扩张的影响效应的计量模型除核心解释变量——产品关联密度不同以外，其他变量与式（6-10）均一致，在此不再赘述。

$$\Pr(S_{fnit}=1)=\alpha_0+\eta_1 density^e_{fit-1}+\eta_2 D_{ft}+\eta_3 \lambda_{it}+\eta_4 S_{fit-1}+\nu_t+\varepsilon_{fit}$$

$$(6-11)$$

其中，$density^e_{fit-1}$ 表示滞后一期的"企业-产品"层面的企业内产品关联密度；D_{ft} 表示可能影响对美出口产品扩张的企业层面的控制变量，包括企业年龄、企业生产率、企业规模、企业利润率、企业性质、是否为外资企业、上一年该企业是否出口美国、企业所在城市出口企业数的对数及企业所在省份出口企业数的对数等；λ_{it} 为产品层面控制变量，主要有是否为差异性产品、是否为中间产品、其他国家该产品在美国市场的份额与其他国家该产品在美国市场的价格；S_{fit-1} 为"企业-产品"层面的控制变量，包括上一年该产品占企业出口篮子份额，企业该产品所在省份的比较优势指数及企业该产品所在城市的比较优势指数、企业所在城市该产品出口美国的企业数、企业所在省份该产品出口美国的企业数。ν_t 表示年份固定效应，ε 为误差项。

6.2.2 描述性统计

表6-10列示了各变量的描述性统计结果。在美国市场出口产品扩张

6 中国对美出口产品扩张的微观机制检验

的表现上,出口产品扩张变量为虚拟变量,其均值为 0.09,意味着在样本观测期内中国企业对美出口实现产品扩张的比重偏低,出口产品扩张空间较大;在不同地理范围的产品关联密度分类下,省份内产品关联密度的均值最高,为 0.31,而企业内产品关联密度的均值最低,只有 0.02,原因在于,企业内产品关联密度采用的是企业某产品与其他产品之间邻近度之和比上该产品与世界上其他出口产品之间邻近度之和,相比于省份内产品关联密度与城市内产品关联密度,企业出口的产品范围要小于城市内以及省份内出口的产品范围,因此,企业内产品关联密度的均值要更小一些。其他描述企业层面、产品层面及"企业-产品"层面变量的全样本统计结果如表 6-10 所示。

表 6-10　　　　　各变量的描述性统计

变量	含义	观测值	均值	标准差	最小值	最大值
b	美国市场出口产品扩张	1486110	0.09	0.29	0.00	1.00
$rela\_pro$	省份内产品关联密度	1486110	0.31	0.06	0.02	0.48
$rela\_ci$	城市内产品关联密度	1486110	0.16	0.07	0.002	0.36
$rela\_qy$	企业内产品关联密度	1486110	0.02	0.03	0.001	0.41
$lnage$	企业年龄	1486110	2.14	0.62	0.00	7.60
lnt	企业规模	1486110	10.42	1.67	0.69	19.38
tfp_lp	企业生产率	1486110	6.96	1.28	-3.71	13.84
$lirunlv$	企业利润率	1486110	0.07	2.27	-1590	29.16
$type$	是否为外资企业	1486110	0.46	0.50	0.00	1.00
dif	产品是否为差异化产品（rauch 分类）	1486110	0.91	0.28	0.00	1.00
pyc	产品是否为中间产品	1486110	0.13	0.34	0.00	1.00
$m1$	企业是否出口过美国市场	1486110	0.61	0.49	0.00	1.00
bz_hs	该产品占企业出口篮子份额	1486110	0.11	0.24	0.00	1.00

续表

变量	含义	观测值	均值	标准差	最小值	最大值
rca_pro	企业该产品在所在省份的比较优势指数	1486110	0.02	0.06	0.00	13.41
rca	企业该产品在所在城市的比较优势指数	1486110	0.08	0.75	0.00	203.50
$lnqysp$	企业所在省份出口企业数	1486110	9.88	0.91	3.81	10.88
$lnqysc$	企业所在城市出口企业数	1486110	7.59	1.15	1.10	9.77
$lncous$	企业出口国家数	1486110	2.46	1.08	0.00	5.25
$lnchu$	企业出口额	1486110	14.95	1.93	0.00	24.58
$lna2$	企业所在省份该产品出口美国的企业数	1486110	4.11	1.66	0.00	8.52
$lna1$	企业所在城市该产品出口美国的企业数	1486110	2.17	1.65	0.00	7.95
$fene$	其他国家该产品在美国市场的市场份额	1486110	0.62	0.25	0.00	1.00
$price\_qt$	其他国家该产品在美国市场的价格	1486110	0.04	0.82	0.00	129.97

6.3 实证检验与结果分析

6.3.1 基准回归结果

利用基本计量估计式（6-10）考察了不同地理范围内的产品关联密度对中国企业对美出口产品扩张的影响，表6-11报告了上述计量回归结果，各列均控制了年度固定效应。其中，第（1）、（3）列与第（5）列未添加控制变量，第（2）、（4）列与第（6）列添加了企业层面控制变量、产品层面控制变量以及"企业-产品"层面的控制变量。根据表6-11的回归结果，我们发现，当企业内产品关联密度与城市内产品关联密度每上升1%，中国企业对美出口扩张概率分别下降了0.98%~1%[第（1）列和第（2）列]和0.64%~0.78%[第（3）列和第（4）列]；省份内产品关联密度上升1个百分点，中国企业对美出口扩张的概率则增加了0.99%~3.35%[第（5）列和第（6）列]①。以上结果说明，不同地理范围内的产品关联密度均对中国企业对美出口产品扩张产生了显著影响，只是这种影响表现出较大的差异性。其中，省份内产品关联密度的提升显著促进了中国企业对美出口产品扩张，而城市内产品关联密度与企业内产品关联密度对中国企业对美出口产品扩张存在显著的抑制作用，这可能与省份内产品关联密度包含城市内产品关联密度，同时城市内产品关联密度又包含企业内产品关联密度有关，另外，产品关联更紧密的企业之间的地理邻近有助于技术和经济资源的共享，然而产品之间只有在认知距离合适的情况下才能产生有效的技术溢出和学习效应，同时较大的产品关联和市场邻近反而可能由于企业内部或之间相互挤占出口空间对出口扩展边际产生抑制效应（孙天阳等，2018），从而不利于对美出口产品扩张。

表6-11 产品关联密度与中国对美出口产品扩张的回归结果

变量	企业内产品关联密度对中国对美出口影响效应		城市内产品关联密度对中国对美出口影响效应		省份内产品关联密度对中国对美出口影响效应	
	（1）	（2）	（3）	（4）	（5）	（6）
企业内产品关联密度	-4.06*** (-37.44)	-7.66*** (-50.06)				

---

① 出口扩张的百分比与被解释变量系数 β_l 的关系为 $[\exp(\beta_l)-1]\times 100\%$。本书第6~7章被解释变量变化比率的大小均由上式计算得出。例如，表6-11第（5）列的省份内产品关联密度的系数为1.47，那么意味着省份内产品关联密度上升1%，那么中国企业对美出口扩张的概率增加 $[\exp(1.47)-1]\times 100\% = 3.35\%$。

续表

变量	企业内产品关联密度对中国对美出口影响效应		城市内产品关联密度对中国对美出口影响效应		省份内产品关联密度对中国对美出口影响效应	
	(1)	(2)	(3)	(4)	(5)	(6)
城市内产品关联密度			-1.02*** (-28.28)	-1.51*** (-28.78)		
省份内产品关联密度					1.47*** (39.55)	0.69*** (12.23)
企业年龄		-0.05*** (-9.60)		-0.04*** (-7.75)		-0.04*** (-8.27)
企业规模		-0.06*** (-23.49)		-0.05*** (-17.87)		-0.05*** (-19.09)
企业生产率		0.12*** (34.48)		0.13*** (37.67)		0.14*** (39.85)
企业利润率		-0.0006 (-0.66)		-0.001 (-0.82)		-0.001 (-0.88)
是否为外资企业		0.12*** (17.64)		0.17*** (25.05)		0.19*** (27.55)
产品是否为差异化产品（rauch分类）		0.17*** (14.43)		0.15*** (12.42)		0.13*** (11.29)
产品是否为中间产品		0.07*** (8.14)		0.09*** (9.55)		0.10*** (10.98)
企业是否出口过美国市场		0.53*** (57.72)		0.59*** (64.13)		0.58*** (63.56)
该产品占企业出口篮子份额		2.06*** (171.89)		2.06*** (171.06)		2.09*** (173.94)
企业该产品在所在省份的比较优势指数		0.30*** (7.24)		0.40*** (8.55)		0.40*** (9.47)
企业该产品在所在城市的比较优势指数		0.01* (1.70)		0.002 (0.66)		0.01** (2.43)

续表

变量	企业内产品关联密度对中国对美出口影响效应		城市内产品关联密度对中国对美出口影响效应		省份内产品关联密度对中国对美出口影响效应	
	(1)	(2)	(3)	(4)	(5)	(6)
企业所在省份出口企业数		0.08*** (13.20)		0.10*** (17.25)		0.07*** (10.04)
企业所在城市出口企业数		-0.15*** (-32.85)		-0.13*** (-27.93)		-0.15*** (-34.14)
企业出口国家数		0.23*** (48.66)		0.15*** (33.39)		0.15*** (34.39)
企业出口额		0.14*** (61.94)		0.11*** (51.10)		0.11*** (51.18)
企业所在省份该产品出口美国的企业数		0.08*** (21.05)		0.07*** (18.25)		0.09*** (24.45)
企业所在城市该产品出口美国的企业数		0.04*** (11.62)		0.05*** (15.20)		0.03*** (9.03)
其他国家该产品在美国市场的市场份额		-0.31*** (-24.18)		-0.31*** (-24.30)		-0.31*** (-24.14)
其他国家该产品在美国市场的价格		-0.004 (-1.08)		-0.004 (-0.90)		-0.003 (-0.71)
常数项		-5.91*** (-107.22)		-5.81*** (-105.60)		-5.81*** (-104.94)
年度固定效应	是	是	是	是	是	是
观测值	2304204	1486110	2304204	1486110	2304204	1486110
对数似然值	-617895	-417708	-618289	-418760	-617898	-419104

注：*、**及***分别表示在10%、5%和1%的显著性水平，括号内的回归结果为t值，并在企业层面进行聚类。以上信息，本章表统同。

此外，表6-11中控制变量的回归结果也基本符合研究预期。其中，企业年龄越大，越不利于对美出口产品扩张，原因可能在于企业年龄越大，出口产品的种类相对而言已经稳定，从而出口产品扩张的可能性更小。企业规模越大，中国对美出口产品扩张的可能性越小，这可能因为与本书企业固定资产表征企业规模有关，企业固定资产越大，投入的沉没成本越多，因此企业倾向于维持已有出口关系，从而企业对美出口产品扩张的概率越低。

企业生产率对中国企业对美出口产品扩张的回归系数显著为正，说明企业生产率对中国对美出口产品扩张具有重要的促进作用，由于企业生产率越高意味着企业盈利能力更强，从而越容易实现企业对美出口产品扩张。企业利润率对中国企业对美出口产品扩张的影响系数为负，但不显著，原因可能在于企业利润率不是中国企业对美出口产品扩张决策的关键因素。外资企业虚拟变量的回归系数显著为正，验证了外资企业促进出口产品扩张实现的"出口催化剂"作用，这是由于外资企业对国际市场有更充分的了解，在出口产品扩张过程中具有信息优势。中间产品的影响系数显著为正，说明以中间产品为贸易对象的产品内贸易网络遍布全球，中国参与产品内分工的程度也在加大，中间品的出口市场网络相比最终产品而言更为广泛，因而当该产品为中间产品时更有助于其实现对美国的出口产品扩张。产品差异化的系数也显著为正，根据邵军（2011）的研究，差异化产品的替代性较低，进口商选择替代的成本更高，从而也更有利于出口产品扩张。

企业是否在上一年出口过美国市场虚拟变量、企业出口国家数以及企业出口额的估计系数均为正，这验证了企业自身出口经验对企业对美出口产品扩张的促进作用。企业该产品占企业出口篮子份额越大，意味着企业的资源更多地集中于该产品的生产和出口，因此越有利于该产品实现对美出口产品扩张。企业该产品在所在省份的比较优势指数以及企业该产品在所在城市的比较优势指数对企业对美出口产品扩张均存在显著的促进作用，这是因为具有所在省份或者所在城市较高比较优势指数的产品通常可以更多地享受当地的要素禀赋效应，从而越有利于实现出口产品扩张。企业所在省份出口企业数越多，企业对美出口产品扩张的概率越高，但企业所在城市的出口企业数对企业对美出口产品扩张的影响刚好相反，可能的解释在于，所在城市的出口企业数量越多，虽然由于企业间、产品间的溢出效应的存在，将有利于促进企业对美出口产品扩张，但同一地理范围内的企业越多，也意味着要素市场或产品销售目的市场的竞争将越激烈，尤其是同一城市范围内的竞争效应更大。企业所在省份该产品出口美国的企业数、企业所在城市该产品出口美国的企业数对企业对美出口产品扩张的影响均有促进作用，这意味着同一地理范围内其他企业的产品溢出效应对企业对美出口产品扩张的作用非常显著。

其他国家该产品在美国市场的市场份额越大时，中国企业对美出口产品扩张的可能性就会越小，这与我们的预期基本一致，因为其他国家该产品在美国市场所占的市场份额越大，意味着竞争优势更大，当然不利于中国企业实现对美出口产品扩张。其他国家该产品在美国市场的价格越高对中国企业对美出口产品扩张的影响越不显著。

6.3.2 稳健性检验

6.3.2.1 采用 2000 年产品邻近度计算产品关联密度

上述基准回归分析均采用中国各年不同的出口数据计算产品关联密度，为了进一步检验结果的稳健性，我们参考吴小康和于津平（2018）的做法，采用样本期间某年固定不变的产品邻近度对产品关联密度进行计算。基于此，本章拟以样本期首年 2000 年产品邻近度为基础计算产品关联密度，具体结果如表 6-12 所示。第（1）、（2）列与第（3）列为采用 2000 年产品邻近度计算产品关联密度后的稳健性检验结果，我们发现，各列结果均在 1% 的置信水平上显著，并且，各层面产品关联密度的估计系数的正负方向并没有发生改变。

表 6-12　　稳健性检验结果——改变核心解释变量的测度方法

变量	采用各年产品邻近度计算各层面产品关联密度（以 2000 年数据为基础计算邻近度）			采用各年产品邻近度计算各层面产品关联密度（采用全球为参照测算 RCA）		
	（1）	（2）	（3）	（4）	（5）	（6）
企业内产品关联密度	-6.42*** (-40.40)			-6.51*** (-42.52)		

续表

变量	采用各年产品邻近度计算各层面产品关联密度（以2000年数据为基础计算邻近度）			采用各年产品邻近度计算各层面产品关联密度（采用全球为参照测算RCA）		
	(1)	(2)	(3)	(4)	(5)	(6)
城市内产品关联密度		-1.36*** (-24.66)			-1.11*** (-20.86)	
省份内产品关联密度			0.64*** (10.85)			0.55*** (10.43)
年份固定效应	是	是	是	是	是	是
观测值	1441183	1441183	1441183	1446571	1446571	1446571
最大似然值	-400391	-401013	-401260	-401942	-402761	-402925

注：限于篇幅，该表没有逐一汇报控制变量的结果。以上信息，下表统同。

6.3.2.2 采用全球为参照测算 RCA

前文在测度各层面的产品比较优势时均以全国出口的相应产品和出口额为参照，但企业参与市场竞争，其竞争者不仅来自其他省份或者城市，还将来自其他国家，因此，有必要以全球产品出口比重为参照计算 RCA，以此来检验基准估计结果的稳健性。结果如表 6-12 所示，第（4）、（5）列与第（6）列依次为企业内产品关联密度、城市内产品关联密度以及省份内产品关联密度的估计结果。其中，企业内产品关联密度与城市内产品关联密度对中国企业对美出口产品扩张的影响在 1% 的置信水平上显著为负，且影响系数呈递减趋势，而省份内产品关联密度对中国企业对美出口产品扩张在 1% 的置信水平上显著为正，系数方向无变化，也就是说，我们采用全球产品出口比重为参照计算 RCA 后，不同地理范围的产品关联密度的回归结果均通过了稳健性检验。

6.3.2.3 工具变量法估计

在基准回归中，本书的解释变量和被解释变量分别为滞后一期的不同地理范围内产品关联密度与当期企业出口产品扩张，因而在一定程度上有助于减少由于双向因果关系而导致的内生性问题，鉴于研究结论的稳健性，我们进一步借鉴孙天阳等（2018）的思路，以滞后两期的产品关联密度作为工具变量，采用两阶段最小二乘法（2SLS）处理可能存在的内生性问题。根据第一阶段估计系数显示，说明各层面滞后二期产品关联密度与滞后一期的产品关联密度存在较强的相关性。另外，我们还利用弱工具变量检验对所选定的工具变量进行有效性检验，Wald 检验结果均显示在 1% 水平下拒绝了工具变量"弱识别"的原假设，表明以不同地理范围内滞后两期的产品关联密度作为工具变量是有效的。表 6-13 第（1）~（3）列的回归结果显示，企业内产品关联密度、城市内产品关联密度、省份内产品关联密度对中国对美出口产品扩张的估计结果与基准回归无实质性的变化，这说明在考虑了内生性问题后，本书的结论依然可信。

表 6-13　　　　　稳健性检验结果——采用工具变量法估计

变量	（1）	（2）	（3）
企业内产品关联密度	-5.82*** (-55.14)		
城市内产品关联密度		-0.72*** (-22.85)	
省份内产品关联密度			0.10*** (3.20)
各层面滞后二期产品关联密度 （第一阶段估计系数）	0.85*** (1674.53)	1.00*** (3482.12)	0.94*** (2570.45)
Wald 检验	1308.43*** (0.000)	6.65*** (0.009)	21.28*** (0.000)
年份固定效应	是	是	是
观测值	955623	955623	955623

6.4 异质性检验分析结果

6.4.1 分不同所有制企业的异质性影响

考虑到不同所有制企业在产业政策支持、融资约束以及目的市场信息获取方面存在较大差异,所以不同层面的产品关联密度可能对不同所有制企业的出口产品扩张产生不同的影响。为此,我们将样本划分为外资企业与内资企业两类样本进行异质性检验,检验结果如表6-14所示。该表主要汇报了两方面的异质性影响:一是同一层面产品关联密度在不同所有制企业下对美出口产品扩张的异质性影响;二是不同层面产品关联密度对同一所有制企业下对美出口产品扩张的异质性影响。鉴于基准回归部分已对不同层面关联密度的估计系数进行过解释,因此本部分主要关注第一种异质性影响。

表6-14　分不同所有制企业对美出口产品扩张的异质性影响

变量	分所有制企业					
	外资企业			内资企业		
	(1)	(2)	(3)	(4)	(5)	(6)
企业内产品关联密度	-0.88** (-2.06)			-5.34*** (-31.45)		
城市内产品关联密度		-1.54*** (-19.71)			-1.34*** (-18.39)	
省份内产品关联密度			-1.42*** (-18.25)			2.23*** (25.43)
年份固定效应	是	是	是	是	是	是
观测值	685438	685438	685438	800666	800666	800666
最大似然值	-197706.47	-197512.37	-197541.54	-217169.89	-217556.82	-217402.76

第（1）~（6）列依次报告了外资企业与内资企业子样本组的分组回归结果，具体而言，城市内产品关联密度对不同所有制企业对美出口产品影响程度差异不大，而内资企业的企业内产品关联密度估计系数为负，与外资企业一致，但估计系数相比外资企业而言更大，原因可能在于，当企业出口的产品与其已有产品之间的关联密度越大，意味着与已有出口美国的产品之间越相似，因此在美国市场的竞争效应将更大，可能超过溢出效应的作用，从而抑制了企业在美国市场的产品扩张，而因为内资企业相比外资企业而言，生产技术、管理能力、知识存量等各方面都不如外资企业，因而在目的市场的竞争效应将更大，从而也将更大程度上抑制其在美国市场的出口产品扩张。另外，在省份内产品关联密度层面，外资企业的估计系数显著为负，但内资企业的估计系数显著为正，原因可能在于：外资企业在生产技术、管理能力、知识存量等各方面通常比内资企业强，因而从其他企业获得的溢出相对有限（Sabirianova et al.，2005），一般而言，外资企业为溢出效应的传递者，而内资企业为溢出效应的吸收者，因此，外资企业的省份内产品关联密度对其美国市场的出口产品扩张的影响主要由竞争效应主导，估计系数显著为负。

6.4.2 分不同贸易方式企业的异质性影响

不同贸易方式企业的产品关联密度对美出口产品扩张的影响可能存在差异性，可能的原因在于，相较之一般贸易，加工贸易由于"两头在外"，即加工材料与销售市场都在国外，其与国内相关企业的关联较弱，因此，在一般贸易企业下，企业对美出口产品扩张与各层次产品关联密度的联系更为紧密。

表6-15汇报了分贸易方式下不同地理范围的产品关联密度对美出口产品扩张的影响。从一般贸易企业和加工贸易企业的样本观测值来看，一般贸易类型下的出口企业数量要多于加工贸易企业，但出口总额要小于后者。如表6-15所示，首先，在一般贸易方式下，省份内产品关联密度的估计系数在1%的置信水平上显著为正且系数要大于在加工贸易方式下的

估计系数，这一结果与预期一致，可能的解释为一般贸易方式企业与省份内其他企业之间的互动较多，因而更能享有其他企业的溢出效应；其次，在一般贸易企业下，企业内产品关联密度的估计系数在1%条件下显著为负且系数要远大于在加工贸易类型下的估计系数，原因在于，一般贸易企业一般多为内资企业，因此可能的解释与内资企业的企业内产品关联密度的估计系数更大一致；最后，城市内产品关联密度对加工贸易方式企业出口产品扩张的影响程度要略大于一般贸易方式企业，可能的解释是：一方面在于加工贸易企业多为外资企业，其在生产技术、管理能力、知识存量等各方面通常比一般贸易企业强，因此出口城市内产品关联密度大的产品导致的竞争效应相比一般贸易而言要小；另一方面又正由于加工贸易企业在生产技术、管理能力、知识存量等各方面通常比一般贸易企业强，因而加工贸易企业主要作为溢出效应的传递者，而一般贸易企业为溢出效应的吸收者，因此，加工贸易企业出口城市内产品关联密度大的产品获取的溢出效应较小。城市内产品关联密度的估计系数大小取决于竞争效应与溢出效应的大小程度。

表6-15　　　　分不同贸易方式对美出口产品扩张的异质性影响

变量	分贸易方式					
	一般贸易			加工贸易		
	(1)	(2)	(3)	(4)	(5)	(6)
企业内产品关联密度	-11.90*** (-55.63)			-0.66*** (-3.15)		
城市内产品关联密度		-1.09*** (-17.88)			-2.00*** (-14.13)	
省份内产品关联密度			1.34*** (19.89)			0.42*** (2.66)
年份固定效应	是	是	是	是	是	是
观测值	1043840	1043840	1043840	259759	259759	259759
最大似然值	-299902.01	-301577.79	-301539.98	-76670.42	-76573.26	-76671.96

6.4.3 分不同差异化程度产品的异质性影响

鉴于产品的差异化程度将决定该产品出口目的市场导致的竞争效应的大小，从而可能带来各层面产品关联密度对企业对美出口产品扩张的异质性影响。因此本部分我们采用劳奇（Rauch，1999）分类方法区分产品的差异化程度，在此基础上考察不同差异化程度分类下各层面产品关联密度对企业对美出口产品扩张的异质性影响，表6–16汇报了异质性影响的估计结果。首先，省份内产品关联密度的估计系数在不同差异化程度产品分类样本都显著为正，并且，差异化产品分类下其估计系数较大，具体而言，差异化产品省份内产品关联密度每提高一个百分点，对美出口产品扩张将增加1.08%，同质化产品的省份内关联密度每提高一个百分点，其对美出口产品扩张的概率仅增加0.52%。原因可能在于差异化产品由于其替代性较弱，因此遭遇的省份内其他关联度较高产品的竞争效应较小，因此省份内产品关联密度对其出口产品扩张的促进作用更大，并且吴小康和于津平（2018）的研究认为，与同质性产品相比，差异性产品的生产和出口更复杂，存在更多的不确定性因素，因而其对产品关联密度的依赖更大；其次，企业内产品关联密度与城市内产品关联密度对差异化产品与同质化产品的影响都显著为负，并且，差异化产品的企业内产品关联密度与城市内产品关联密度估计系数的绝对值都要更小，这可能还是由于差异化产品所遭遇的与之关联度更高产品的竞争效应较小的原因有关。

表6–16 分差异化程度产品对美出口产品扩张的异质性影响

变量	分产品差异化程度					
	差异化产品			同质化产品		
	(1)	(2)	(3)	(4)	(5)	(6)
企业内产品关联密度	-7.39*** (-46.89)			-10.79*** (-15.95)		

续表

变量	分产品差异化程度					
	差异化产品			同质化产品		
	(1)	(2)	(3)	(4)	(5)	(6)
城市内产品关联密度		-1.49*** (-27.25)			-1.64*** (-8.25)	
省份内产品关联密度			0.73*** (12.38)			0.42* (1.90)
年份固定效应	是	是	是	是	是	是
观测值	1359701	1359701	1359701	126407	126407	126407
最大似然值	-384756	-385661	-385959	-32571	-32704	-32737

6.5 作用机制检验

鉴于本书是在产品空间视角下考察中国对美出口稳定性的微观机制，产品关联密度是本书的核心解释变量，因此作用机制部分重点考察网络节点关联视角下产品关联密度对我国对美出口产品扩张的作用机制。下一章对我国对美出口持续时间的作用机制也将保持一致。

在前文理论机制分析部分，我们认为产品关联可能通过要素禀赋、知识溢出与市场竞争渠道影响企业出口产品扩张。根据基准回归结果分析，本书的基本结论是企业的省份内产品关联密度显著促进了企业对美出口产品扩张，那么这种影响效应是否可以通过要素禀赋、知识溢出与市场竞争渠道来实现呢？因此，本章我们将参考巴伦和肯尼（Baron and Kenny，1986）的做法，通过构建中介效应模型进一步识别其背后可能的作用机制。鉴于省份内产品关联密度对中国企业对美出口产品扩张的影响显著为正，而城市内产品关联密度、企业产品关联密度的影响显著为负，因而本章和第7章将重点考察省份内产品关联密度对中国企业对美出口产品扩张以及对美出口持续时间的作用机制。具体的中介效应模型如下：

6 中国对美出口产品扩张的微观机制检验

$$\Pr(S_{fnit}=1)=\alpha_0+\alpha_1 density^e_{fit-1}+\alpha_2 D_{ft}+\alpha_3\lambda_{it}+\alpha_4 S_{fit-1}+\nu_t+\varepsilon_{fit} \quad (6-12)$$

$$mv_{fnit}=\beta_0+\beta_1 density^e_{fit-1}+\beta_2 D_{ft}+\beta_3\lambda_{it}+\beta_4 S_{fit-1}+\nu_t+\varepsilon_{fit} \quad (6-13)$$

$$\Pr(S_{fnit}=1)=\delta_0+\delta_1 density^e_{fit-1}+\delta_2 M_{fnit}+\delta_3 D_{ft}+\delta_4\lambda_{it}+\delta_5 S_{fit-1}+\nu_t+\varepsilon_{fit} \quad (6-14)$$

式（6－13）和式（6－14）中的 mv_{fnit} 为中介变量，表示要素禀赋（endowment）、知识溢出（spillover）与市场竞争（competition）。关于中介变量的度量，具体如下：关于要素禀赋（endowment）的度量指标，我们参照德鲁克和菲斯（Drucker and Feser，2007）的做法，构建表征指标，即 $endowment_{ul}=\sum labor_{u,l}$，其含义为 u 城市 l 行业的要素禀赋是 u 城市 l 行业企业的年平均就业人数的总和。知识溢出（spillover），我们采用工业企业数据库、海关数据库与专利数据库的匹配数据，具体考察企业的省份内产品关联密度是否对企业研发产出产生影响，采用企业专利数量总和表征企业研发产出变量。

市场竞争（competition）的度量指标，本书借鉴姜付秀等（2009）的思路，采用企业数目（N）指标来表征市场竞争强度，由于市场的竞争更多体现为行业内大企业之间的竞争，因此本书根据国务院发展研究中心企业研究所编制的《中国大企业集团年度发展报告》，将各行业销售收入在10亿元以上的大企业数量作为表征指标企业数目（N）。同时，在此特别需要强调的是，由于数据的可得性，知识溢出影响机制的样本区间为2000~2013年，而要素禀赋和市场竞争的影响渠道的样本区间为2001~2008年和2010年。此外，式（6－12）、式（6－13）与式（6－14）中的其他变量的含义与式（6－11）一致。

在中介效应的检验中，我们依据温忠麟等（2004）关于中介效应检验的原理，需要对系数 α_1、系数 β_1 与系数 δ_2 分别进行检验，由于在前文基准回归部分，我们已检验产品关联密度对中国对美出口产品扩张的影响效应，结果显示，系数 α_1 检验结果显著，因此根据中介效应检验步骤还需要对系数 β_1 与系数 δ_2 再检验，如二者都显著，则表明中介效应成立，无需再检验，如二者至少有一个不显著，则还需进一步进行 sobel 检验。若 sobel 检验结果显著，则中介效应依然成立，反之则不成立。

在中介效应检验中，我们在所有的回归中均添加了年份固定效应。表 6-17 和表 6-18 分别报告了总体效应和作用机制的估计结果。表 6-17 第（1）列和第（2）列均为省份内产品关联密度对中国企业对美出口产品扩张的影响效应，不同之处在于三种作用机制检验下样本量不同。由于要素禀赋和市场竞争效应机制检验的样本数一样，因此，第（1）列为要素禀赋与市场竞争效应的总体检验结果，第（2）列为知识溢出效应的总体检验结果。结果显示，第（1）~（2）列系数 α_1 检验结果均显著，即省份内产品关联密度显著促进了中国企业对美出口产品扩张。

表 6-17　　　　　　　　　　总体效应检验

变量	（1）	（2）
省份内产品关联密度	0.381 *** （7.02）	0.450 *** （10.43）
控制变量	是	是
年份固定效应	是	是
观测值	1492742	2147926
Pseudo R^2	0.077	0.078

表 6-18　　　　　　　　　　作用机制检验

变量	要素禀赋效应		知识溢出效应		市场竞争效应	
	（1） 要素禀赋	（2） 对美出口 产品扩张	（3） 知识溢出	（4） 对美出口 产品扩张	（5） 市场竞争	（6） 对美出口 产品扩张
省份内产品 关联密度	7.193 *** （369.56）	0.090 * （1.67）	-0.037 *** （-5.25）	0.457 *** （10.59）	7.589 *** （473.08）	0.117 ** （2.12）
要素禀赋		0.046 *** （21.02）				

续表

变量	要素禀赋效应		知识溢出效应		市场竞争效应	
	（1）要素禀赋	（2）对美出口产品扩张	（3）知识溢出	（4）对美出口产品扩张	（5）市场竞争	（6）对美出口产品扩张
知识溢出				0.075*** (20.59)		
市场竞争						0.038*** (14.29)
控制变量	是	是	是	是	是	是
年份固定效应	是	是	是	是	是	是
观测值	1492742	1492742	2147926	2147926	1492742	1492742
R^2/Pseudo R^2	0.268	0.078	0.147	0.078	0.291	0.078
sobel 检验	β_1 与 δ_2 均显著，无需 sobel 检验		β_1 与 δ_2 均显著，无需 sobel 检验		β_1 与 δ_2 均显著，无需 sobel 检验	
中介效应	显著		显著		显著	
中介效应/总效应	37.42%		-1.67%		41.78%	

三类影响机制的检验结果如表6-18所示。第（1）和（2）列为要素禀赋机制的检验结果，系数 β_1 与 δ_2 在1%水平下均显著为正，无需进行 sobel 检验，说明要素禀赋效应的中介效应成立，这表明要素禀赋效应是省份内产品关联密度促进中国企业对美出口产品扩张的重要作用机制。第（3）和（4）列对应知识溢出效应的估计结果，回归系数 β_1 与 δ_2 的估计结果在1%水平下均显著，无需进行 sobel 检验，说明知识溢出的中介效应成立，第（5）与（6）列对应市场竞争效应的估计结果，结果显示系数 β_1 与 δ_2 在1%水平下均显著为正，无需进行 sobel 检验，这说明市场竞争对于中国企业对美出口产品扩张的中介效应同样成立。

进一步地，我们考察了以上三个中介渠道占总效应的比重，其中，要素禀赋机制的中介效应占总效应的比重约为37.42%，知识溢出机制的中

介效应占比约为 -1.67%，市场竞争机制的中介效应占比约为 41.78%，这一定程度上说明省份内产品关联密度对中国对美出口产品扩张的促进效应很大程度上是通过要素禀赋机制与市场竞争机制实现的。要素禀赋和市场竞争对中国企业对美出口产品扩张的中介效应为正，意味着省份内产品关联密度通过要素禀赋机制和市场竞争机制显著促进了中国企业对美出口产品扩张的实现，但知识溢出机制的结果刚好相反，意味着省份内产品关联密度通过知识溢出机制反而阻碍了中国企业对美出口产品扩张，这可能是因为企业吸收的溢出效应有限，但被吸收的溢出效应反而是由更多的原因带来的。当然，省份内产品关联密度对中国对美出口产品扩张的促进作用除了以上三种影响渠道外，还可能通过其他路径实现，但鉴于篇幅所囿，本书将不再进行分析。

7 中国对美出口持续时间的微观机制检验

7.1 中国对美出口持续时间的统计探测结果

7.1.1 数据来源及变量测度

7.1.1.1 数据来源及处理

对于中国对美出口持续时间统计探测结果的分析，该部分采用 UN Comtrade 数据库中 2000~2013 年中国出口到美国的 HS06 分位贸易数据。产品的分类则参考劳奇（Rauch，1999）分类法，将产品分为差异化产品与同质产品两类。由于本部分采用的产品编码为 HS06 分位，因此通过 UN Comtrade 网站中的对照表进行了转化。同时，本章涉及的中国工业企业数据库及相关变量的处理方法与第 6 章一致，在此不再具体说明。

从产品层面来看，出口贸易持续时间是指某种产品从进入出口目的国开始到停止出口该种产品为止所经历的时间，按照惯例，持续时间通常用年来衡量。因此，本部分中每一种对美出口贸易关系的持续时间即为中国某种产品从 2000~2013 年之间某年出口到美国市场开始到停止出口到该市场所经历的时间。如表 7-1 所示，HS 编码为 020422 产品的持续时间为 1 年，编码为 020442 产品持续时间为 5 年。在数据处理过程中，有两个问题需要说明：一是数据删失问题，二是多个持续时间段的处理问题。

表7–1　　　　　　　　中国部分出口贸易关系持续时间表

HS编码	2001年	2002年	2003年	2004年	2005年	2006年	2007年	2008年	2009年	2010年	2011年	2012年	第一个持续时间段的持续时间（年）	贸易片段数（个）
020422					#								1	1
020442				#	#	#	#	#					5	1
020443							#	#		#			3	2
190230					#		#			#			1	3

注：左删失之后的第一个持续时间段统计结果。
资料来源：http://comtrade.un.org/。

（1）数据删失处理说明

数据的删失分为左删失和右删失。前者是指事件在观测期之前既已发生并持续至观测期之内的样本，后者是指在观测期之后仍未停止的样本。在本部分中的观测期为2000~2013年，本章研究的各种产品出口贸易很有可能开始于2000年之前，如果继续出口至2000~2013年之间的某一年，那么如果本部分从2000年开始统计贸易持续时间将会低估。因此将中国从2000年开始出口贸易的第一个片段的观测值全部删掉的方法，即左删失。另外，右删失的问题也是同样的道理。如果有任何一种贸易关系持续到2013年仍然没有结束，但是本部分的观测期在2013年截止，该贸易关系具体的截止时间无法被观测到，因此无法确定其贸易持续时间。所幸的是生存分析法能恰当地解决右删失的处理问题。

（2）多个持续时间段的处理说明

另外，值得一提的是出口贸易中存在多个出口时间间隔的贸易情况，这在贸易关系中被称为贸易片段的问题。如表7–1所示，编码为020443的产品持续时间段数为2个，而编码为190230的持续时间段数为3个。

经统计，我们的样本中（左删失之后），仅有一个贸易片段的贸易关系占总体的比重为53.5%，两个及以上片段的贸易关系占比为46.5%。比瑟德和普吕萨（Besedeš and Prusa，2006b）分析指出，无论同一贸易关系经历了多少持续时间段，仅取第一个持续时间段与将多个持续段视为相互独立的若干持续时间段的处理方法得到的结论基本一致。因此，本书参照陈勇兵等（2012）的方法将多个持续时间段视为相互独立的若干持续时间段，其他的情况仅作比较或稳健性检验，表7-2为2000~2013年中国对美出口贸易关系的持续时间段个数的统计结果。

表7-2　　　　　　　　　持续时间段数统计

持续时间段个数（个）	贸易关系数（个）	占比（%）	累计百分比（%）
1	226937	53.52	53.52
2	134932	31.82	85.35
3	50690	11.96	97.30
4	10441	2.46	99.77
5	973	0.23	99.99
6	23	0.01	100.00

注：这里的持续时间段数统计是左删失之后各持续时间段个数的贸易关系数。
资料来源：对http://comtrade.un.org/中HS06分位产品进行整理后得到。

7.1.1.2 变量测度

生存分析法[①]是将事件发生后的结果和出现这一结果所持续的时间结合起来分析的一种统计分析方法。该方法最初主要应用在生物医学研究领域，现在也开始越来越多地运用到经济管理当中，例如国际贸易领域，比瑟德和普吕萨（Besedeš and Prusa，2006a）最早利用该模型分析了美国进口贸易持续时间的分布特征，本章在此基础上尝试研究中国对美出口持续

---

① 医学研究中，为了评价治疗方法的优劣或观察预防保健措施的效果等，常常对研究对象进行追踪观察，以获得必要的数据，这类资料都属于随访资料。由于随访资料的分析最初起源于对寿命资料的统计分析，故称为生存分析，或称为生存时间分析。

时间分布规律及影响因素的研究。

在生存分析中，通常使用生存函数或危险函数来分析生存时间的分布特征，并且生存分析方法能够有效处理数据中尚未完成的右删失问题。在此本章构建了中国对美出口关系持续时间的生存函数以估计中国对美出口贸易关系持续时间的分布特征。令 T 代表中国的某个产品在美国市场上的生存时间，因为 T 是一个离散变量，所以本书假设 T 是一个随机离散时间变量，其取值为 t_i，其中 $i=1, 2, 3, \cdots, n$，其概率密度函数 $p(t_i) = pr(T=t_i)$，$i=1, 2, \cdots, n$；且 $t_1 < t_2 < \cdots < t_n$。如果一个持续时间段是完整的，记为 $ci=1$，右删失记为 $ci=0$。令 $S(t)$ 为相应的生存函数（survivor function），其表示1个中国出口贸易关系持续时间超过 t 年的概率，即：

$$S_i(t) = P_r(T_i > t) = \sum_{t_i > t} p(t_i) \qquad (7-1)$$

其中，$S(t_0) = 1$。同时令 $h(t)$ 为危险函数，又称风险函数（hazard function），表示一个生存到 t 的观察对象，从 t 到 $t+\Delta t$ 这一区间内死亡的概率极限。在本书中，危险函数表示1个中国对美出口的贸易关系在 $t-1$ 期还没有失败的情况下，在 t 期失败的概率，即：

$$h(t_i) = P_r(T=t_i \mid T \geq t_i) = \frac{p(t_i)}{S(t_{i-1})}, \ i=1, 2, \cdots, n \qquad (7-2)$$

生存函数和危险函数的关系如式（7-3）所示：

$$S(t) = \prod_{t_i < t} [1 - h(t_i)] \qquad (7-3)$$

生存函数的非参数估计由 K-M 乘积限估计式给出：

$$\hat{S}(t) = \prod_{t(i) \leq t} \frac{n_i - d_i}{n_i} \qquad (7-4)$$

在本部分中，式（7-4）中 n_i 是指在 i 期处于危险状态中的中国对美出口贸易关系持续时间段的个数，d_i 表示同一时期观测到的失败的中国对美出口贸易关系持续时间段个数。危险函数的非参数估计式为：

$$h(t_i) = \frac{d_i}{n_i} \qquad (7-5)$$

7.1.2 核心解释变量的统计探测结果

我们首先对本书核心解释变量——不同地理范围的产品关联密度的统计探测结果进行分析，结果如表7-3所示。从各层面产品关联密度中位数以下（取值0）和中位数以上（取值1）的均值可知，各层面产品关联密度中位数以下产品对美出口风险概率均要小于中位数以上产品。各层面产品关联密度对中国对美出口风险概率是否存在差异性影响，还有待后文的回归分析进一步验证。同时，图7-1、图7-2及图7-3也给出了不同层面产品关联密度分类下中国对美出口生存率的特征，结果同样显示，各层面产品关联密度在中位数以上的生存率曲线均位于下方，而各层面产品关联密度在中位数以下的曲线则处于生存率曲线的上方，且企业内产品关联密度对企业生存率的异质性影响最大。另外，我们发现，省份内产品关联密度在中位数以上的企业仅仅在第1年到第4年低于省份内产品关联密度在中位数以下的企业，而在第5年后两条曲线几乎重合，这一结果与上述统计探测结果基本一致。

表7-3　不同层面产品关联密度对中国对美出口风险概率的统计探测结果

分类标准	按中位数分类	均值	标准差
企业内产品关联密度分类（$rela\_qy$）	0	0.499	0.500
	1	0.616	0.486
总计		0.557	0.497
城市内产品关联密度分类（$rela\_ci$）	0	0.523	0.499
	1	0.592	0.491
总计		0.557	0.497
省份内产品关联密度分类（$rela\_pro$）	0	0.547	0.498
	1	0.568	0.495
总计		0.557	0.497

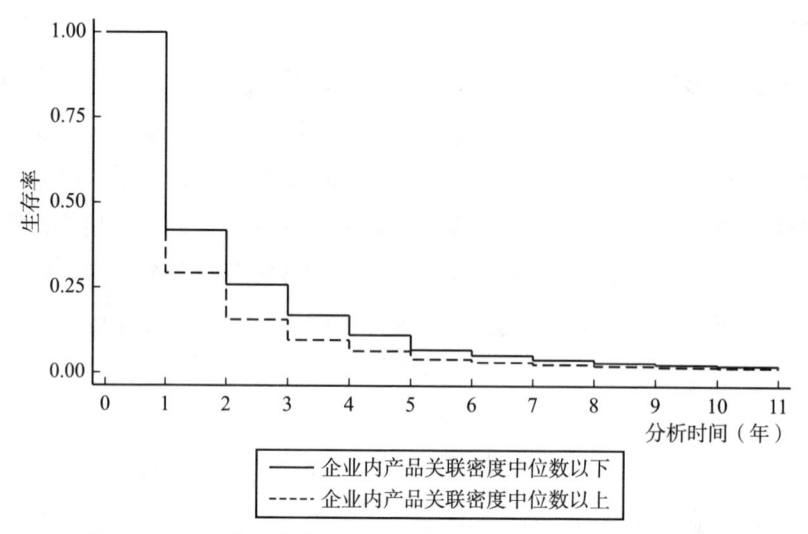

图 7-1 不同企业内产品关联密度分类下 K-M 法生存率比较

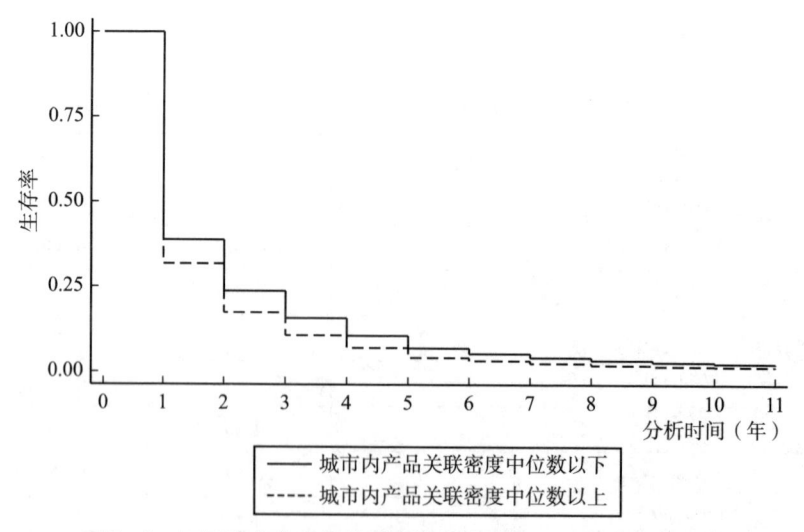

图 7-2 不同城市内产品关联密度分类下 K-M 法生存率比较

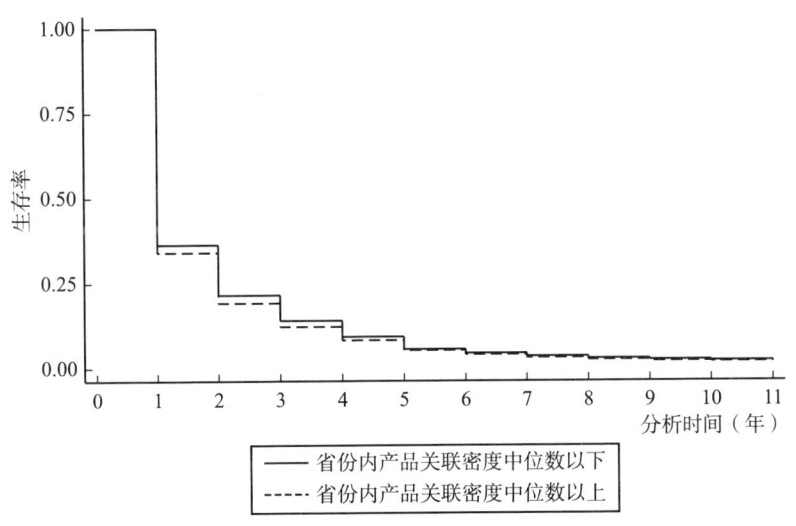

图7-3 不同省份内产品关联密度分类下K-M法生存率比较

7.1.3 其他定性变量的统计探测结果

前文对本章的数据来源及处理进行了说明，为进一步探讨不同层面产品关联密度对中国企业对美出口持续时间的影响效应，本章将对各相关变量进行统计探测并为后文回归分析提供参考。

如表7-4所示，汇报了中国对美出口持续时间的各定性变量统计探测结果：首先，从企业性质来看，中国对美出口内资企业的出口风险概率均值为0.600，而外资企业的均值为0.510，总的均值为0.557，由于本部分我们将1设定为出口失败，而0则表示出口持续，可见外资企业对美出口风险概率较低，出口持续时间更长。同时，不同所有制企业分类下的生存率曲线分布特征也验证了这点，如图7-4所示。外资企业的生存率曲线位于上方，而内资企业则位于生存率曲线的下方，特别是第1年至第5年更为明显，说明相对于内资企业，外资企业在前五年的生存概率更高，对美出口持续时间也更长。

表7-4　中国对美出口风险概率的定性变量统计探测结果

分类标准	具体分类	均值	标准差
企业性质（type）	内资企业	0.600	0.480
	外资企业	0.510	0.500
总计		0.557	0.497
产品类型（dif）	同质化产品	0.615	0.487
	差异化产品	0.552	0.497
总计		0.557	0.497
产品最终经济用途（pyc）	最终产品	0.567	0.496
	中间产品	0.495	0.500
总计		0.557	0.497

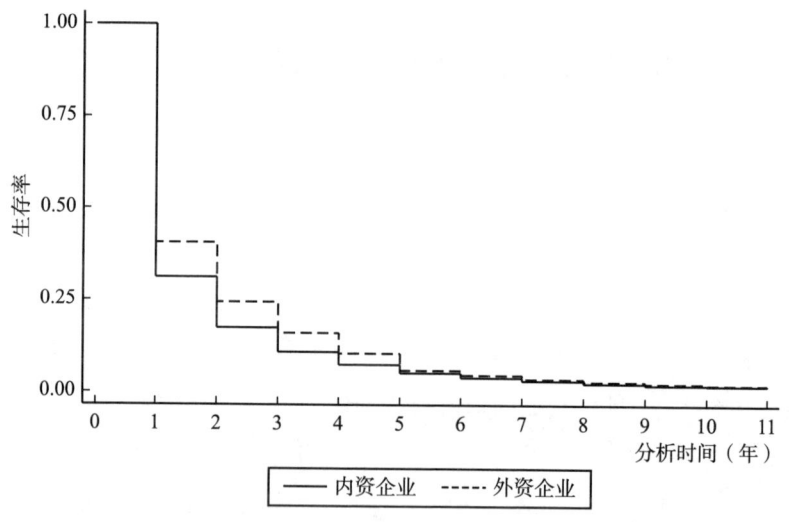

图7-4　不同所有制企业分类下K-M法生存率比较

其次，与同质化产品相比，中国企业对美出口差异化产品的出口风险概率更低，出口持续时间更长；从产品最终经济用途进行分析，结果显示，中间产品的对美出口风险概率更低，对美出口持续时间也更长。上述结论在图7-5与图7-6同样得到了体现，如差异化产品和中间产品分别位于生存率曲线的上方，意味着同期生存率最高，对美出口贸易关系的持续时间更长。而同质产品和最终产品则处于各自分布曲线的下方,说明生存率较低,生存时间更短。当然以上统计结果还需回归分析进一步验证。

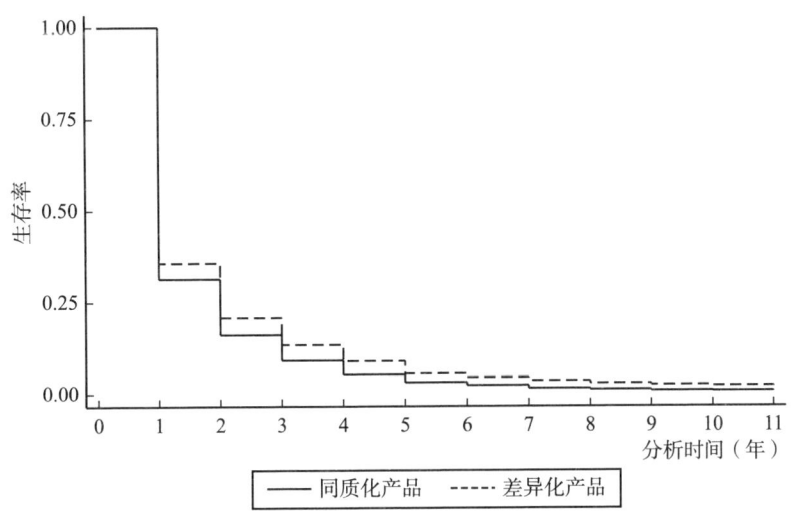

图 7-5 不同差异化产品分类下 K-M 法生存率比较

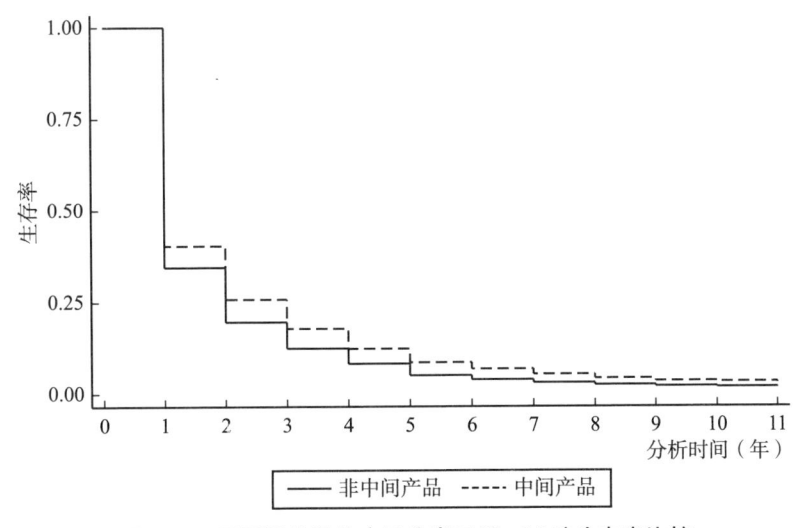

图 7-6 不同用途最终产品分类下 K-M 法生存率比较

7.1.4 其他定量变量的统计探测结果

依前文所述,本部分也将相关定量变量划分为两类:即当定量变量大于等于中位数则取值为 1 和中位数以下取值为 0,以下为各定量变量在中位数以上和中位数以下两种分类下中国对美出口风险率的平均值和标准差。

表 7-5 给出了企业层面各变量特征对中国对美出口风险概率的统计结果。其中,企业年龄在中位数以上的均值要小于中位数以下的均值,说明企业年龄在中位数以上的企业对美出口风险概率更低。同样,企业层面的其他变量,如企业规模、企业生产率和企业利润率三个变量的结果也与此相似,结果表明,企业规模、企业生产率和企业利润率在中位数以上的企业对美出口风险概率更低,出口持续时间更长。

表 7-5　企业层面特征对中国对美出口风险概率的统计探测结果

分类标准	按中位数分类	均值	标准差
企业年龄 ($lnage$)	0	0.600	0.490
	1	0.520	0.500
总计		0.557	0.497
企业规模 (lnt)	0	0.620	0.480
	1	0.490	0.500
总计		0.557	0.497
企业生产率 (tfp)	0	0.599	0.490
	1	0.520	0.500
总计		0.557	0.497
企业利润率 ($lirunlv$)	0	0.569	0.495
	1	0.545	0.498
总计		0.557	0.497

7 中国对美出口持续时间的微观机制检验

不同企业年龄分类对美出口持续时间分布特征如图 7-7 所示。由结果可知，企业年龄在中位数以上的生存率曲线在样本期内的生存率更高，而企业年龄在中位数以下的生存率曲线在样本期内始终位于下方，这一分布特征在不同规模企业分类下、不同企业生产率分类下及不同企业利润率分类下都得到了不同程度的体现，结果如图 7-8、图 7-9 及图 7-10 所示。其中，企业规模在中位数以上和企业生产率在中位数以上的生存率曲线在样本期内均处于上方，而利润率在中位数以上企业的生存率曲线则只是在第 1 年到第 6 年略高于利润率在中位数以下的企业，且在第 7 年后这两条曲线几乎重合，这意味着企业年龄在中位数以上、企业规模更大的企业，其对美出口持续时间更长，而与企业利润率在中位数以下的企业相比，利润率在中位数以上的企业在第 1 年到第 6 年的生存概率更高，出口持续时间也可能更长。

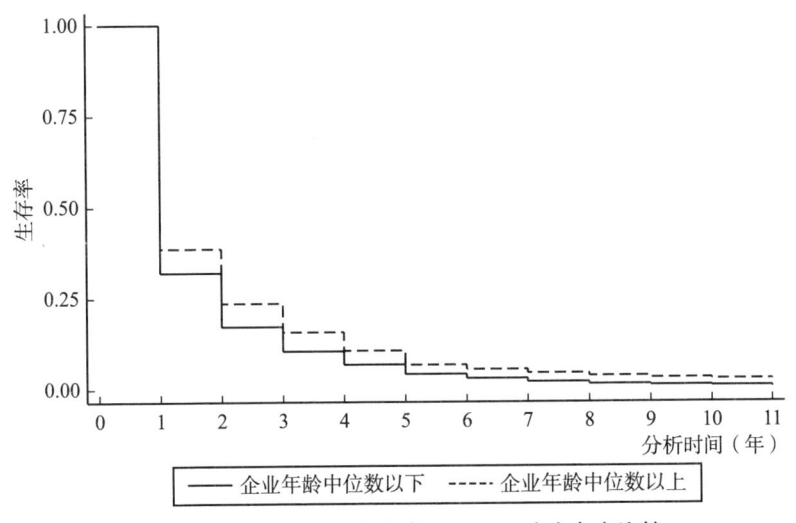

图 7-7 不同企业年龄分类下 K-M 法生存率比较

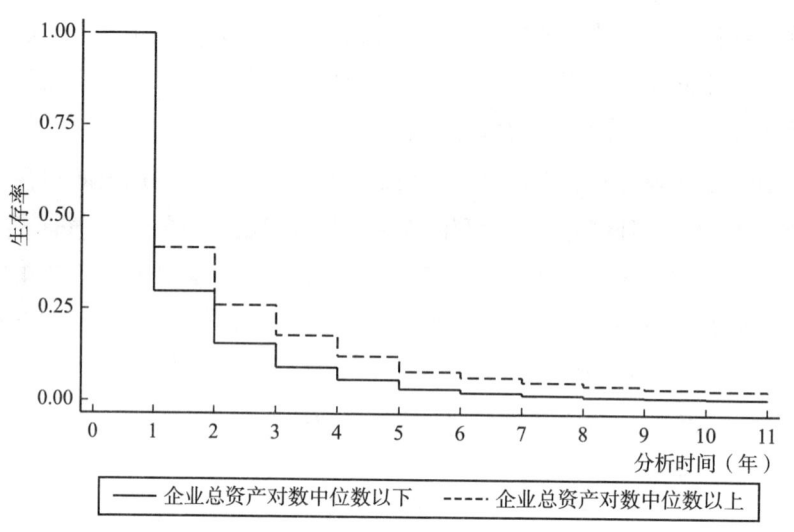

图7-8 不同企业规模分类下K-M法生存率比较

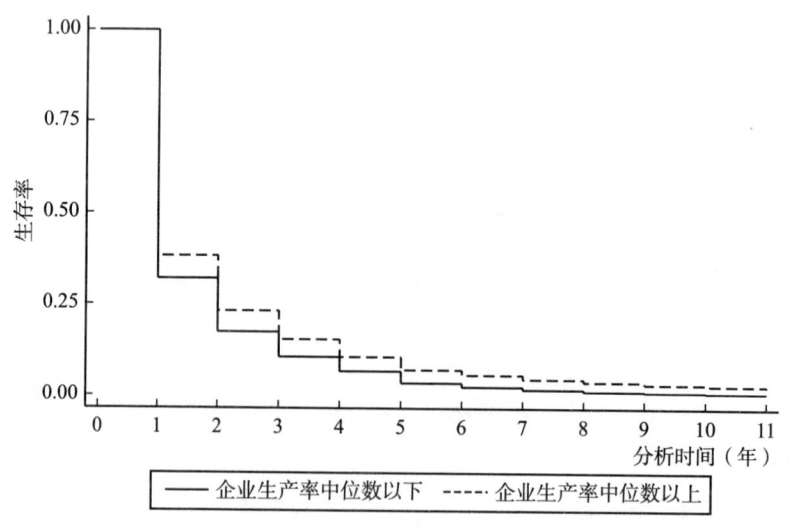

图7-9 不同企业生产率分类下K-M法生存率比较

7 中国对美出口持续时间的微观机制检验

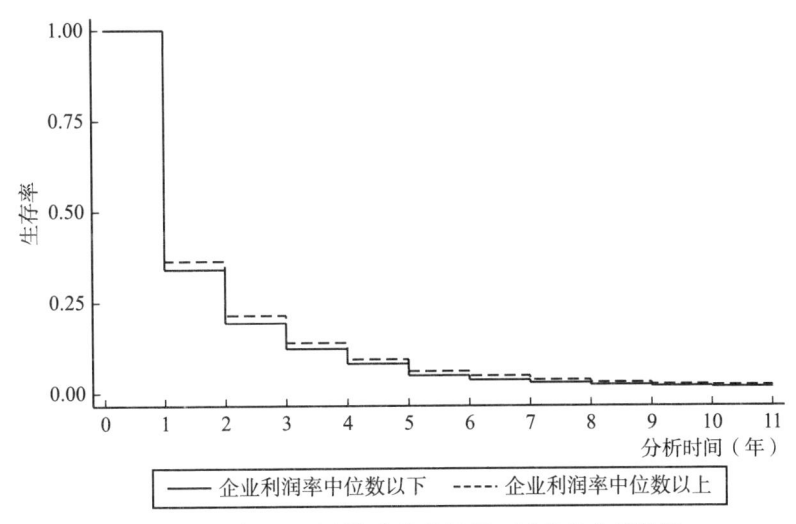

图 7-10　企业不同利润率分类下 K-M 法生存率比较

在企业出口份额和出口额对美出口风险概率的统计探测结果方面，相关结果如表 7-6 所示。结果表明，如果该产品占企业出口篮子份额在中位数以上（取值 1），则其对美出口风险率的均值要显著小于中位数以下（取值 0）的均值，并且，企业出口额在中位数以上的对美出口风险率的均值同样要小于企业出口额在中位数以下的均值，这说明该产品占企业出口篮子份额和企业出口额在中位数以上均有助于降低对美出口风险率，从而延长对美出口持续时间。图 7-11 和图 7-12 则更直观地展示了上述两个变量对美出口生存率的分布特征。通过 K-M 法估计的该产品占企业出口篮子份额在中位数以上的生存率曲线明显位于中位数以下曲线的上方，同样企业出口额中位数以上的对美出口生存率曲线也处于上方，而企业出口额中位数以下的生存率曲线则在下方，并且可以看出两条生存率曲线相比图 7-11 而言差距较小。

表 7-6　企业出口份额和出口额对中国对美出口风险概率的统计探测结果

分类标准	按中位数分类	均值	标准差
该产品占企业出口篮子份额（bz_hs）	0	0.692	0.462
	1	0.423	0.494
总计		0.557	0.497

续表

分类标准	按中位数分类	均值	标准差
企业出口额的对数（ln*chu*）	0	0.610	0.488
	1	0.510	0.500
总计		0.557	0.497

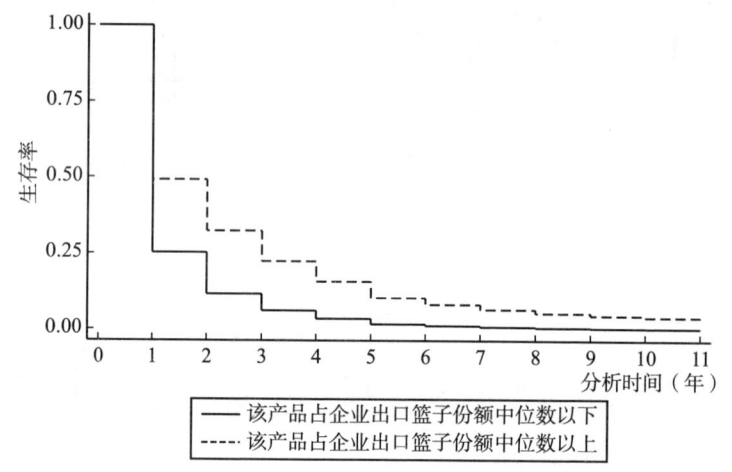

图7-11 该产品占企业不同出口篮子份额分类下K-M法生存率比较

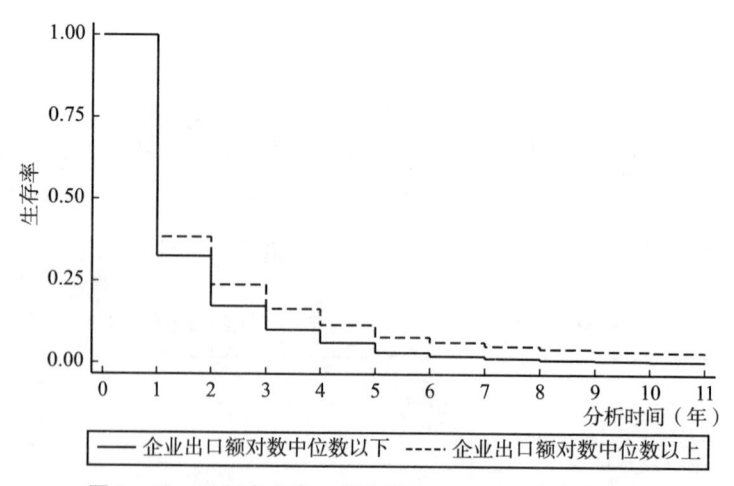

图7-12 不同企业出口额分类下K-M法生存率比较

7 中国对美出口持续时间的微观机制检验

表7-7给出了企业所在不同区域出口企业数对美出口风险率的统计探测结果。结果显示，企业所在城市出口企业数的对数在中位数以下（取值0）的出口风险率均值要小于中位数以上（值取1）的均值，结合图7-13可以清楚看到第1年至第4年企业所在城市出口企业数在中位数以下生存率曲线位于中位数以上生存率的上方，第5年后两条曲线趋近重合，这表明在前四年企业所在城市出口企业数的增多可能会提高对美出口风险率。与此类似，企业出口国家数的对数在中位数以下的出口风险率均值也要小于中位数以上的出口风险率均值，通过图7-14，我们发现第1年到第4年，企业出口国家数的对数在中位数以下的生存率曲线位于中位数以上生存率曲线的上方，而从第5年开始，企业出口国家数的对数在中位数以下的生存率曲线处于下方，中位数以上生存率曲线则位于上方，这可能说明企业出口国家数对美出口持续时间的影响具有动态性，在前四年企业出口国家数越多，企业对美出口风险率越高，而从第5年后，企业出口国家数的增加则又有助于降低对美出口风险率。此外，从所在省份出口企业数变量来看，企业所在省份出口企业数在中位数以上的出口风险率均值要略小于中位数以下的均值，这种区别可以通过图7-14更直观地体现，企业所在省份出口企业数中位数以上的生存率曲线只是在第1年到第2年要略高于中位数以下的生存率曲线，到第4年后企业所在省份出口企业数中位数以下的生存率曲线又处于中位数以上生存率曲线的上方，意味着企业所在省份出口企业数对美出口持续时间也存在动态性影响。图7-15呈现了不同企业出口国家数分类下中国对美出口生存率的情况，结果显示，在第1年至第4年，企业出口国家数在中位数以下的企业生存率更高，但第4年之后，企业出口国家数在中位数以上的企业生存率反而更高，当然上述统计探测结果还需要回归分析进一步验证。

表7-7 不同区域企业对中国对美出口风险概率的统计探测结果

分类标准	按中位数分类	均值	标准差
企业所在城市出口企业数的对数（lnqysc）	0	0.545	0.498
	1	0.570	0.495
总计		0.557	0.497

续表

分类标准	按中位数分类	均值	标准差
企业所在省份出口企业数的对数（lnqysp）	0	0.560	0.496
	1	0.553	0.497
总计		0.557	0.497
企业出口国家数的对数（lncous）	0	0.546	0.498
	1	0.568	0.495
总计		0.557	0.497

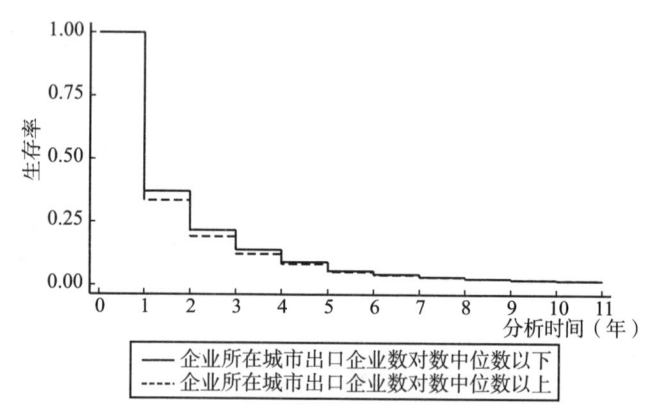

图 7-13 企业所在城市不同出口企业数分类下 K-M 法生存率比较

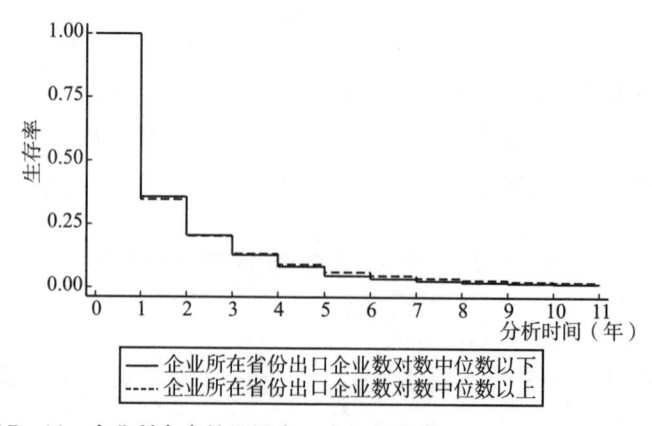

图 7-14 企业所在省份不同出口企业数分类下 K-M 法生存率比较

7 中国对美出口持续时间的微观机制检验

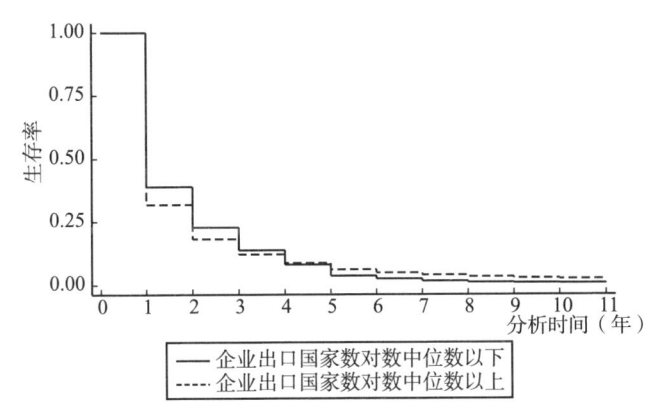

图 7－15　不同企业出口国家数分类下 K－M 法生存率比较

　　表 7－8 汇报了不同区域企业该产品出口美国的企业数对美出口风险率的统计探测结果。由结果可知，不管是企业所在城市该产品出口美国的企业数对数还是企业所在省份该产品出口美国的企业数对数，其在中位数以上（取值 1）的对美出口风险率均低于中位数以下（取值 0）的对美出口风险率。图 7－16 和图 7－17 呈现了上述变量对美出口生存率的分布特征。从图中显示的结果来看，企业所在城市该产品出口美国的企业数对数和企业所在省份该产品出口美国的企业数对数在中位数以上的生存率曲线均高于中位数以下的生存率曲线，但是与企业所在省份该产品出口美国的企业数分类相比较，企业所在城市该产品出口美国的企业数的中位数以上与中位数以下两条生存率曲线的差距较小，在第 5 年后两条曲线基本重合，这一定程度上说明了企业所在城市该产品出口美国的企业数与企业所在省份该产品出口美国的企业数均可以促进对美出口持续时间的延长，后文将通过实证进一步验证。

表 7－8　不同区域该产品出口美国企业数对中国对美出口风险概率的统计探测结果

分类标准	按中位数分类	均值	标准差
企业所在城市该产品出口美国的企业数对数（lna1）	0	0.574	0.494
	1	0.542	0.498
总计		0.557	0.497

分类标准	按中位数分类	均值	标准差
企业所在省份该产品出口美国的企业数对数（lna2）	0	0.582	0.493
	1	0.533	0.499
总计		0.557	0.497

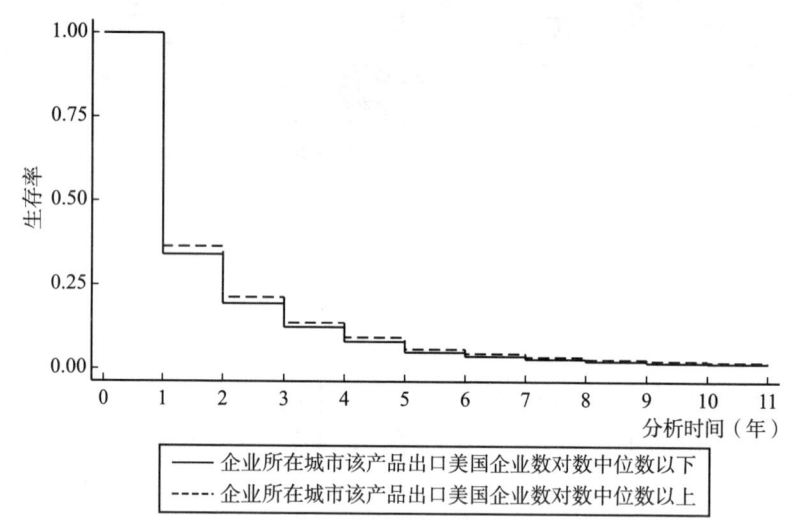

图 7-16　企业所在城市该产品出口美国不同企业数分类下 K-M 法生存率比较

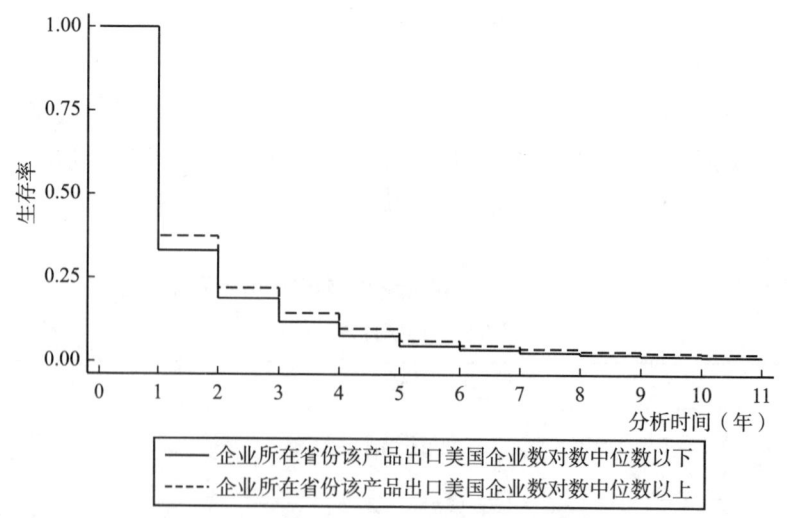

图 7-17　企业所在省份该产品出口美国不同企业数分类下 K-M 法生存率比较

7 中国对美出口持续时间的微观机制检验

为研究企业该产品在不同区域的比较优势指数是否会对美出口风险率产生差异化的影响,本章对不同区域的比较优势指数进行了统计探测。在表 7-9 中,企业该产品在不同区域比较优势指数在中位数以上(取值 1)的对美出口风险概率均要低于中位数以下(取值 0)企业,我们通过图 7-18 及图 7-19 可以得到更直观的呈现,在上述企业该产品在

表 7-9　企业该产品在不同区域比较优势指数对中国对美出口风险概率的统计探测结果

分类标准	按中位数分类	均值	标准差
企业该产品在所在城市的比较优势指数（rca）	0	0.612	0.487
	1	0.503	0.500
总计		0.557	0.497
企业该产品在所在省份的比较优势指数（rca_pro）	0	0.594	0.491
	1	0.521	0.500
总计		0.557	0.497

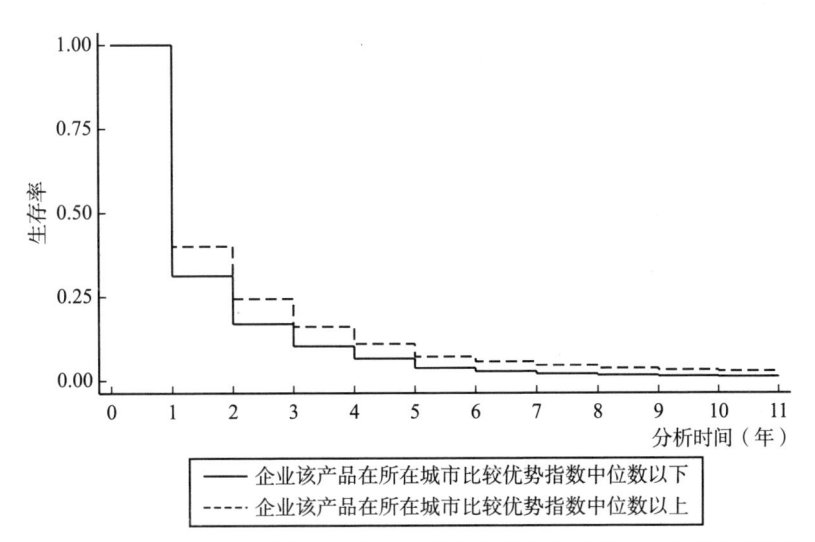

图 7-18　企业该产品所在城市不同比较优势指数分类下 K-M 法生存率比较

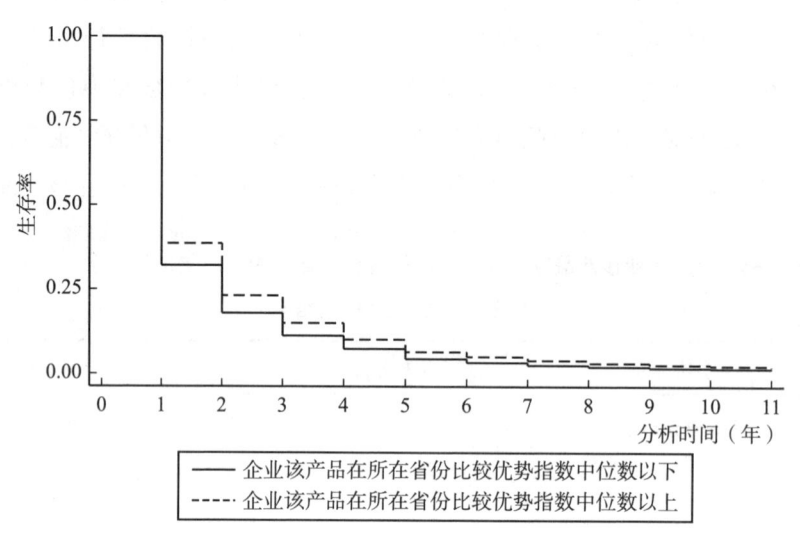

图 7-19　企业该产品所在省份不同比较优势指数分类下 K-M 法生存率比较

不同区域比较优势指数的生存率曲线图中，企业该产品在不同区域比较优势指数在中位数以上的对美出口生存率更高，持续时间更长，而处于生存率曲线下方的中位数以下的则可能面临更高的对美出口风险概率，其对美出口时间也可能更短。

表 7-10 给出了其他国家该产品在美国的市场份额及价格对美出口风险率的统计探测结果。其他国家该产品在美国市场份额在中位数以下（取值 0）的产品对美出口风险率要低于其在中位数以上（取值 1）的产品；而其他国家该产品在美国市场的价格这一变量的结果则刚好相反，其在美国市场的价格在中位数以上的产品对美出口的风险率则要低于其他国家该产品在美国市场的价格在中位数以下的产品。从图 7-20 和图 7-21 可以更为清晰地看到这两种分类的生存率曲线分布特征，其中，其他国家该产品在美国市场份额在中位数以下的曲线位于上方，而中位数以上的曲线处于下方，与此截然相反的是图 7-21 的结果，可以看出其他国家该产品在美国市场的价格在中位数以上的生存率曲线高于中位数以下的生存率曲线，这可能说明其他国家该产品在美国市场的市场份额越高越

7 中国对美出口持续时间的微观机制检验

不利于中国对美出口持续时间的延长，而其他国家该产品在美国市场的价格则恰好相反，其价格越高越可能降低中国对美出口风险概率，从而有助于延长对美出口持续时间。

表 7-10　其他国家该产品在美国市场不同表现对中国对美出口风险概率的统计探测结果

分类标准	按中位数分类	均值	标准差
其他国家该产品在美国的市场份额（$fene$）	0	0.540	0.498
	1	0.570	0.494
总计		0.560	0.497
其他国家该产品在美国市场的价格（$price\_qt$）	0	0.576	0.494
	1	0.540	0.498
总计		0.557	0.497

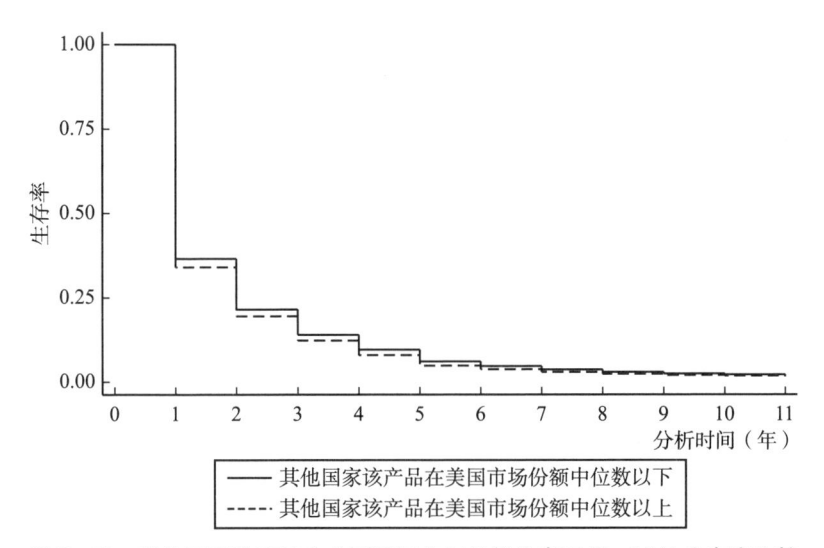

图 7-20　其他国家该产品在美国不同市场份额分类下 K-M 法生存率比较

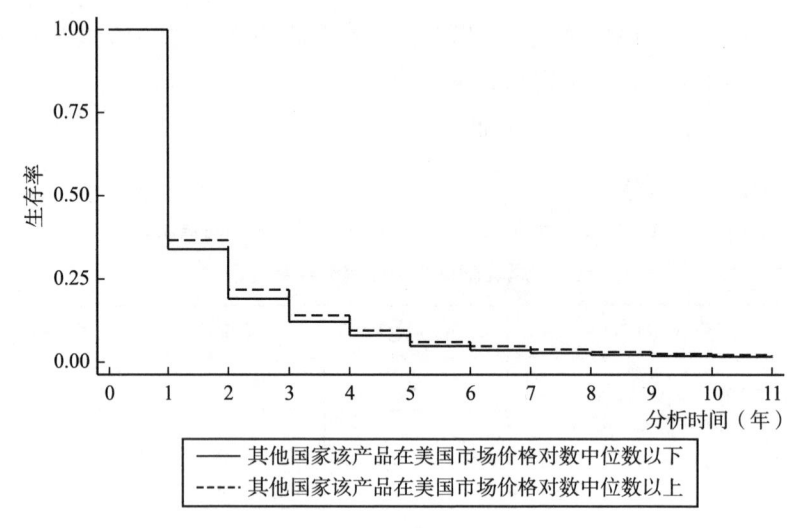

图7-21 其他国家该产品在美国市场不同价格分类下 K-M 法生存率比较

7.2 模型构建及变量选取

7.2.1 模型构建

赫斯和皮尔森（Hess and Persson，2011）发现，离散时间模型无需满足比例危险假设的要求，还可以有效处理结点及右删失问题，并能够对不可观测的异质性问题进行控制，因此，与 Cox 比例危险模型相比，离散时间模型更适合处理离散的持续时间数据问题。同时，由于大多数主流的计量软件都能对离散时间模型的二元因变量估计方法进行处理，因此本部分采用 Logit 离散时间模型进行分析。

令 T_i 表示某个贸易关系的持续时间，在离散时间模型中，贸易持续时间的重点就在于1个特定的贸易关系在给定的时间区间 $[t_k, t_{k+1}]$ 内终止的概率，$k=1,2,\cdots,k_{max}$ 且 $t_1=0$，这一概率称为离散时间危险率，其基本形式如式（7-6）所示：

7 中国对美出口持续时间的微观机制检验

$$h_{ik} = P(T_i < t_{k+1} \mid T_i \geq t_k, x_{ik}) = F(x'_{ik}\beta + \gamma_k) \quad (7-6)$$

其中，i 表示一个特定贸易关系的持续时间（$i=1, \cdots, n$），x_{ik} 为时间依存协变量，γ_k 是基准危险函数，危险率 h_{ik} 在不同的时间区间内是不同的，而 $F(\cdot)$ 为分布函数，它对所有的 i 和 k 都有 $0 \leq h_{ik} \leq 1$。引入一个二分类变量 h_{ik}，如果一个时间段在第 k 年停止了，取值为 1，否则就为 0。参照赫斯和皮尔森（Hess and Persson，2011）的做法，本部分采用 Logit 离散时间模型对中国对美出口持续时间的影响效应进行研究。其中，Logit 离散时间模型的设定如式（7-7）所示：

$$\Pr(F_{fnit} = 1) = \alpha_0 + \alpha_1 density^e_{fit-1} + \alpha_2 D_{ft} + \alpha_3 \lambda_{it} + \alpha_4 S_{fit-1} + \nu_t + \varepsilon_{fit}$$

$$(7-7)$$

式（7-7）中，F_{fnit} 为被解释变量，含义为企业对美出口风险率，具体是指中国企业 f 的产品 i 在 t 年是否对美国市场出口失败的虚拟变量，为 1 表示出口失败，为 0 表示出口持续。本部分的核心解释变量为 $density^e_{fit-1}$、$density^c_{fit-1}$ 与 $density^p_{fit-1}$，分别表示滞后一期不同地理范围内的产品关联密度，具体是指 f 企业出口的 i 产品与其生产的其他产品的平均关联度、滞后一期的 f 企业出口的 i 产品与所在 k 城市内其他具有比较优势产品的平均关联度和滞后一期的 f 企业出口的 i 产品与所在 l 省份内其他具有比较优势产品的平均关联度。D_{ft} 表示可能影响对美出口失败率的企业层面的控制变量，包括企业年龄、企业生产率、企业规模、企业利润率、企业性质，即是否为外资企业、上一年该企业是否出口美国、企业所在城市出口企业数的对数及企业所在省份出口企业数的对数等；λ_{it} 为产品层面控制变量，主要有是否为差异性产品、是否为中间产品、其他国家该产品在美国市场的份额与其他国家该产品在美国市场的价格；S_{fit-1} 为"企业 - 产品"层面的控制变量，包括上一年该产品占企业出口篮子份额、企业该产品所在省份的比较优势指数及企业该产品所在城市的比较优势指数、企业所在城市该产品出口美国的企业数、企业所在省份该产品出口美国的企业数。ν_t 表示年份固定效应，ε 为误差项。另外，对于各变量的处理以及数据来源与第 6 章中核心解释变量与控制变量一致，在此不再具体说明。

7.2.2 描述性统计

表 7-11 汇报了各变量的描述性统计结果。从表中可以发现，在 570243 个样本观测值中，中国企业对美出口风险率的均值为 0.56，标准差为 0.50，最大值和最小值分别是 1 和 0，其中 1 表示出口失败，为 0 表示出口持续，意味着超过一半的观测样本在观测期内对美出口失败，中国企业对美出口的生存风险率较高。在各层面产品关联密度的统计结果上，省份内产品关联密度、城市内产品关联密度和企业内产品关联密度的均值分别为 0.31、0.14 与 0.02，三者均值呈现依次递减。首先，省份内产品关联密度大于城市内产品关联密度，原因在于省份内产品关联密度的定义包含城市内产品关联密度，而企业内产品关联密度之所以较小的原因在于企业生产的产品类型相比城市内和省份内而言要少得多，从而加权求和得到的平均关联度就会较小。其他变量的描述性统计结果如表 7-11 所示。

表 7-11 各变量的描述性统计

变量	含义	观测值	均值	标准差	最小值	最大值
duration	中国企业对美出口风险率	570243	0.56	0.50	0.00	1.00
rela_pro	省份内产品关联密度	570243	0.31	0.07	0.02	0.48
rela_ci	城市内产品关联密度	570243	0.14	0.07	0.0004	0.36
rela_qy	企业内产品关联密度	570243	0.02	0.03	0.001	0.44
lnage	企业年龄	570243	2.15	0.62	0.00	5.14
lnt	企业规模	570243	10.75	1.71	0.69	19.38
tfp_lp	企业生产率	570243	7.19	1.27	-3.71	14.05
lirunlv	企业利润率	570243	0.09	9.37	-7.67	5000.00
type	是否为外资企业	570243	0.46	0.50	0.00	1.00
dif	产品是否为差异化产品（rauch 分类）	570243	0.91	0.29	0.00	1.00

续表

变量	含义	观测值	均值	标准差	最小值	最大值
pyc	产品是否为中间产品	570243	0.13	0.34	0.00	1.00
bz_hs	该产品占企业出口篮子份额	570243	0.19	0.32	0.00	1.00
rca_pro	企业该产品在所在省份的比较优势指数/100	570243	0.02	0.11	0.00003	15.60
rca	企业该产品在所在城市的比较优势指数/100	570243	0.14	3.22	0.00	14.43
$lnqysp$	企业所在省份出口企业数	570243	9.88	0.97	3.69	10.88
$lnqysc$	企业所在城市出口企业数	570243	7.37	1.28	0.00	9.77
$lncous$	企业出口国家数	570243	2.76	0.94	0.69	5.25
$lnchu$	企业出口额	570243	15.47	1.89	0.69	24.58
$lna2$	企业所在省份该产品出口美国的企业数	570243	4.27	1.63	1.10	8.53
$lna1$	企业所在城市该产品出口美国的企业数	570243	2.48	1.48	0.69	7.95
$fene$	其他国家该产品在美国市场的市场份额	570243	0.58	0.26	0.001	1.00
$price\_qt$	其他国家该产品在美国市场的价格/10000	570243	0.05	1.00	0.01	129.97

7.3 实证检验与结果说明

7.3.1 基准回归估计结果

表7-12给出了基准回归结果，各列均控制了年度固定效应。值得说明的是，由于本书的被解释变量为中国企业对美出口风险率，该风险率越

| 中国对美出口稳定性的微观机制及对策研究

高意味着对美出口持续时间越短,所以当系数为负数时,意味着对出口持续时间有正向影响,反之亦然。第(1)、(3)列与第(5)列在未加入控制变量的情况下,城市内产品关联密度每上升1%,中国企业对美出口风险率将上升2.13%①,省份内产品关联密度每上升1%,中国企业对美出口风险率将下降0.77%,而当企业内产品关联密度上升1%时,与城市内产品关联密度对中国企业对美出口风险率的影响相比,其对美出口风险率的影响更是急剧飙升,这说明省份内产品关联密度对中国企业对美出口持续时间表现为促进作用,而城市内产品关联密度与企业内产品关联密度对中国企业对美出口持续时间则呈现出显著抑制作用。第(2)、(4)列与第(6)列分别加入企业层面控制变量、产品层面控制和"企业-产品"层面控制变量,在其他条件不变的情况下,省份内产品关联密度每提高1个百分点,中国企业对美出口风险率下降0.52%,而当城市内产品关联密度与企业内产品关联密度分别上升1个百分点时,中国企业对美出口风险率仍都显著为正。以上实证结果表明,无论是否加入控制变量,省份内产品关联密度的增加都将有助于延长中国企业对美出口持续时间,而城市内产品关联密度和企业内产品关联密度越高,中国企业对美出口风险概率将越高,持续时间越短。其原因在于产品关联更紧密的企业之间的地理邻近,不仅可以通过获得所在地理区域其他企业的出口信息,减少信息搜寻成本,还能吸收所在地理区域其他企业的知识溢出,从而降低中国企业对美出口风险率。城市内产品关联密度对中国企业对美出口持续时间的影响为负,原因可能在于,当企业生产并出口与所在城市范围内关联度较高的产品时,一方面,企业可通过获取知识溢出效应和要素禀赋效应对企业对美出口持续时间产生正向影响,但另一方面,与其他生产关联度较高产品的企业的地理邻近也将遭遇要素和目的市场份额的竞争效应的影响。关于企业内产品关联度对中国企业对美持续时间的负向影响,可能的原因在于,在一定成本约束下,出口范围过大反而会抑制企业的生产率(钱学锋

---

① 城市内产品关联密度每上升1%,则其出口风险率,根据公式 $[exp(\beta_1)-1] \times 100\%$,即 $[e^{\beta_1}-1] \times 100\% = (e^{1.14}-1) \times 100\% = (3.1268-1) \times 100\% \approx 2.13\%$,后文同理。

7 中国对美出口持续时间的微观机制检验

和余弢，2014），企业为了提高出口产品的国际竞争力，会将资源配置在核心产品和核心市场上（彭国华和夏帆，2013）。

表7-12　产品关联密度对中国企业对美出口风险率的回归结果

变量	企业内产品关联密度对中国对美出口风险率的影响		城市内产品关联密度对中国对美出口风险率的影响		省份内产品关联密度对中国对美出口风险率的影响	
	（1）	（2）	（3）	（4）	（5）	（6）
企业内产品关联密度	7.02*** (60.79)	8.11*** (58.10)				
城市内产品关联密度			1.14*** (27.64)	1.16*** (20.26)		
省份内产品关联密度					-1.45*** (-35.37)	-0.73*** (-12.77)
企业年龄		0.007 (1.27)		-0.005 (-0.84)		-0.004 (-0.79)
企业规模		0.09*** (30.28)		0.07*** (22.92)		0.07*** (23.94)
企业生产率		-0.08*** (-20.31)		-0.09*** (-24.48)		-0.10*** (-25.85)
企业利润率		0.19*** (10.67)		0.19*** (10.94)		0.19*** (11.17)
是否为外资企业		-0.18*** (-25.48)		-0.24*** (-35.50)		-0.26*** (-37.69)
产品是否为差异化产品（rauch分类）		-0.19*** (-16.26)		-0.17*** (-14.48)		-0.15*** (-13.39)
产品是否为中间产品		-0.22*** (-23.21)		-0.24*** (-24.48)		-0.24*** (-24.92)
该产品占企业出口篮子份额		-2.15*** (-189.90)		-2.20*** (-194.72)		-2.21*** (-196.34)

续表

变量	企业内产品关联密度对中国对美出口风险率的影响		城市内产品关联密度对中国对美出口风险率的影响		省份内产品关联密度对中国对美出口风险率的影响	
	(1)	(2)	(3)	(4)	(5)	(6)
企业该产品在所在省份的比较优势指数		-0.20*** (-6.11)		-0.30*** (-7.99)		-0.30*** (-8.39)
企业该产品在所在城市的比较优势指数		0.09 (0.84)		0.20 (1.34)		0.10 (0.86)
企业所在省份出口企业数		-0.08*** (-14.81)		-0.12*** (-21.43)		-0.08*** (-12.86)
企业所在城市出口企业数		0.01*** (2.98)		-0.01*** (-2.92)		0.01*** (3.45)
企业出口国家数		-0.10*** (-21.98)		-0.02*** (-5.68)		-0.02*** (-5.86)
企业出口额		-0.26*** (-102.59)		-0.22*** (-90.59)		-0.22*** (-90.96)
企业所在省份该产品出口美国的企业数		-0.09*** (-23.54)		-0.08*** (-21.83)		-0.10*** (-25.48)
企业所在城市该产品出口美国的企业数		0.010 (1.25)		0.004 (1.01)		0.020*** (4.88)
其他国家该产品在美国市场的市场份额		0.21*** (15.79)		0.21*** (15.83)		0.20*** (15.71)
其他国家该产品在美国市场的价格		0.008** (2.43)		0.008** (2.51)		0.007** (2.39)
常数项		5.11*** (99.52)		5.11*** (99.75)		5.02*** (96.78)
年度固定效应	是	是	是	是	是	是
观测值	613777	570243	613777	570243	613777	570243
最大似然值	-376274	-320579	-378105	-322362	-377861	-322486

注：*、** 及 *** 分别表示在 10%、5% 和 1% 的显著性水平，括号内的回归结果为 t 值，并在企业层面进行聚类。以上信息，本章表统同。

此外，控制变量的回归结果也基本符合已有研究结论。企业生产率越高，产品竞争能力越强，企业对美出口风险率越低。企业年龄对企业对美出口持续时间无显著影响。企业规模、企业利润率对中国对美出口持续时间是负向影响，原因可能在于企业规模越大，或者企业利润率越高，越将发生出口市场扩张或者产品扩张，因而企业的产品持续出口到美国市场的时间就会缩短。外资企业由于对国际市场更了解，信息搜寻成本更低，因此对美出口持续时间也会越长。当产品是中间产品时，越将有助于延长中国企业产品出口目的市场的持续时间，原因在于，中间品贸易一般属于产品内贸易，以加工贸易为主要代表的中国产品内贸易发展至今，已经在全球产品内贸易网络中占有举足轻重的地位，因此中国出口到美国市场的产品如果是中间产品，将有助于其出口持续时间的延长。当产品为差异化产品时，由于差异化产品的替代性较低，进口商选择替代的成本较高，从而差异化产品相比同质产品而言，其持续时间更长。

当产品占企业出口篮子份额较大时，有助于中国企业对美出口持续时间的延长，原因可能与企业将更大的财力和人力资源分配于其核心产品有关。企业该产品在所在省份的比较优势指数更大时，该产品对美出口持续时间更长。可能的解释在于，该产品获得的要素禀赋优势与知识溢出效应将更大。但企业该产品在所在城市的比较优势指数对其对美出口持续时间没有显著影响。企业所在省份的出口企业数对企业对美出口持续时间有正向影响，但企业所在城市的出口企业数的影响却为负（在企业内产品关联密度与省份内产品关联密度的影响下），原因与省份内产品关联密度和城市内产品关联密度的影响相反一致。然而，在城市内产品关联密度对中国对美出口风险率的影响估计结果中，企业所在城市的出口企业数与所在省份的出口企业数的影响一致，均为正向影响，原因可能在于，当回归模型控制了城市内产品关联密度变量的影响时，已充分控制了城市内竞争度较高的企业对该企业出口风险率的正向影响，从而所在城市的出口企业数越多时，主要表现为溢出效应使得中国企业对美出口风险率下降，从而促进其出口持续时间的延长。企业出口额与企业出口国家数对企业对美出口持续时间的影响均为正，意味着企业自身的出口经验显著促进了企业对美出口持续时间的延长。企业所在省份该产品出口美国的企业数对美出口持续时间为正，进一步验证了省份内其他企业的出口经验对该企业对美出口持续时间的延长有显著的促进作用。但企业所在城市该产品出口美国的企业数仅在第（6）列结果中显著为正，其他情况无显著影响，原因可能还是与城市内的企业之间的地理邻近带来的竞争效应有关。

其他国家该产品在美国市场的市场份额越大时，中国企业对美出口风险率就会越高，出口持续时间就会越短。其他国家同一产品带来的竞争效应越小，当然越有利于中国对美出口持续时间延长。其他国家该产品在美国市场的价格越高，中国企业对美出口持续时间就会越短。

7.3.2 稳健性检验

7.3.2.1 采用2000年产品邻近度计算产品关联密度

上述基准回归分析都使用中国各年不同的出口数据计算产品邻近度，为了进一步检验结果的稳健性，我们参考吴小康和于津平（2018）的做法，采用样本期间某年固定不变的产品邻近度对产品关联密度进行计算，基于此，本部分以2000年产品邻近度计算产品关联密度，具体结果如表7-13所示。第（1）、（2）列与第（3）列汇报了采用2000年产品邻近度计算得到的各层面产品关联密度对中国对美出口持续时间的稳健性检验结果。结果显示，在1%置信水平下，作为核心解释变量的各层面产品关联密度对中国企业对美出口持续时间均具有显著影响，核心解释变量的估计系数的正负符号和显著性与基准回归估计基本一致。

7.3.2.2 采用全球为参照测算RCA

为避免不同比较优势的衡量方法对回归结果的影响，本部分还采用以全球为参照测算RCA后来检验基准估计结果的稳健性。此处以全球出口的相应产品和出口额为参照来计算各层面产品的比较优势，表7-13的第（4）~（6）列汇报了具体的稳健性检验结果。结果表明本章的基准回归结果依然成立。

表 7-13 稳健性检验结果——改变核心解释变量的测度方法

变量	采用各年产品邻近度计算各层面产品关联密度（以 2000 年数据为基础计算邻近度）			采用各年产品邻近度计算各层面产品关联密度（采用全球为参照测算 RCA）		
	(1)	(2)	(3)	(4)	(5)	(6)
企业内产品关联密度	7.70*** (52.40)			7.50*** (53.65)		
城市内产品关联密度		1.19*** (20.15)			1.23*** (22.03)	
省份内产品关联密度			-0.71*** (-12.01)			-0.22*** (-4.19)
年份固定效应	是	是	是	是	是	是
观测值	549061	549061	549061	552253	552253	552253
最大似然值	-308079	-309459	-309590	-309989	-311420	-311654

7.3.2.3 工具变量法估计

在基准回归中，本书的核心解释变量和被解释变量分别为滞后一期的不同地理范围内产品关联密度与当期企业对美出口持续时间，因而在一定程度上有助于减少由于双向因果关系而导致的内生性问题，鉴于研究结论的稳健性，本部分我们与第 6 章的做法一致，借鉴孙天阳等（2018）的思路，以滞后两期的各层面产品关联密度作为工具变量，采用两阶段最小二乘法（2SLS）处理可能存在的内生性问题。首先，根据第一阶段估计系数显示，说明各层面滞后二期产品关联密度与滞后一期的产品关联密度存在较强的相关性；然后，我们还利用弱工具变量检验对所选定的工具变量进行有效性检验，Wald 检验结果均显示在 1% 水平下拒绝了工具变量"弱识别"的原假设，表明以不同地理范围内滞后两期的产品关联密度作为工具变量是有效的。表 7-14 第（1）~（3）列的回归结果显示，企业内产品关联密度、城市内产品关联密度对中国企业对美出口风险率具有正向提升作用，因而对美出口持续时间存在负向影响，但省份内产品关联密度对中国对美出口持续时间存在正向的促进作用，因此估计结果与基准回归无实质性的变化，这说明在考虑了内生性问题后，本章的结论依然可信。

表 7-14　　　　稳健性检验结果——采用工具变量法估计

变量	（1）	（2）	（3）
企业内产品关联密度	4.05*** (42.72)		
城市内产品关联密度		0.36*** (7.95)	
省份内产品关联密度			-0.60*** (-12.22)
各层面滞后二期产品关联密度 （第一阶段估计系数）	0.96*** (1232.78)	1.00*** (1768.69)	0.92*** (1174.23)
Wald 检验	281.31*** (0.000)	7.65*** (0.000)	28.89*** (0.000)
年份固定效应	是	是	是
观测值	344669	344669	344669

7.4　异质性检验分析结果

7.4.1　分不同所有制企业的异质性影响

表 7-15 第（1）~（6）列给出了外资企业和内资企业子样本组的分组回归结果：城市内产品关联密度每增加 1%，外资企业和内资企业对美

7 中国对美出口持续时间的微观机制检验

出口风险率分别提高 1.81% 和 2.39%，而外资企业的企业内产品关联密度的影响系数还不显著，这可能意味着在企业层面产品关联密度对美出口风险率的要素禀赋效应、溢出效应与竞争效应相互抵消。而本章主要探讨的是不同地理范围的产品关联密度对不同所有制企业对美出口的风险率的影响，鉴于省份内产品关联密度对中国企业对美出口风险率为负向影响，对中国企业对美出口持续时间为正向影响，因此我们将重点考察省份内产品关联密度对不同所有制企业对美出口持续时间的影响，表 7–15 中第（3）列与第（6）列中，省份内产品关联密度每增加 1 个百分点，外资企业和内资企业对美出口风险概率则分别提高 0.95% 和下降 0.84%，可能的解释与前文类似，一方面，与外资企业相比，其与国内相关企业的联系较强，对国内相关企业的产品关联密度的依赖程度更高，另一方面，外资企业在生产技术、管理能力、知识存量等各方面通常比内资企业强，所以从其他企业获得的溢出相对有限（Sabirianova et al., 2005），因而，外资企业为溢出效应的传递者，而内资企业为溢出效应的吸收者。综上所述，内资企业的省份内产品关联密度对美出口风险率的影响为负，最终对美出口持续时间的影响为正。

表 7–15　分不同所有制企业对中国企业对美出口风险率的异质性影响

变量	分不同所有制企业					
	外资企业			内资企业		
	（1）	（2）	（3）	（4）	（5）	（6）
企业内产品关联密度	0.76 (1.58)			7.22*** (46.75)		
城市内产品关联密度		1.03*** (12.23)			1.22*** (15.28)	
省份内产品关联密度			0.67*** (8.73)			-1.82*** (-20.11)
年份固定效应	是	是	是	是	是	是
观测值	262654	262654	262654	307588	307588	307588
最大似然值	-154470	-154397	-154433	-164511	-165662	-165828

7.4.2 分不同贸易方式企业的异质性影响

表 7-16 报告了不同贸易方式下不同地理范围的产品关联密度对中国对美出口风险率的影响。从表 7-16 的第（1）、（2）、（4）、（5）列来看，企业内产品关联密度与城市内产品关联密度在不同贸易方式下对中国对美出口风险率均为正向影响，意味着对中国企业对美出口持续时间的影响为负，原因与基准回归的解释基本一致。鉴于省份内产品关联密度对中国企业对美出口风险率的影响为负，因此我们将重点关注省份内产品关联密度对不同贸易方式对美出口风险率的影响。由回归结果可知，一般贸易方式和加工贸易方式下，省份内产品关联密度能显著降低中国企业对美出口风险概率，意味着显著延长了中国企业对美出口持续时间，且两者影响效应几乎无差异，这说明省份内产品关联密度在不同贸易方式下对美出口持续时间均存在显著促进效应。这可能是因为，一方面，加工贸易往往仅是跨国公司全球生产网络的一环，需依靠当地要素禀赋优势和相关产业的支撑，相对于一般贸易企业，加工贸易企业的出口行为更依赖于产品关联密度（孙天阳等，2018）；但另一方面，加工贸易企业多为外资企业，外资企业生产效率一般而言较高，在生产技术、关联能力和知识存量等方面通常比其他企业强，从其他企业获得的溢出相对有限（Sabirianova et al.，2005），因而两种分类下省份内产品关联密度对中国企业对美出口持续时间的促进作用旗鼓相当。

表 7-16　分不同贸易方式对中国企业对美出口风险率的异质性影响

变量	分不同贸易方式					
	一般贸易			加工贸易		
	(1)	(2)	(3)	(4)	(5)	(6)
企业内产品关联密度	12.05 *** (53.23)			2.25 *** (11.93)		

续表

变量	分不同贸易方式					
	一般贸易			加工贸易		
	(1)	(2)	(3)	(4)	(5)	(6)
城市内产品关联密度		0.52*** (7.36)			2.13*** (14.87)	
省份内产品关联密度			-1.23*** (-17.48)			-1.46*** (-9.88)
年份固定效应	是	是	是	是	是	是
观测值	377700	377700	377700	115985	115985	115985
最大似然值	-210041	-211653	-211527	-63703	-63666	-63728

7.4.3 分不同差异化程度产品的异质性影响

差异化产品的替代性较低，进口商选择替代的成本更高，因此差异化产品相比同质产品而言，持续时间将更长（邵军，2011）。为了进一步验证不同差异化产品分类下不同地理范围产品关联密度对中国企业对美出口风险率的异质性影响，本部分使用劳奇（Rauch，1999）的产品分类法将产品分为差异性产品和同质性产品。具体回归结果如表7-17所示，由回归结果可知，首先，企业内产品关联密度与城市内产品关联密度对差异化产品和同质化产品对美出口风险率均呈现正向影响，意味着阻碍了中国企业对美出口持续时间的延长，原因与基准回归基本一致。对于省份内产品关联密度，其对差异化产品对美出口风险率存在显著的负向影响，意味着显著降低了差异化产品的对美出口风险率，但对同质化产品对美出口风险率的影响则不显著，其原因与差异化产品分类下省份内产品关联密度更能促进中国企业对美出口产品扩张的原因基本一致，一方面，差异化产品由于其替代性较弱，因此遭遇的省份内其他关联度较高产品的竞争效应较小，因此省份内产品关联密度对其出口持续时间的促进作用更大；从另一方面来说，与同质性产品相比，差异性产品的生产和出口更复杂，存在更多的不确定性因素,因而其对产品关联密度的依赖更大。所以,差异化产品分类下省份内产品关联密度能显著促进对中国企业对美出口持续时间的延长,但对同质化产品的对美出口持续时间的影响并不显著。

表7-17　分差异化程度产品对中国企业对美出口风险率的异质性影响

变量	分不同产品差异化程度分类					
	差异化产品			同质化产品		
	(1)	(2)	(3)	(4)	(5)	(6)
企业内产品关联密度	7.98*** (55.45)			10.44*** (16.04)		
城市内产品关联密度		1.12*** (18.75)			1.30*** (6.24)	
省份内产品关联密度			-0.82*** (-13.72)			-0.15 (-0.68)
年份固定效应	是	是	是	是	是	是
观测值	518041	518041	518041	52195	52195	52195
最大似然值	-291593	-292908	-292990	-28893	-29041	-29061

7.5　作用机制检验

在前文理论机制分析部分,我们认为产品关联可能通过要素禀赋、知识溢出与市场竞争渠道影响中国企业对美出口持续时间。根据基准回归结果分析,本书的基本结论是企业的省份内产品关联密度显著促进了企业对美出口持续时间延长,那么这种影响效应是否可通过要素禀赋、知识溢出与市场竞争渠道来实现呢?因此,本章与第6章做法一致,将通过构建中介效应模型进一步识别其背后可能的作用机制。具体的中介效应模型如下:

$$\Pr(F_{fnit}=1) = \alpha_0 + \alpha_1 density^p_{fit-1} + \alpha_2 D_{ft} + \alpha_3 \lambda_{it} + \alpha_4 S_{fit-1} + \nu_t + \varepsilon_{fit}$$

$$(7-8)$$

7 中国对美出口持续时间的微观机制检验

$$mv_{fnit} = \beta_0 + \beta_1 density^p_{fit-1} + \beta_2 D_{ft} + \beta_3 \lambda_{it} + \beta_4 S_{fit-1} + \nu_t + \varepsilon_{fit} \quad (7-9)$$

$$\Pr(F_{fnit} = 1) = \delta_0 + \delta_1 density^p_{fit-1} + \delta_2 M_{fnit} + \delta_3 D_{ft} + \delta_4 \lambda_{it} + \delta_5 S_{fit-1} + \nu_t + \varepsilon_{fit} \quad (7-10)$$

式（7-9）和式（7-10）中的 mv_{fnit} 为中介变量，表示要素禀赋（endowment）、知识溢出（spillover）与市场竞争（competition）。关于中介变量、核心解释变量和控制变量的度量均与第6章一致。

在中介效应检验中，我们在所有的回归中均添加了年份固定效应。表7-18和表7-19分别报告了总体效应和作用机制的估计结果。表7-18第（1）~（2）列均为省份内产品关联密度对中国企业对美出口持续时间的影响效应，不同之处在于三种作用机制检验下样本量不同。由于要素禀赋和市场竞争效应机制检验的样本数一样，因此，第（1）列为要素禀赋与市场竞争效应的总体检验结果，第（2）列为知识溢出效应的总体检验结果。结果显示，第（1）列和第（2）列系数 α_1 检验结果均显著，即省份内产品关联密度显著促进了中国企业对美出口持续时间的延长。

表7-18   总体效应检验

变量	(1)	(2)
省份内产品关联密度	-0.825*** (-11.5)	-0.730*** (-12.77)
控制变量	是	是
年份固定效应	是	是
观测值	400446	570243
Pseudo R^2	0.187	0.176

表7-19   作用机制检验

变量	要素禀赋效应		知识溢出效应		市场竞争效应	
	(1) 要素禀赋	(2) 对美出口风险率	(3) 知识溢出	(4) 对美出口风险率	(5) 市场竞争	(6) 对美出口风险率
省份内产品关联密度	3.798*** (86.90)	-0.665* (-9.20)	0.025 (1.35)	-0.730*** (-12.78)	5.259*** (147.13)	-0.593*** (-8.06)

续表

变量	要素禀赋效应		知识溢出效应		市场竞争效应	
	(1) 要素禀赋	(2) 对美出口风险率	(3) 知识溢出	(4) 对美出口风险率	(5) 市场竞争	(6) 对美出口风险率
要素禀赋		-0.050*** (-18.13)				
知识溢出				-0.053*** (-13.29)		
市场竞争						-0.046*** (-13.92)
控制变量	是	是	是	是	是	是
年份固定效应	是	是	是	是	是	是
观测值	400446	400446	570243	570243	400446	400446
R^2/Pseudo R^2	0.337	0.187	0.139	0.177	0.344	0.187
sobel 检验	β_1 与 δ_2 均显著，无需 sobel 检验		β_1 不显著，δ_2 显著，进一步采用 sobel 检验		β_1 与 δ_2 均显著，无需 sobel 检验	
中介效应	显著		显著		显著	
中介效应/总效应	-43.94%		2.20%		-68.00%	

三类作用机制的检验结果如表 7-19 所示。第（1）列和第（2）列为要素禀赋机制的检验结果，系数 β_1 与 δ_2 的估计结果在 1% 水平下均显著，无需进行 sobel 检验，说明要素禀赋效应的中介效应成立。第（3）列和第（4）列对应知识溢出效应的估计结果，回归系数 β_1 为正，但不显著，估计系数 δ_2 在 1% 置信水平下显著为负，进一步的 sobel 检验结果显著，说明知识溢出的中介效应成立。第（5）列和第（6）列对应市场竞争效应的估计结果，结果显示系数 β_1 与 δ_2 的估计结果在 1% 的置信水平下均显著，无需进行 sobel 检验，这说明市场竞争对于中国企业对美出口持续时间的中介效应同样成立。

进一步地，我们考察了以上三个中介渠道占总效应的比重，其中，要素禀赋机制的中介效应占总效应的比重约为 -43.94%，知识溢出机制的中介效应占比约为 2.20%，市场竞争机制的中介效应占比约为 -68.00%，这一定程度上说明省份内产品关联密度对中国企业对美出口持续时间的促进效应很大程度上是通过要素禀赋机制与市场竞争机制实现。并且，要素禀赋和市场竞争对中国企业对美出口风险率的作用机制为负向，意味着对中国企业对美出口持续时间的作用机制为正向，说明省份内产品关联密度通过要素禀赋和市场竞争机制显著促进了中国企业对美出口持续时间的延长。但知识溢出机制的结果刚好相反，意味着省份内产品关联密度通过知识溢出机制反而缩短了中国企业对美出口持续时间，原因与第6章作用机制部分的解释一致。当然，省份内产品关联密度对中国企业对美出口持续时间的促进作用除了以上三种影响渠道外，还可能通过其他路径实现，但鉴于篇幅所囿，本章将不再进行分析。

8 中国对美出口产品质量的微观机制检验

8.1 中国对美出口产品质量的统计探测结果

8.1.1 数据来源及变量测度

8.1.1.1 数据来源

本章使用的数据来源主要有三个，分别为 2000~2012 年 UN Comtrade 数据库、2000~2013 年中国海关数据库和 2001~2013 年中国工业企业数据库。

对于数据库的使用和匹配，主要处理如下：首先，利用 UN Comtrade 数据库中全球 HS06 分位层面的产品出口数据测算 2000~2012 年各年产品间的邻近度，在此基础上，利用中国海关数据库测算了 2000~2012 年"企业－产品"层面的产品关联密度；其次，参考施炳展和邵文波（2014）的思路和方法处理了样本期内中国海关数据库中国对美的出口数据，具体如下：将月度数据加总成年度数据，将 HS08 分位加总成 6 位码的数据，将 HS96、HS07、HS12 转换成 HS02 层面数据，删除企业名称、出口地名称、计量单位或产品名称缺失的样本，删除贸易中间商企业，删除非制造业样本、删除初级产品和资源类产品以及同质化产品数据，剔除产品层面样本量少于 100 的样本，剔除同种产品下非最大计量单位的样本，剔除只对一个国家出口的企业样本,据此测度"企业-产品"层面的中国制造业企业对美出口产品质量;最后,关于企业层面控制变量的数据来源于中国工业企业数据库,先剔除缺失企业名称、企业邮政编码、电话号码等关键性指标缺失的观测值、从业人数小于8人的观测值、明显不符合会计原则的观测值,再对中国海关数据库与中国工业企业数据库按照企业名称匹配方法、电话号码后七位与邮政编码匹配方法分别进行匹配,得到两种匹配方法的并集样本,观测值样本共有373572个,其中,企业数为53360家,出口产品数为2105种。

8.1.1.2 模型构建

本书旨在考察不同地理范围内产品关联密度对中国制造业企业对美出口产品质量的影响,据此我们设定如下计量模型进行估计:

$$qua_{fict} = \alpha_0 + \alpha_1 density_{fit-1} + \alpha_2 D_{ft-1} + \alpha_3 X_{jt-1} + \nu_f + \nu_t + \nu_{ic} + \varepsilon_{fict}$$

$$(8-1)$$

式(8-1)中,qua_{fict}是被解释变量,表示企业f在t年出口产品i到美国c的出口产品质量,其中,f表示企业,i为HS06分位产品,c表示出口目的国美国,t表示年份。$density_{fit-1}$为核心解释变量,表示滞后一期的企业内产品关联密度;D_{ft-1}表示滞后一期的企业层面控制变量;X_{jt-1}表示滞后一期的行业层面控制变量;ν_f、ν_t和ν_{ic}分别表示企业固定效应、年份固定效应和产品固定效应;ε_{fict}为误差项。同时,由于可能存在的异方差和自相关等问题的影响,本章所有回归均在企业层面进行聚类。另外,为了考察不同地理范围内产品关联密度对企业对美出口产品质量影响的差异性,基准回归分析部分还将探讨城市内产品关联密度与省份内产品关联密度对中国制造业企业对美出口产品质量的影响,其计量模型除核心解释变量产品关联密度不同之外,其他控制变量、固定效应的控制以及聚类层面均与式(8-1)一致。

8.1.1.3 变量测度及说明

(1)被解释变量

本章参照坎德维尔等(Khandelwal et al.,2013)的做法,以CES效应函数来对出口产品质量进行测度，并构建如式（8-2）产品的需求函数：

$$\theta_{fict} = p_{fict}^{-\sigma} q_{fict}^{\sigma-1} P_{ct}^{\sigma-1} Y_{ct} \qquad (8-2)$$

式（8-2）中，θ_{fict}、q_{fict} 和 p_{fict} 分别表示在 HS06 分位上，企业 f 在 t 年出口产品 i 到出口目的国的数量、质量和价格；P_{ct} 为出口目的国在 t 年的价格指数；Y_{ct} 表示出口目的国在 t 年的消费总支出；σ 表示不同产品间的替代弹性。对式（8-2）取自然对数，得到式（8-3）：

$$\ln\theta_{fict} + \sigma\ln p_{fict} = \gamma_i + \gamma_{ct} + \varepsilon_{fict} \qquad (8-3)$$

在式（8-3）中，γ_i 和 γ_{ct} 分别表示产品固定效应与目的国-年份固定效应，其中，目的国-年份固定效应可以控制式（8-2）中出口目的国的价格指数与出口目的国消费总支出的差异；ε_{fict} 为包含了出口产品质量的残差。为减少水平差异产品种类带来的影响，我们在式（8-3）中添加了表示国内市场需求规模的各省份实际 GDP，然后再对式（8-3）进行OLS估计，从而得到残差估计值 $\hat{\varepsilon}_{fict}$ 和"企业-产品-目的国-年份"层面的出口产品质量。具体如式（8-4）所示：

$$\ln\hat{q}_{fict} = \frac{\hat{\varepsilon}_{fict}}{\sigma - 1} \qquad (8-4)$$

其中，式（8-4）中 σ 的取值参考布罗达和温斯坦（Broda and Weinstein，2006）的研究并与其一致。此外，为便于比较和加总分析，本书还对式（8-4）进行标准化处理：

$$qua_{fict} = \frac{\ln\hat{q}_{fict} - \min\ln\hat{q}_{fict}}{\max\ln\hat{q}_{fict} - \min\ln\hat{q}_{fict}} \qquad (8-5)$$

式（8-5）中的 max 和 min 分别表示在产品层面所有企业所有年份出口该产品到所有国家的出口产品质量的最大值和最小值。

（2）控制变量

企业层面的控制变量主要包括企业年龄（$lnage$），用企业当期年份减去企业开业年份的自然对数表示；企业规模（$lnfix$），本章使用企业总资产变量的自然对数来表示；资金约束（$constri$），采用企业流动性来表征，其中企业流动性等于企业流动资产与企业流动负债之差与企业总资产的比值；企业所有制性质（type1、type2 和其他企业），根据企业所有制性质来分，主要可以划分为外资企业（type1）、国有企业（type2）及其他企业等，我们为这些类型企业赋值为"0-1"的虚拟变量，如果一类企业的赋值为1时，其他类型企业的虚拟变量则为0；贸易类型（tradetype1、tradetype2 和混合贸易企业），企业贸易类型主要有三类，即一般贸易企业（tradetype1）、加工贸易企业（tradetype2）和混合贸易企业，本章为三类企业分别赋值为"0-1"的虚拟变量，当为相应类别企业赋值为1，其他则取值为0。行业层面控制变量包括行业规模（lniv），利用企业的实际增加值在行业层面加总后取自然对数表征；行业竞争程度（hhi），本书采用赫芬达尔指数来表征行业层面的市场竞争强度，用CIC4位码行业层面企业销售额的平方和表示。企业层面和行业层面控制变量均滞后一期。具体变量名称及定义如表8-1所示。

表8-1　　　　　　　　　　　变量名称及定义

变量	符号	定义
OLS测度出口产品质量	$qua1$	通过OLS方法回归计算的出口产品质量
工具变量法测度出口产品质量	$qua2$	通过工具变量法回归计算的出口产品质量
省份内产品关联密度	$density_{fip}$	表示企业f的出口产品i与其生产的其他产品的平均关联密度
城市内产品关联密度	$density_{fiu}$	企业f的出口产品i与所在城市k内其他具有比较优势产品的平均关联密度
企业内产品关联密度	$density_{fi}$	企业f的出口产品i与所在省份l内其他具有比较优势产品的平均关联密度
是否为外资企业	type1	是外资企业取值为1，否则为0
是否为国有企业	type2	是国有企业取值为1，否则为0
企业年龄	lnage	企业当期年份减去企业开业年份的自然对数

续表

变量	符号	定义
企业规模	lnfix	企业总资产变量的自然对数
资金约束	constri	企业流动资产与企业流动负债之差与企业总资产的比值
是否为一般贸易企业	tradetype1	是一般贸易企业取值为1，否则为0
是否为加工贸易企业	tradetype2	是加工贸易企业取值为1，否则为0
行业规模	lniv	企业的实际增加值在行业层面加总后取自然对数
行业竞争程度	hhi	采用企业销售额所占CIC4位码行业层面销售额比重的平方和

表8-2汇报了各变量的描述性统计结果。从表中可以发现，在373572个样本观测值中，采用OLS估计和工具变量法测算得到的中国制造业企业对美出口产品质量的均值分别为0.500和0.503，差异不大。鉴于本章的核心解释变量为省份内产品关联密度、城市内产品关联密度以及企业内产品关联密度，为了节省篇幅，以下仅对核心解释变量的描述性统计结果进行解释，在各层面产品关联密度的统计结果上，省份内产品关联密度、城市内产品关联密度和企业内产品关联密度的均值分别为0.306、0.135与0.008，三者均值呈现依次递减。省份内产品关联密度大于城市内产品关联密度，原因在于省份内产品关联密度的定义包含城市内产品关联密度，而企业内产品关联密度之所以较小的原因在于企业内生产的产品类型相比城市内和省份内而言要小得多，从而加权求和得到的平均关联度就会较小。其他变量的描述性统计结果如表8-2所示。

表8-2　　　　　　　　各变量的描述性统计

变量	观测值	均值	标准差	最小值	最大值
OLS测度出口产品质量	373572	0.500	0.179	0.000	1.000
工具变量法测度出口产品质量	373572	0.503	0.179	0.000	1.000

续表

变量	观测值	均值	标准差	最小值	最大值
省份内产品关联密度	373572	0.306	0.065	0.015	0.436
城市内产品关联密度	373572	0.135	0.064	0.001	0.360
企业内产品关联密度	373572	0.008	0.014	0.000	0.261
外资企业	373572	0.272	0.445	0.000	1.000
国有企业	373572	0.343	0.475	0.000	1.000
企业年龄	373572	2.118	0.646	0.000	4.615
企业规模	373572	9.226	1.871	0.000	18.760
资金约束	373572	0.012	0.629	-25.410	10.760
一般贸易	373572	0.347	0.476	0.000	1.000
加工贸易	373572	0.301	0.458	0.000	1.000
行业规模	373572	17.940	2.804	9.219	24.810
行业竞争程度	373572	0.017	0.033	0.001	0.988

8.1.2 核心解释变量的统计探测结果

我们先汇报了本书核心解释变量——不同地理范围的产品关联密度对中国企业对美出口产品质量影响的探测结果,结果如表8-3所示。其中,企业内产品关联密度和城市内产品关联密度中位数以下(取值0)的"企业-产品"对美出口产品质量的均值均要大于中位数以上(取值1)的"企业-产品"的均值,并且,企业内产品关联密度分类下的均值之差更大,但是省份内产品关联密度分类下的统计探测结果则截然相反,省份内产品关联密度中位数以上的"企业-产品"对美出口产品质量的均值要略大于中位数以下的"企业-产品",意味着"企业-产品"层面的省份内产品关联密度越大,其对美产品出口质量越大,以上仅为统计探测结果,"企业-产品"层面不同地理范围内的产品关联密度对美出口产品质量的影响还有待于后文的计量回归分析进一步验证。

表 8-3　不同地理范围的产品关联密度对中国对美出口产品质量影响的统计探测结果

分类标准	按中位数分类	均值	标准差
企业内产品关联密度分类（rela_qy）	0	0.520	0.175
	1	0.481	0.180
总计		0.500	0.179
城市内产品关联密度分类（rela_ci）	0	0.502	0.180
	1	0.498	0.177
总计		0.500	0.179
省份内产品关联密度分类（rela_pro）	0	0.500	0.182
	1	0.501	0.175
总计		0.500	0.179

资料来源：根据中国海关数据库数据整理得到。

8.1.3　其他定性变量的统计探测结果

为进一步探讨不同层面产品关联密度对中国制造业企业对美出口产品质量的影响效应，本章对定性变量分类下（企业性质分类和贸易类型）对美出口产品质量进行统计探测，可为后文回归分析提供参考。

表 8-4 汇报了各定性变量分类下中国制造业企业对美出口产品质量的统计探测结果：首先，从企业性质来看，国有企业的对美出口产品质量最低，外资企业的对美出口产品质量略高于国有企业，除外资企业和国有企业之外的其他企业的对美出口产品质量最高。其次，从贸易类型来看，混合贸易企业的对美出口产品质量最高，加工贸易企业次之，一般贸易企业的对美出口产品质量最低。

8 中国对美出口产品质量的微观机制检验

表8-4 中国制造业企业对美出口产品质量的定性变量统计探测结果

分类标准	具体分类	均值	标准差
企业性质 （type）	国有企业	0.496	0.175
	外资企业	0.501	0.176
	其他企业	0.503	0.183
总计		0.500	0.179
贸易类型 （tradetype）	加工贸易企业	0.503	0.189
	一般贸易企业	0.492	0.163
	混合贸易企业	0.505	0.183
总计		0.500	0.179

8.1.4 其他定量变量的统计探测结果

参照第6章和第7章的做法，本部分也将定量变量划分为两类，具体如下：当定量变量大于等于中位数则取值为1，中位数以下取值为0，以下为各定量变量在中位数以上和中位数以下两种分类下中国制造业企业对美出口产品质量的平均值和标准差。

表8-5汇报了企业层面和行业层面各变量分类下对美出口产品质量的统计探测结果，其中，企业年龄分类下，年龄在中位数以上企业的对美出口产品质量均值要大于中位数以下的均值，说明企业年龄越大的企业对美出口产品质量更高。企业规模分类下，规模在中位数以上的企业对美出口产品质量均值大于中位数以下的企业，同样说明企业规模越大，对美出口产品质量越高。资金约束分类下，资金约束在中位数以上的企业对美出口产品质量略低于中位数以下的企业，意味着资金约束越大的企业对美出口产品质量越低。行业规模分类下，行业规模在中位数以上的行业对美出口产品质量小于中位数以下的企业，说明规模越大的行业对美出口产品质量越低。最后，行业竞争程度分类下，竞争程度在中位数以上的行业对美出口产品质量低于中位数以下的行业，意味着行业竞争程度越大，其对美出口产品质量越低。但以上企业层面和行业层面定量变量对中国对美出口

产品质量的影响效应还需通过回归分析进一步验证。

表 8-5　中国对美出口产品质量的定量变量统计探测结果

分类标准	按中位数分类	均值	标准差
企业年龄（lnage）	0	0.499	0.174
	1	0.501	0.184
总计		0.500	0.179
企业规模（lnfix）	0	0.492	0.165
	1	0.508	0.191
总计		0.500	0.179
资金约束（constri）	0	0.501	0.177
	1	0.499	0.180
总计		0.500	0.179
行业规模（lniv）	0	0.504	0.182
	1	0.496	0.175
总计		0.500	0.179
行业竞争程度（hhi）	0	0.508	0.169
	1	0.492	0.187
总计		0.500	0.179

8.2　实证检验与结果分析

8.2.1　基准回归结果

本书利用基准回归模型式（8-1）考察了不同地理范围内产品关联密度对中国制造业企业对美出口产品质量的影响效应，基准回归结果如表8-6所示。其中，第（1）列和第（2）列为企业内产品关联密度对企业对美出口产品质量影响效应的估计结果，第（3）列和第（4）列为城市内产品关联密度的估计结果，第（5）列和第（6）列为省份内产品关联密度的估计结果，在第（1）、（3）列与第（5）列中我们未加入任何控制变量，而第（2）、（4）列与第（6）列则添加了滞后一期的行业层面和企业层面控制变量，同时第（1）~（6）列均控制了企业固定效应、年份固定效应和产品固定效应。第（1）列和第（2）列结果显示，无论是否加入控制变量，企业内产品关联密度对中国制造业企业对美出口产品质量均呈显著抑制作用。其原因可能是，一方面，在一定的资金约束下，企业会将资源配置在核心产品和市场上以增强其出口产品的国际竞争力（彭国华和夏帆，2013），意味着企业内产品关联密度越高，企业内相关产品对于市场和要素竞争越激烈，为了提高企业核心产品出口竞争力，企业会减少关联非核心产品的资源投入，另一方面，由于产品之间只有在认知距离合适的条件下才能产生有效的技术溢出（贺灿飞等，2017），而企业内产品之间过高的关联密度可能不利于技术溢出机制的发挥，从而表现出企业内产品关联密度阻碍了对美出口产品质量的升级。第（3）列和第（5）列的结果表明，在未添加控制变量的条件下，城市内产品关联密度和省份内产品关联密度均对企业出口产品质量的影响效应在1%的置信水平上显著为正，在第（4）列和第（6）列加入各层面控制变量后，城市内产品关联和省份内产品关联的影响效应依然显著为正。综上所述，不同地理范围内产品关联密度均显著影响了中国制造业企业对美出口产品质量。其中，企业内产品关联密度显著抑制了企业对美出口产品质量的升级，而城市内产品关联密度和省份内产品关联密度对中国制造业企业对美出口产品质量升级产生了显著的促进作用，且城市内产品关联密度对企业对美出口产品质量的促进作用要大于省份内产品关联密度。这可能是由于产品关联更紧密的企业之间的地理邻近有助于知识和经济资源的共享，位于一定地理范围内的企业可以比其他企业更容易地获取创新所需的投入要素和技术知识，从而使得城市内产品关联密度较之省份内产品关联密度获得更多的技术溢出，享受关联企业集聚所带来的生产要素优势。

表8-6　　产品关联密度与中国对美出口产品质量的回归结果

变量	企业内产品关联密度对中国对美出口产品质量影响效应		城市内产品关联密度对中国对美出口产品质量影响效应		省份内产品关联密度对中国对美出口产品质量影响效应	
	(1)	(2)	(3)	(4)	(5)	(6)
企业内产品关联密度	-0.624*** (-4.31)	-0.630*** (-4.29)				
城市内产品关联密度			0.144*** (5.11)	0.147*** (5.24)		
省份内产品关联密度					0.100*** (4.73)	0.100*** (4.78)
外资企业		0.001 (0.35)		0.001 (0.55)		0.001 (0.70)
国有企业		-0.004 (-0.97)		-0.004 (-1.05)		-0.004 (-1.00)
企业年龄		-0.002 (-1.33)		-0.002 (-1.53)		-0.002 (-1.34)
企业规模		0.002*** (5.57)		0.002*** (5.45)		0.002*** (5.27)
资金约束		0.000 (0.12)		0.000 (0.43)		-0.000 (-0.09)
一般贸易企业		0.000 (0.30)		0.000 (0.24)		0.000 (0.15)
加工贸易企业		0.001 (0.50)		0.001 (0.21)		0.002 (0.65)
行业规模		-0.001 (-1.37)		-0.001 (-1.50)		-0.001 (-1.53)
行业竞争程度		0.018 (0.88)		0.019 (0.93)		0.018 (0.89)

续表

变量	企业内产品关联密度对中国对美出口产品质量影响效应		城市内产品关联密度对中国对美出口产品质量影响效应		省份内产品关联密度对中国对美出口产品质量影响效应	
	(1)	(2)	(3)	(4)	(5)	(6)
常数项		0.505*** (35.79)		0.482*** (33.53)		0.473*** (31.58)
年度固定效应	是	是	是	是	是	是
产品固定效应	是	是	是	是	是	是
企业固定效应	是	是	是	是	是	是
观测值	359454	359454	359454	359454	359454	359454
R^2	0.393	0.393	0.393	0.393	0.393	0.393

注：*、** 及 *** 分别表示在10%、5%和1%水平下的显著，括号内的值为t值。以上信息，本章表统同。另外，值得说明的是，由于采用reghdfe回归估计，系统已自动剔除了14118个观测值，导致描述性统计结果的观测值样本与回归估计样本不一致。

8.2.2 稳健性检验

8.2.2.1 采用工具变量法计算出口产品质量

在基准回归模型中我们采用OLS估计方法对企业出口产品质量进行了估计，但如果直接使用OLS估计可能会因水平差异产品种类和价格内生性问题而导致估计结果偏误。因此，为保证结果的稳健性，我们考虑了价格内生性可能导致的估计偏误，参照施炳展和邵文波（2014）的做法，采用企业f对其他出口目的国出口产品i的平均价格作为该企业f对c国出口产品i价格的工具变量，在此基础上再对式（8-3）进行估计，进而得到标准化处理的企业对美出口产品质量。估计结果如表8-7第（1）~（3）列所示，不同地理范围内产品关联密度对中国制造业企业对美出口产品质量的影响系数在1%置信水平上仍然显著，其中，企业内产品关联密度显著抑制了中国制造业企业对美出口产品质量的升级，城市内产品关联密度与省份内产品关联密度则对企业对美出口产品质量升级存在显著的促进作用，其结果与基准回归基本一致，本章的结论通过了稳健性检验。

表 8-7　　　　　　　　　　　　稳健性检验 1

变量	采用工具变量法计算出口产品质量			采用各年邻近度计算产品关联密度			进一步控制企业研发效率与企业生产率变量		
	(1)	(2)	(3)	(4)	(5)	(6)	(7)	(8)	(9)
企业内产品关联密度	-0.630*** (-4.27)			-0.643*** (-4.61)			-0.547*** (-2.49)		
城市内产品关联密度		0.152*** (5.43)			0.154*** (5.93)			0.243*** (4.15)	
省份内产品关联密度			0.096*** (4.69)			0.098*** (5.15)			0.113*** (2.91)
企业固定效应	是	是	是	是	是	是	是	是	是
年份固定效应	是	是	是	是	是	是	是	是	是
产品固定效应	是	是	是	是	是	是	是	是	是
观测值	359454	359454	359454	374116	374116	374116	137239	137239	137239
R^2	0.392	0.392	0.392	0.401	0.401	0.401	0.433	0.433	0.433

8.2.2.2　采用各年邻近度计算的产品关联密度

本章基准回归分析部分的各层面产品关联密度均在 2000 年的产品邻近度基础上进行测度，2000 年的产品邻近度仅采用 2000 年的全球出口数据进行计算，由于本研究的样本期为 2000～2013 年，在此期间产品邻近度可能会因生产技术和需求偏好的变化而发生改变（吴小康和于津平，2018），因此，为了结论的稳健性，我们将以全球所有国家各年不同的出口数据重新计算产品邻近度，进而测度不同地理范围内的产品关联密度，最后在此基础上考察不同地理范围内的产品关联密度对中国制造业企业对美出口产品质量升级的影响效应。结果如表8-7第(4)~(6)列所示，不同地理范围内产品关联密度的估计系数在1%水平下依然显著，且系数大小及方向与基准回归结果基本一致。

8.2.2.3 进一步控制企业研发效率与企业生产率变量

本章基准回归部分为了尽可能保证数据的时效性，采用了2000~2012年工业企业数据，2008~2012年这一样本期内工业企业数据缺乏研发、生产率等变量测算的关键数据，例如从业人数、研究开发费用以及无形资产数据等，因而基准回归分析部分未考虑以上关键控制变量的影响。为了验证结果的稳健性，本书采用2000~2007年工业企业库与中国海关库的匹配数据，进一步控制企业研发效率与生产率变量对企业出口产品质量的影响。参考苏丹妮等（2018）以及许和路（Xu and Lu，2009）的做法，采用企业无形资产在总资产中的比重来衡量研发效率。企业生产率则通过LP方法估计的全要素生产率进行表征，估计结果如表8-7第（7）~（9）列所示，不同地理范围内的产品关联密度对中国制造业企业对美出口产品质量的影响系数和显著性没有实质性的改变。

8.2.2.4 采用省份层面和城市层面聚类

由于本章核心解释变量分别为企业内产品关联密度、城市内产品关联密度和省份内产品关联密度，为了进一步验证本章基准回归分析结果的稳健性，也出于城市相比省份分类更细化的考虑，本书在企业内产品关联密度对企业出口产品质量影响的模型中将企业层面聚类替换为城市层面聚类。另外，在城市内产品关联密度、省份内产品关联密度对企业出口产品质量影响的模型中分别将企业层面聚类替换为城市层面聚类与省份内层面聚类，结果如表8-8第（1）~（3）列所示。企业内产品关联密度、城市内产品关联密度与省份内产品关联密度的估计系数与显著性均与本章基准回归结果基本一致。

表8-8　　　　　　　　　　　稳健性检验2

变量	采用省份层面和城市层面聚类			采用工具变量法估计		
	(1)	(2)	(3)	(4)	(5)	(6)
企业内产品关联密度	-0.630*** (-3.88)			-0.942*** (-3.09)		
城市内产品关联密度		0.147*** (4.51)			0.256*** (4.40)	
省份内产品关联密度			0.098*** (2.99)			0.246*** (4.98)
企业固定效应	是	是	是	是	是	是
年份固定效应	是	是	是	是	是	是
产品固定效应	是	是	是	是	是	是
观测值	359454	359454	359454	276622	276622	276622
R^2	0.393	0.393	0.393	—	—	—

8.2.2.5　工具变量法估计

在基准回归中，本部分的解释变量和被解释变量分别为滞后一期的不同地理范围内产品关联密度与当期企业对美出口产品质量，因而在一定程度上有助于减少由于双向因果关系而导致的内生性问题，但是为了研究结论的稳健性，我们进一步借鉴孙天阳等（2018）的思路，以滞后两期产品关联密度作为工具变量，采用两阶段最小二乘法（2SLS）处理可能存在的内生性问题。同时，我们还利用不可识别检验和弱工具变量检验对所选定的工具变量进行有效性检验，结果显示在1%水平下拒绝了工具变量识别不足及弱工具变量问题，表明以不同地理范围内滞后两期的产品关联密度作为工具变量是有效的。表8-8第（4）~（6）列的回归结果显示，不同地理范围内的产品关联密度对我国制造业企业对美出口产品质量的估计结果与基准回归无明显变化，这说明在考虑了内生性问题后，本章的基准回归结论依然可信。

8.3 异质性检验分析结果

在本部分,我们将进一步从贸易方式、企业所有制性质和企业所在地区进行样本分类,分别考察企业内产品关联密度、城市内产品关联密度以及省份内产品关联密度对中国制造业企业对美出口产品质量的异质性影响。

8.3.1 分不同贸易类型企业的回归结果

本部分参照唐和张(Tang and Zhang,2012)的做法,将贸易方式划分为一般贸易企业和加工贸易企业两类样本进行估计,具体结果如表8-9所示,每列均添加了各层面控制变量、企业固定效应、年份固定效应以及产品固定效应。首先,就一般贸易和加工贸易的样本数而言,一般贸易的样本数要多于加工贸易。其次,从企业内产品关联密度对二者的估计结果来看[第(1)列和第(2)列所示],一般贸易企业的企业内产品关联密度越高将抑制其对美出口产品质量提升,但对加工贸易企业而言影响不显著。原因可能在于,加工贸易企业主要为从国外进口原料、材料或零件,利用本国劳动力加工成成品后复出口的企业,因此不会为了提高企业核心产品出口竞争力,从而减少关联非核心产品的资源投入,也将不会抑制其对美出口产品质量提升。然后,从城市内产品关联密度对二者的估计结果来看[第(3)列和第(4)列所示],城市内产品关联密度对两类不同贸易方式企业的影响系数均显著为正,并且系数大小非常接近,严格意义上加工贸易方式下城市内产品关联密度的估计系数稍大一些,这意味着城市内产品关联密度更有助于提高加工贸易制造业企业对美出口产品质量。对此,我们认为原因可能在于,相互关联的大量加工贸易企业集聚在同一地区,导致知识溢出效应或者"干中学"效应更能充分发挥作用,从而创新激励更加明显(龙飞扬和殷凤,2019),进而对企业对美出口产品质量升级的作用更显著。最后,比较了省份内产品关联密度对一般贸易企业和加工贸易企业对美出口产品质量的影响［第（5）列和第（6）列所示］，我们发现，省份内产品关联密度对两类不同贸易方式企业的影响系数均显著为正，并且系数大小非常接近，加工贸易企业分类下的影响略大，原因与城市内产品关联密度的异质性影响一致。

表8-9　　　　　　　　　异质性检验结果——分贸易方式

变量	企业内产品关联密度		城市内产品关联密度		省份内产品关联密度	
	（1）一般贸易	（2）加工贸易	（3）一般贸易	（4）加工贸易	（5）一般贸易	（6）加工贸易
企业内产品关联密度	-0.595*** (-2.51)	-0.336 (-0.80)				
城市内产品关联密度			0.120** (2.23)	0.197*** (3.81)		
省份内产品关联密度					0.124*** (3.07)	0.137*** (3.84)
控制变量	是	是	是	是	是	是
企业固定效应	是	是	是	是	是	是
年份固定效应	是	是	是	是	是	是
产品固定效应	是	是	是	是	是	是
观测值	119723	104020	119723	104020	119723	104020
R^2	0.439	0.498	0.439	0.498	0.439	0.498

8.3.2　分不同所有制企业的异质性影响

考虑到各层面产品关联密度可能对不同所有制企业对美出口产品质量产生不同的影响，我们将样本划分为外资企业和内资企业两类进行异质性检验，表8-10各列分别汇报了外资企业与内资企业子样本组的分组回归结果，每列均添加了各层面控制变量、企业固定效应、产品固定效应及年份固定效应。首先，企业内产品关联密度对外资企业与内资企业的异质性结果显示［第（1）列和第（2）列所示］，仅有内资企业分类下企业内产品关联密度对企业对美出口产品质量的影响显著为负，外资企业分类下影响不显著。外资企业一般多为加工贸易企业，因此原因与加工贸易企业类似。其次，内资企业分类下城市内产品关联密度和省份内产品关联密度的估计系数在1%置信水平上均显著为正，但外资企业分类下两者的影响均不显著［第（3）~（6）列所示］，导致这种现象的原因可能在于，一方面，内资企业在地区政策、产业政策的支持方面以及生产要素的获取、配置等方面比外资企业更有优势，进而更能获得要素禀赋和知识溢出的促进作用；另一方面，相比较而言，外资企业是一个城市或一个省份内主要的知识溢出方，内资企业则为知识溢出的受益方，内资企业更能充分吸收知识溢出效应，因此，内资企业比外资企业更依赖于城市内产品关联密度和省份内产品关联密度，这意味着城市内产品关联密度与省份内产品关联密度更有助于提高我国制造业内资企业对美出口产品质量。

表8-10　　　　　　　异质性检验结果——分企业性质

变量	企业内产品关联密度		城市内产品关联密度		省份内产品关联密度	
	（1）外资企业	（2）内资企业	（3）外资企业	（4）内资企业	（5）外资企业	（6）内资企业
企业内产品关联密度	-0.229 (-0.73)	-0.729*** (-3.78)				
城市内产品关联密度			0.045 (0.89)	0.184*** (5.17)		
省份内产品关联密度					-0.012 (-0.37)	0.147*** (5.46)
控制变量	是	是	是	是	是	是
企业固定效应	是	是	是	是	是	是
年份固定效应	是	是	是	是	是	是
产品固定效应	是	是	是	是	是	是
观测值	92738	258905	92738	258905	92738	258905
R^2	0.459	0.407	0.459	0.407	0.459	0.407

8.3.3 分不同地区企业的异质性影响

我国不同地区的要素禀赋、产业集聚、基础设施、制度建设以及信息化水平差异较大，为了进一步考察不同地理范围内产品关联密度对不同地区制造业企业对美出口产品质量的异质性影响，我们将制造业企业按照所在地域划分为东部地区、中部地区和西部地区样本进行异质性检验，具体结果如表8－11和表8－12所示。表8－11第（1）~（3）列汇报的结果显示，仅有东部地区企业的企业内产品关联密度抑制了对美出口产品质量的提升，中部和西部地区企业的企业内产品关联密度影响不显著。原因可能在于，中部和西部地区企业一方面受到资金约束会将资源配置给核心产品，导致企业内产品关联密度高，但对于非核心产品的资源投入减少，从而从整体角度降低了企业出口产品质量，另一方面，由于中西部企业生产率较低，出口产品种类较少，出口较高关联密度的产品将吸收较多的溢出效应，从而有利于企业出口产品质量提升，因此两种方向的作用最终导致其影响不显著。

表8－11　　异质性检验结果1——分地区

变量	企业内产品关联密度			城市内产品关联密度		
	（1）东部	（2）中部	（3）西部	（4）东部	（5）中部	（6）西部
企业内产品关联密度	-0.609*** (-3.86)	-0.214 (-0.33)	-0.117 (-0.27)			
城市内产品关联密度				0.146*** (4.98)	0.395*** (3.08)	-0.088 (-0.57)
控制变量	是	是	是	是	是	是
企业固定效应	是	是	是	是	是	是
年份固定效应	是	是	是	是	是	是
产品固定效应	是	是	是	是	是	是
观测值	344843	9382	4741	344843	9382	4741
R^2	0.389	0.594	0.640	0.389	0.594	0.640

表 8-12　　　　　　　　异质性检验结果 2——分地区

变量	省份内产品关联密度		
	（1）东部	（2）中部	（3）西部
省份内产品关联密度	0.104*** (4.95)	0.124 (0.84)	0.161 (1.28)
控制变量	是	是	是
企业固定效应	是	是	是
年份固定效应	是	是	是
产品固定效应	是	是	是
观测值	344843	9382	4741
R^2	0.389	0.594	0.640

城市内产品关联密度对东部地区和中部地区制造业企业对美出口产品质量升级表现为显著的促进效应，但城市内产品关联密度对西部地区企业对美出口产品质量升级的影响系数却并不显著。具体结果如表 8-11 第（4）~（6）列所示，对此可能的解释在于：首先，与西部地区相比，我国东部地区和中部地区要素市场发展水平更高，生产要素流动性更好，相关企业更容易通过要素市场和要素共享发挥生产要素的禀赋优势（白俊红和卞元超，2016）；其次，东部和中部地区作为我国主要的出口产业集聚区，企业技术更先进，经验更丰富，企业之间互动交流也更为频繁，大量关联企业聚集在同一地区将有助于培育企业持续学习与技术创新能力（吴小康和于津平，2018；李大为等，2011；苏丹妮等，2018）；此外，由于西部地区的经济发展水平较低，基础设施不完善，制度建设及信息化水平落后，难以享受到城市内产品关联密度所带来的外部经济和技术溢出，因此城市内产品关联密度对其企业对美出口产品质量升级无显著影响。

省份内产品关联密度的异质性影响结果大致与城市内产品关联密度的结果一致，但中部地区企业的省份内产品关联密度对企业对美出口产品质量的影响不显著，具体结果如表 8-12 第（1）~（3）列所示。原因可能在于，省份内产品关联密度测算的地理距离相比城市内产品关联密度要远，由于知识溢出效应的吸收受到地理范围的限制，对制度环境、基础设施、信息化水平要求更高，因此中部地区企业的省份内产品关联密度对企业对美出口产品质量的影响不显著。

8.4　作用机制检验

在前文（第 3 章）理论机制分析部分，我们认为产品关联密度可能通过人力资本提升、技术溢出与中间品质量提升机制影响中国企业出口产品质量。根据基准回归结果分析，本章的基本结论是城市内产品关联密度与省份内产品关联密度显著促进了中国制造业企业对美出口产品质量提升，那么这种影响效应是否可以人力资本提升、技术溢出与中间品质量提升渠道来实现呢？因此，本部分我们将参考黄群慧等（2019）与曹丰和张雪燕（2021）关于机制检验的做法，验证产品关联密度助推制造业企业对美出口产品质量升级的路径。鉴于基准回归结果显示城市内产品关联密度对企业对美出口产品质量的影响效应最大，同时为了节省篇幅，作用机制分析部分仅报告城市内产品关联密度变量对制造业企业对美出口产品质量的影响结果，其他结果备索。

8.4.1　人力资本提升机制

为了验证人力资本提升机制，本部分具体考察企业层面城市内产品关联密度对企业人力资本水平的影响。企业的人力资本水平一般采用研究生以上学历的员工人数占比表征，但工业企业数据库中关于员工的学历结构数据仅有 2004 年的数据，因此我们参考魏浩和李晓庆（2019）的做法，采用自然对数形式的企业人均工资表示人力资本水平，具体而言，企业人均工资等于企业应付工资总和与企业从业人员平均数的比值，为了消除价格波动造成的干扰，我们根据消费价格指数对企业应付工资总和进行了平减。鉴于工业企业数据库 2008～2009 年缺乏企业应付工资总和的数据，本部分的样本区间仅为 2000～2007 年与 2010～2013 年。计量模型如下所示：

$$graduate_{ft} = \delta_0 + \delta_1 density_{ft-1} + \nu_f + \nu_t + \varepsilon_{ft} \qquad (8-6)$$

式（8-6）中的 $graduate_{ft}$ 为企业层面的人力资本水平，$density_{ft-1}$ 为滞后一期的企业层面城市内产品关联密度，采用出口额比重对"企业-产品"层面的城市内产品关联密度加权求和而得。表 8-13 第（1）列的回归结果显示，企业层面城市内产品关联密度对企业人力资本水平有显著正影响，表明企业层面城市内产品关联密度提高，将提升企业人力资本水平。人力资本水平提升又将通过提高企业技术创新速度和技术创新质量以及企业内部的管理运行效率等途径促进企业对美出口产品质量的提升（程锐和马莉莉，2020）。

表 8-13　　作用机制检验结果

变量	人力资本提升机制	技术溢出机制		中间产品质量提升机制
	（1）企业层面人力资本水平	（2）企业层面技术溢出	（3）企业层面研发产出	（4）企业层面进口中间产品质量
城市内产品关联密度	0.314 ** (2.09)	2.322 *** (4.34)	1.369 *** (5.08)	4.833 *** (4.35)
观测值	117159	41802	41802	193421
R^2	0.700	0.818	0.709	0.869

注：每列均控制了企业与年份固定效应，并在企业层面进行聚类。

8.4.2 技术溢出机制

我们具体从企业技术溢出与企业研发产出两方面考察技术溢出机制。首先，我们参照韩峰和柯善咨（2012）以及孙天阳等（2018）的思路和做法，构建企业受城市内其他企业技术溢出的表征指标，如式（8-7）所示：

$$spillover_{fict} = \left[research_{ut} \frac{exp_{icut}}{\sum_{i,c} exp_{ut}} \right] \left[research_{fut} \frac{exp_{ficut}}{\sum_{i,c} exp_{fut}} \right] \frac{1}{region_u}$$

(8-7)

式 (8-7) 中，$research_{ut}$ 与 $research_{fut}$ 分别表示 u 城市在 t 年的研发支出和 f 企业在 t 年的研发支出，exp_{icut} 表示 t 年 u 城市 i 产品在 c 市场的出口额，exp_{ficut} 表示 t 年 f 企业 i 产品在 c 市场的出口额，$\sum_{i,c} exp_{ut}$ 与 $\sum_{i,c} exp_{fut}$ 分别表示 u 城市 t 年的总出口额和 f 企业 t 年的总出口额，$region_u$ 表示 u 城市城区面积。其中，城市研发支出、城区面积与企业研发数据分别来自《中国城市统计年鉴》与《中国工业企业数据库》。在此特别需要强调的是，由于企业研究开发费用、企业从业人数等数据的缺失，技术溢出影响机制的样本区间为 2005~2007 年和 2010 年。在此基础上，我们采用式 (8-8) 验证企业层面城市内产品关联密度对企业受其他企业技术溢出的影响。

$$spillover_{ft} = \lambda_0 + \lambda_1 density_{ft-1} + \nu_f + \nu_t + \varepsilon_{ft} \quad (8-8)$$

式 (8-8) 中，$spillover_{ft}$ 为企业层面受其他企业技术溢出指标，采用出口额比重对"企业-产品-目的市场"层面受其他企业的技术溢出加权求和而得；$density_{ft-1}$ 为滞后一期的企业层面城市内产品关联密度。

其次，我们采用中国工业企业数据库、中国海关数据库与国家知识产权局专利数据库的匹配数据，考察企业层面城市内产品关联密度对企业研发产出的影响，采用企业专利数量总和表征企业研发产出变量。具体的公式如下：

$$patent_{ft} = \mu_0 + \mu_1 density_{ft-1} + \nu_f + \nu_t + \varepsilon_{ft} \quad (8-9)$$

式 (8-9) 中，$patent_{ft}$ 为企业专利数量总和的自然对数，$density_{ft-1}$ 为滞后一期的企业层面城市内产品关联密度。式 (8-8) 和式 (8-9) 的估计结果如表 8-13 第（2）列与第（3）列所示。城市内产品关联密度对企业受其他企业的技术溢出和企业研发产出均有显著正影响，城市内产品关联密度越高，企业受所在城市其他企业的技术溢出就越多，企业的研发产出也将越多，从而也将进一步促进企业出口产品质量升级（韩峰和柯善咨，2012）。

8.4.3 中间品质量提升机制

鉴于企业的中间品投入质量缺乏数据测算,因此本部分通过验证企业层面城市内产品关联密度对企业进口中间品质量的影响来考察中间品质量提升机制。首先,采用海关数据库 2000~2013 年企业层面进口数据,参考施炳展与曾祥菲 (2015) 的做法测度中国企业进口产品质量。其次,从中挑选出进口中间品的企业与出口企业匹配,再根据标准化处理加总出企业层面的进口中间品质量。最后,估计企业层面城市内产品关联密度对企业进口中间品质量的影响。具体的公式如下:

$$quality_{ft} = \pi_0 + \pi_1 density_{ft-1} + \nu_f + \nu_t + \varepsilon_{ft} \quad (8-10)$$

式 (8-10) 中, $quality_{ft}$ 为企业层面的进口中间品质量; $density_{ft-1}$ 为滞后一期的企业层面城市内产品关联密度。结果如表 8-13 第 (4) 列所示,企业层面的城市内产品关联密度对进口中间品质量有显著正影响,即企业层面的城市内产品关联密度提高,企业进口中间品质量将随之提升,而更高的中间品质量水平往往能够促进企业对美出口产品质量的提升 (Bas and Strauss–Kahn, 2015)。

9 结论与政策建议

9.1 主要结论

第一,本书系统梳理了相关文献,归纳整理了本书的研究视角及研究问题,同时结合中美贸易摩擦背景下我国对美出口的基本现状,提出本研究的研究框架;第二,遵循经济学的研究范式,我们对出口稳定性的微观机制进行了理论分析,并利用贸易网络分析法与生存分析法全面测度中美贸易摩擦下中国对美出口稳定性的特征事实;第三,以中美贸易摩擦下美国对中国加征关税的四大清单作为依据定义双重差分变量,构建固定效应模型与离散时间 Probit 模型验证了中美贸易摩擦对中国对美出口以及对中国对美出口稳定性的影响;第四,通过统计探测与计量检验系统审视中国对美出口稳定性的微观机制;第五,立足于统计探测与计量检验分析结果,构建模型重点考察基于产品空间理论的产品关联密度对中国对美出口稳定性的异质性影响和作用机制;第六,在以上理论分析和实证分析基础得到了针对性的政策启示和对策。以上研究的基本结论包括以下六点。

第一,通过文献梳理,分析了基于产品空间理论的产品关联密度对出口稳定性影响的理论机制。贸易关系连接数量视角下,产品关联密度主要通过要素禀赋效应、知识溢出效应以及市场竞争效应渠道促进了我国企业出口产品扩张以及出口持续时间的延长。贸易关系连接强度视角下,产品关联密度主要通过人力资本提升效应、技术溢出效应以及中间品质量提升效应提高我国企业的出口产品质量。

9 结论与政策建议

第二，中国对美出口贸易的宏观结构表现为中国对美出口贸易规模在波动中不断增长、产品结构进一步优化，但总体比重保持基本稳定。2008～2019年，中国对美出口贸易增长呈现出先递增后持续下降的趋势，但中国对美出口占中国出口总额的比重反而提高了，其中，机电产品和高新技术产品所占比重相对稳定。在中国各地区对美出口产品增长中，2015～2018年，河南、江苏、上海、重庆等省市对美出口所占比重较大，受美国贸易保护措施的影响，不同省份对美出口增长出现了不同幅度的下降。在对美出口各产品增长的稳定性中，不同类型产品呈现出阶段性和多样性波动趋势。此外，在中国对美出口稳定性的微观层面中，产品层面中国对美出口关系数量保持基本稳定并略有增加，与产品层面的对美出口关系数量变动不同，2002～2012年企业层面中国对美出口关系数量快速飙升，说明在此期间中国企业对美出口产品多样化成效显著。在中国对美出口持续时间特征方面，产品层面，2007～2019年中国对美出口产品的持续时间为13年的时间段占总体的比重超过60%，而持续时间1年的时间段的比重则仅有12.44%，说明中国对美出口的大多数产品都保持了相对稳定，但仍有部分产品的持续时间较短。与此不同，企业层面，持续时间普遍较短，持续时间是1年的企业占到总体比重的76.24%，而持续时间超过5年及以上的企业竟不到2%。在中国对美出口产品质量特征方面，采用2001～2013年企业层面数据统计分析，我们发现，中国出口总体层面以及中国对美出口层面在此期间均没有明显的上升，但中国对美出口产品质量均值均大于同一年度中国总体层面出口产品质量的均值。并且，中国行业层面对美出口产品质量的差异明显，出口产品质量较高的行业有黑色金属冶炼及压延加工业、化学纤维制造业、纺织服装、鞋、帽制造业等行业，中国对美出口产品质量较低的行业有农副食品加工业、食品制造业。另外，我们还发现，中国对美出口产品质量的区域差异亦明显，对美出口产品质量较高的省份有山西、宁夏、河北、湖南、山东、江西、天津、吉林、浙江、河南。出口产品质量较低的省份有陕西、重庆、海南、青海等。

第三，采用2018～2019年美国前六大进口来源国对美出口产品层面各月份数据，以美国对中国加征关税的四大清单为依据构建双重差分变量，计量检验了中美贸易摩擦对中国对美出口及中国对美出口持续时间的影响。结果表明，美国对中国加征关税对中国对美出口带来了显著的贸易抑制效应，同时，促进了其他五大进口来源国对美出口额的增加。但从总体来看，贸易抑制效应大于对其他五大进口来源国的贸易转移效应，因此总体表现为负向的贸易抑制效应。从出口持续时间的影响来看，中美贸易摩擦显著抑制了中国对美出口持续时间的延长，同时使得其他五大进口来源国对美出口持续时间的延长，从总体来看，前六大进口来源国对美出口持续时间的影响为正，即中美贸易摩擦促进了前六大进口来源国对美出口持续时间的延长。

第四，在对美出口产品扩张进行统计探测的基础上，构建 Probit 模型实证检验各层面影响因素对美出口产品扩张的影响，结果表明：不同层面产品关联密度均对我国企业对美出口产品扩张产生了显著影响，这种影响表现出较大的差异性。其中，省份内产品关联密度的提升显著促进了中国企业对美出口产品扩张，而城市内产品关联密度与企业内产品关联密度对我国企业对美出口产品扩张存在显著的抑制作用，这一结论在采用2000年产品邻近度计算产品关联密度、采用全球为参照测算 RCA 以及考虑内生性等稳健性检验下，结果依然稳健。其他影响因素的影响具体表现为，对中国企业对美出口产品扩张为促进作用的影响因素包括：企业生产率、是否外资企业、是否中间产品、是否差异化产品、企业是否在上一年出口国美国市场、企业国家数、企业出口额、企业该产品占企业出口篮子份额、企业该产品在所在省份的比较优势指数、企业该产品在所在城市的比较优势指数、企业所在省份出口企业数、企业所在省份该产品出口美国的企业数以及企业所在城市该产品出口美国的企业数。而对中国企业对美出口产品扩张为抑制作用的影响因素包括：企业年龄、企业规模、企业所在城市的出口企业数以及其他国家该产品在美国市场的市场份额。同时异质性分析的结果表明，省份内产品关联密度对内资企业、一般贸易方式企业、差异化产品分类下的估计系数更大更显著，城市内产品关联密度对不同所有制企业与不同贸易方式企业对美出口产品扩张影响程度差异不大，而企业内产品关联密度对内资企业、一般贸易企业及差异化产品的企业的估计系数显著为负且影响程度更大。作用机制的检验结果表明，省份内产品关联密度对中国对美出口产品扩张的促进效应主要通过要素禀赋机制与市场竞争机制实现。要素禀赋和市场竞争对中国企业对美出口产品扩张的中介效应为正，但知识溢出机制的结果刚好相反，意味着省份内产品关联密度通过知识溢出机制反而阻碍了中国企业对美出口产品扩张。

第五，在统计探测的基础上，构建 Logit 离散时间模型对中国对美出口持续时间影响因素进行经验研究后得出以下结论，省份内产品关联密度的增加有助于延长中国企业对美出口持续时间，而城市内产品关联密度和企业内产品关联密度越高，我国企业对美出口风险概率将越高，持续时间越短，这一结论在采用 2000 年产品邻近度计算产品关联密度、采用全球为参照测算 RCA 以及考虑内生性等稳健性检验后依然稳健。其他影响因素的影响具体表现为，对中国企业对美出口持续时间为促进作用的影响因素包括：企业生产率、是否外资企业、是否中间产品、是否差异化产品、该产品占企业出口篮子份额、企业该产品在所在省份的比较优势指数、企业所在省份出口企业数、企业出口国家数、企业出口额、企业所在省份该产品出口美国的企业数。而对中国企业对美出口持续时间为抑制作用的影响因素包括：企业规模、企业利润率、企业所在城市出口企业数、其他国家该产品在美国市场的市场份额以及其他国家该产品在美国市场的价格。在异质性分析结果中，内资企业的省份内产品关联密度对美出口持续时间的影响更大，并且为正，城市内产品关联密度对内资企业和外资企业的对美出口持续时间为负且差异不大，但企业内产品关联密度仅对内资企业对美出口持续时间存在负向影响。在不同贸易方式下，省份内产品关联密度能显著降低不同贸易方式下中国企业对美出口的风险概率，但企业内产品关联密度与城市内产品关联密度在不同贸易方式下对美出口持续时间均有抑制作用。产品差异化程度分类下，仅有省份内产品关联密度对差异化产品企业对美出口持续时间存在促进作用。作用机制的检验结果表明，省份内产品关联密度对中国企业对美出口持续时间的促进效应很大程度上是通过要素禀赋机制与市场竞争机制实现。

第六，在对出口产品质量测度以及统计探测中国对美出口产品质量微观机制的基础上,构建固定效应模型对中国对美出口产品质量的微观机制进行计量检验,城市内产品关联密度和省份内产品关联密度对中国制造业企业对美出口产品质量均产生了显著正向影响,且前者对制造业企业对美出口产品质量升级的促进作用更大。其他影响因素中仅企业规模变量对中国对美出口产品质量的提升存在提升作用。在异质性检验结果中,分贸易类型的回归结果显示,企业内产品关联密度仅抑制了一般贸易企业的对美出口产品质量提升,对加工贸易企业的对美出口产品质量没有显著影响,城市内产品关联密度与省份内产品关联密度对一般贸易企业与加工贸易企业对美出口产品质量提升均表现为显著的促进作用。分不同所有制企业的回归结果显示,企业内产品关联密度仅对内资企业的对美出口产品质量的提升产生了抑制作用,对外资企业的影响不显著;城市内产品关联密度、省份内产品关联密度仅对内资企业的对美出口产品质量提升存在促进作用,对外资企业的影响不显著。分不同地区企业的回归结果显示,企业内产品关联密度仅对东部地区企业对美出口产品质量的提升存在显著的抑制作用,但对中部和西部地区企业影响不显著,城市内产品关联密度对东部和中部地区企业对美出口产品质量的提升存在显著的促进作用,对西部地区企业影响不显著。省份内产品关联密度仅对东部地区企业对美出口产品质量提升存在显著的促进作用,对中部和西部地区企业影响不显著。作用机制的检验结果表明,城市内产品关联密度将通过促进人力资本提升、技术溢出和中间品质量提升效应来推动我国制造业企业对美出口产品质量升级。

9.2 政策建议

鉴于以上研究结论,本书我们提出以下八方面政策性建议以供参考。

第一,美国仍然是我国出口贸易发展的重点,对美出口贸易保持稳定有利于我国宏观经济的可持续发展。从产品层面和企业层面出口的统计分析来看,虽然受美国对华贸易摩擦的影响,不同类型产品对美出口呈现出阶段性和多样性波动趋势，但总体上我国对美出口规模、产品结构、比重以及出口产品质量基本稳定，产品层面的出口持续时间也表明我国对美出口的大多数产品都保持了相对稳定，因此要重点研究美国市场动态、积极保持在美国市场上的贸易存在。但从计量检验结果发现，中美贸易摩擦对中国出口以及中国出口持续时间的延长产生了显著的抑制作用，因而中美之间保持健康良好的经贸合作关系仍然至关重要。

第二，要加强与"一带一路"沿线国家及其他发达国家建立更多的双边、多边自由贸易区，争取更自由宽松的贸易环境，这不仅有利于进一步降低贸易成本、推动贸易往来，更有效地降低交易的不确定性，进而保持贸易关系的稳定性和持久性，而且有助于减少由于中美之间贸易关系进一步恶化对我国相关产业的冲击。

第三，要加强与当地具有比较优势产品和市场的关联，整合区域要素市场和中间品市场，构建有效的知识交流和人才协作平台，为充分发挥产品关联的要素禀赋和溢出效应的形成创造良好的外部条件。同时由于城市内产品关联密度显著抑制了企业对美出口扩张，并增加了对美出口的风险概率，为最大限度地降低大量相关企业集聚在同一地区所带来的市场竞争负效应，政府应积极引导企业进行合理的空间集聚，促进产业集群的整合优化；整合区域中间品市场，进口高质量的中间产品，获取国际知识溢出，以最大化实现高质量中间品在企业对美出口稳定性的促进效应。

第四，政府部门应该继续加大对产品创新的投入，例如，将出口退税等优惠政策偏向于技术创新的产品，鼓励技术进步，使产品由模仿到创新、由低成本向差异化转变等，要继续强化我国企业对美出口产品多样化趋势，不断提高产品的技术含量和质量，同时加强知识产权保护，杜绝山寨商品的出现，从而降低产品的可替代程度，实现贸易关系的稳定发展。

第五，就企业而言，我们一方面要鼓励和支持企业优先选择生产并出口那些与所在省份产品关联密度高的产品，引导企业以邻为鉴，促进不同地区企业间相互学习与交流。要加强对企业科研能力建设的支持力度，为其创新发展创造良好的外部环境，包括基础设施和信息化平台的建设等。同时，企业要不断提高自身的技术水平和创新投入，重视科研人才的培养与引进，从而培养企业自身的吸收和消化能力，不断增进对外部知识溢出的吸收和消化。

第六，对美出口企业的出口经验也显著提高了该产品向美国市场的出口稳定性，包括出口产品扩张与出口持续时间，同理可得对美出口产品存在显著的路径依赖。因此建议应在每个阶段按照美国标准将现有出口产品进行统计整理，在此基础上，实时地将出口退税等优惠政策偏重于与现有产品邻近度较小的产品出口，这样将最大限度地利用出口经验在类似产品之间的溢出效应，进而有助于促进对美出口产品扩张与出口持续时间的延长。

第七，积极推动企业深度参与产品内分工、融入全球生产网络。一方面，产品内分工与传统的产品间分工相比，是一种更为细致的分工，也更有利于各国比较优势的发挥，因此对我国的经济发展具有重要的意义。另一方面，中间产品既有利于实现中国企业对美出口产品扩张，还有利于促进中国企业对美出口持续时间延长。企业通过参与中间品产品内分工更容易融入并拓展出口网络，从而鼓励企业投资于研发，提高技术水平，实现产业升级。企业还可以通过参与产品内分工吸收技术溢出效应，有利于延长企业出口持续时间。同时，为减少企业内产品关联密度对我国对美出口稳定性的负面影响，企业在重点将资源配置于核心产品的同时，还需重视非核心产品资源的投入，关注相关新技术以及新产品的开发。

第八，鉴于区域产品关联密度，特别是城市内产品关联密度对我国制造业企业对美出口产品质量升级发挥了显著的促进效应。因此，我们首先要鼓励和支持企业优先选择生产并出口那些与所在地区，尤其是所在城市产品关联密度高的产品，引导企业以邻为鉴，促进相关企业间相互学习与交流，从而更充分发挥技术溢出效应对出口产品质量升级的促进作用；其次，注重培养高质量发展需要的人才，大力引进高级人力资本，提升当地人力资本水平，为充分发挥人力资本提升效应创造良好的外部条件；再次，要加强与当地生产具有比较优势产品企业之间的关联，整合区域中间品市场，进口高质量的中间产品，获取国际知识溢出，以充分发挥高质量中间品在企业出口产品质量升级中的作用；最后，在制定区域产业发展的促进政策时，各地要因地制宜，鼓励本区域产品关联密度高的相关企业加强技术创新合作与交流。此外，在推进中部和西部地区产业发展过程中，除要重点推进符合自身发展基础的相关产业外，还要进一步加大中部和西部地区的基础设施和要素市场建设与完善。

参 考 文 献

[1] Aghion P, Bloom N, Blundell R, et al. Competition and Innovation: An Inverted – Urelationship [J]. The Quarterly Journal of Economics, 2005, 120 (2): 701 –728.

[2] Álvarez R, Andersson M, Bellone F, et al. Exports and Productivity: Comparable Evidence for 14 Countries [R]. University of Copenhagen, Department of Economics, Centre for Industrial Economics, 2007.

[3] Amiti M, Freund C, Xu B 1. The Anatomy of China's Export Growth [M]. University of Chicago Press, 2010.

[4] Amiti M, Khandelwal A K. Import Competition and Quality Upgrading [J]. Review of Economics and Statistics, 2013, 95 (2): 476 –490.

[5] Amurgo-pacheco A, Pierola M D. Patterns of Export Diversification in Developing Countries: Intensive and Extensive Margins, World Bank Policy Research Working PaperNo [J]. 2008.

[6] Amurgo – Pacheco A. Patterns of Export Diversification in Developing Countries [M]. World Bank Publications, 2007.

[7] Amurgo – Pacheco P. Watching More than the Discovery Channel: Export Cycles and Diversification in Development [M]. World Bank Publications, 2007.

[8] Andersson M. Entry Costs and Adjustments on the Extensive Margin-an Analysis of How Familiarity Breeds Exports [R]. Royal Institute of Technology, CESIS – Centre of Excellence for Science and Innovation Studies, 2007.

[9] Arndt C, Buch C M, Mattes A. Barriers to Internationalization:

Firm-level Evidence from Germany [R]. IAW Diskussionspapiere, 2009.

[10] Auray S, Eyquem A, Poutineau J C. The Effect of a Common Currency on the Volatility of the Extensive Margin of Trade [J]. Journal of International Money and Finance, 2012, 31 (5): 1156 – 1179.

[11] Autant Bernard C. The Geography of Knowledge Spillovers and Technological Proximity [J]. Economics of Innovation and New Technology, 2001, 10 (4): 237 – 254.

[12] Baier S L, Bergstrand J H, Feng M. Economic Integration Agreements and the Margins of International Trade [J]. Journal of International Economics, 2014, 93 (2): 339 – 350.

[13] Baier S L, Bergstrand J H. Do Free Trade Agreements Actually Increase Members' International Trade? [J]. Journal of international Economics, 2007, 71 (1): 72 – 95.

[14] Balassa B. Tariff Protection in Industrial Countries: An Evaluation [J]. Journal of Political Economy, 1965, 73 (6): 573 – 594.

[15] Baldwin J R, Gu W. Trade Liberalization: Export-market Participation, Productivity Growth, and Innovation [J]. Oxford Review of Economic Policy, 2004, 20 (3): 372 – 392.

[16] Baldwin R E, Ito T. Quality Competition Versus Price Competition Goods: An Empirical Classification [R]. National Bureau of Economic Research, 2008.

[17] Baron R M, Kenny D A. The Moderator-mediator Variable Distinction in Social Psychological Research: Conceptual, Strategic, and Statistical Considerations [J]. Journal of Personality and Social Psychology, 1986, 51 (6): 1173.

[18] Bas M, Strauss – Kahn V. Input-trade Liberalization, Export Prices and Quality Upgrading [J]. Journal of International Economics, 2015, 95 (2): 250 – 262.

[19] Bastos P, Silva J. Cultural Links, Firm Heterogeneity and the Inten-

sive and Extensive Margins of International Trade [J]. Firm Heterogeneity and the Intensive and Extensive Margins of International Trade (November 1, 2008), 2008.

[20] Bellone F, Hazir C S, Gaglio C. Local Product Space and Firm Level Churning in Exported Products [R]. 2017.

[21] Bellone F, Musso P, Nesta L, et al. Endogenous Markups, Firm Productivity and International Trade: Testing Some Micro-level Implications of the Melitz-ottaviano Model [R]. Working Papers 08 - 20, University of Aarhus, Aarhus School of Business, Department of Economics, 2008.

[22] Bellone F, Musso P, Nesta L, et al. Financial Constraints and Firm Export Behaviour [J]. World Economy, 2010, 33 (3): 347 - 373.

[23] Bensassi S, Márquez - Ramos L, Martínez - Zarzoso I. Economic Integration and the Two Margins of Trade: The Impact of the Barcelona Process on North African Countries' Exports [J]. Journal of African Economies, 2012, 21 (2): 228 - 265.

[24] Bergin P R, Lin C Y. Exchange Rate Regimes and the Extensive Margin of Trade [C]. NBER International Seminar on Macroeconomics. Chicago, IL: The University of Chicago Press, 2009, 5 (1): 201 - 227.

[25] Berman N, Héricourt J. Financial Factors and the Margins of Trade: Evidence from Cross-country firm-level Data [J]. Journal of Development Economics, 2010, 93 (2): 206 - 217.

[26] Bernard A B, Eaton J, Jensen J B, et al. Plants and Productivity in International Trade [J]. American Economic Review, 2003, 93 (4): 1268 - 1290.

[27] Bernard A B, Jensen J B, Redding S J, et al. Firms in International Trade [J]. Journal of Economic Perspectives, 2007, 21 (3): 105 - 130.

[28] Bernard A B, Jensen J B, Redding S J, et al. The Margins of US Trade [J]. American Economic Review, 2009, 99 (2): 487 - 493.

[29] Besedes T, Blyde J. What Drives Export Survival? An Analysis of

Export Duration in Latin America [J]. Inter – American Development Bank, mimeo, 2010, 1: 1 –43.

[30] Besedeš T, Prusa T J. Ins, Outs, and the Duration of Trade [J]. Canadian Journal of Economics/Revue Canadienne D'économique, 2006a, 39 (1): 266 –295.

[31] Besedeš T, Prusa T J. Product Differentiation and Duration of US Import Trade [J]. Journal of International Economics, 2006b, 70 (2): 339 –358.

[32] Besedeš T, Prusa T J. The Role of Extensive and Intensive Margins and Export Growth [J]. Journal of Development Economics, 2011, 96 (2): 371 –379.

[33] Besedeš T. A Search Cost Perspective on Formation and Duration of Trade [J]. Review of International Economics, 2008, 16 (5): 835 –849.

[34] Blonigen B A. The Effects of NAFTA on Antidumping and Countervailing Duty Activity [J]. The World Bank Economic Review, 2005, 19 (3): 407 –424.

[35] Boschma R, Capone G. Relatedness and Diversification in the European Union (EU – 27) and European Neighbourhood Policy Countries [J]. Environment and Planning C: Government and Policy, 2016, 34 (4): 617 –637.

[36] Boschma R, Frenken K, Bathelt H, et al. Technological Relatedness and Regional Branching [J]. Beyond Territory, Dynamic Geographies of Knowledge Creation, Diffusion and Innovation, 2012, 29: 64 –68.

[37] Boschma R, Frenken K. Technological Relatedness, Related Variety and Economic geography [M]. Handbook of Regional Innovation and Growth, Edward Elgar Publishing, 2011.

[38] Boschma R, Iammarino S. Related Variety, Trade Linkages, and Regional Growth in Italy [J]. Economic Geography, 2009, 85 (3): 289 –311.

[39] Boschma R, Minondo A, Navarro M. Related Variety and Regional Growth in Spain [J]. Papers in Regional Science, 2012, 91 (2): 241 – 256.

[40] Bown C P, McCulloch R. US – Japan and US – China Trade Conflict: Export Growth, Reciprocity, and the International Trading System [J]. Journal of Asian Economics, 2009, 20 (6): 669 – 687.

[41] Breschi S, Lissoni F, Malerba F. Knowledge-relatedness in Firm Technological Diversification [J]. Research policy, 2003, 32 (1): 69 – 87.

[42] Broda, C., Weinstein, D. E. Globalization and the Gains from Variety [J]. Quarterly Journal of Economics, 2006, 121 (2): 541 – 585.

[43] Cadot O, Iacovone L, Pierola M D, et al. Success and Failure of African Exporters [J]. Journal of Development Economics, 2013, 101: 284 – 296.

[44] Chaney T. Liquidity Constrained Exporters [J]. Journal of Economic Dynamics and Control, 2016, 72: 141 – 154.

[45] Chang H J. Globalisation, Economic Development & the Role of the State [M]. Zed Books, 2003.

[46] Chen W C. The Extensive and Intensive Margins of Exports: The Role of Innovation [J]. The World Economy, 2013, 36 (5): 607 – 635.

[47] Chen X, Liu Z, Zhu Q. Performance Evaluation of China's High-tech Innovation Process: Analysis Based on the Innovation Value Chain [J]. Technovation, 2018, 74: 42 – 53.

[48] Cockburn I M, Lanjouw J O, Schankerman M. Patents and the Global Diffusion of New Drugs [J]. American Economic Review, 2016, 106 (1): 136 – 164.

[49] Colacelli M. Intensive and Extensive Margins of Exports and Real Exchange Rates [J]. Unpublished Mimeo, 2010.

[50] Coughlin C C, Wall H J. Ethnic Networks and Trade: Intensive Versus Extensive Margins [J]. Economics Letters, 2011, 113 (1): 73 – 75.

[51] Crespi G, Alvarez R. Exporter Performance and Promotion Instru-

ments: Chilean Empirical Evidence [J]. Estudios de Economía, 2000, 27 (2): 225-241.

[52] Crozet M, Koenig P. Structural Gravity Equations with Intensive and Extensive Margins [J]. Canadian Journal of Economics/Revue Canadienne D'économique, 2010, 43 (1): 41-62.

[53] Das S, Roberts M J, Tybout J R. Market Entry Costs, Producer Heterogeneity, and Export Dynamics [J]. Econometrica, 2007, 75 (3): 837-873.

[54] Debaere P, Mostashari S. Do Tariffs Matter for the Extensive Margin of International Trade? An Empirical Analysis [J]. Journal of International Economics, 2010, 81 (2): 163-169.

[55] Desmarchelier B, Regis P J, Salike N. Product Space and the Development of Nations: A Model of Product Diversification [J]. Journal of Economic Behavior & Organization, 2018, 145: 34-51.

[56] Drucker J M, Feser E. Regional Industrial Dominance, Agglomeration Economies, and Manufacturing Plant Productivity [J]. US Census Bureau Center for Economic Studies Paper No. CES-07-31, 2007.

[57] Dutt P, Mihov I, Van Zandt T. The Effect of WTO on the Extensive and the Intensive Margins of Trade [J]. Journal of International Economics, 2013, 91 (2): 204-219.

[58] Eaton J, Eslava M, Kugler M, et al. The Margins of Entry into Export Markets: Evidence from Colombia [J]. 2008.

[59] Eaton J, Kortum S, Kramarz F. An Anatomy of International Trade: Evidence from French Firms [J]. Econometrica, 2011, 79 (5): 1453-1498.

[60] Eaton J, Marcela E and Kugler M. Export Dynamics on Colombia: Firm-Level Evidence [M]. NBER Working Paper, 2007, 13531.

[61] Egger P H, Kesina M. Financial Constraints and the Extensive and Intensive Margin of Firm Exports: Panel Data Evidence from China [J]. Re-

view of Development Economics, 2014, 18 (4): 625 – 639.

[62] Esteve – Perez S, Requena – Silvente F, Pallardo – Lopez V J. The Duration of Firm-destination Export Relationships: Evidence from Spain, 1997 – 2006 [J]. Economic Inquiry, 2013, 51 (1): 159 – 180.

[63] Evenett S J, Venables A J. Export Growth in Developing Countries: Market Entry and Bilateral Trade Flows [R]. mimeo, 2002.

[64] Fan H, Lai E L C, Li Y A. Credit Constraints, Quality, and Export Prices: Theory and Evidence from China [J]. Journal of Comparative Economics, 2015, 43 (2): 390 – 416.

[65] Fauceglia D. Credit Constraints, Firm Exports and Financial Development: Evidence from Developing Countries [J]. The Quarterly Review of Economics and Finance, 2015, 55: 53 – 66.

[66] Feenstra R C, Li Z, Yu M. Exports and credit constraints under incomplete information: Theory and evidence from China [J]. Review of Economics and Statistics, 2014, 96 (4): 729 – 744.

[67] Feenstra R C, Ma H. Trade Facilitation and the Extensive Margin of Exports [J]. The Japanese Economic Review, 2014, 65 (2): 158 – 177.

[68] Feenstra R, Kee H. Trade Liberalization and Export Variety: A Comparison of China and Mexico [J]. University of California, Davis, 2005.

[69] Felbermayr G J, Kohler W. Exploring the Intensive and Extensive Margins of World Trade [J]. Review of World Economics, 2006, 142 (4): 642 – 674.

[70] Felbermayr G, Kohler W. Modelling the Extensive Margin of World Trade: New Evidence on GATT and WTO Membership [J]. The World Economy, 2010, 33 (11): 1430 – 1469.

[71] Fernandes A P, Tang H. Learning to Export from Neighbors [J]. Journal of International Economics, 2014, 94 (1): 67 – 84.

[72] Flagge M. Understanding the Foundations of Product Scope [M]. Columbia University, 2016.

[73] Flagge, Matthew. Predictive Power of Proximity on Firm and State-level Production in India [J]. Manuscript, 2015.

[74] Fugazza M, Molina A C. On the Determinants of Exports Survival [M]. UN, 2011.

[75] Funke M and Ruhwedel R. Export Variety and Export Performance: Empirical Evidence from East Asia [J]. Journal of Asian Economics, 2001, 12 (4): 493 –505.

[76] Gao Y, Whalley J, Ren Y. Decomposing China's Export Growth into Extensive Margin, Export Quality and Quantity Effects [J]. China Economic Review, 2014, 29: 19 –26.

[77] Hausmann R, Hidalgo C A. The Network Structure of Economic Output [J]. Journal of Economic Growth, 2011, 16 (4): 309 –342.

[78] Hausmann R, Klinger B. The Structure of the Product Space and the Evolution of Comparative Advantage [J]. CID Working Paper Series, 2007.

[79] Helmers C, Trofimenko N. Export Subsidies in a Heterogeneous Firms Framework: Evidence from Colombia [J]. Centre for the Study of African Economies Working Paper Series, 2010 (26).

[80] Helpman E, Melitz M, Rubinstein Y. Estimating Trade Flows: Trading Partners and Trading Volumes [J]. Quarterly Journal of Economics, 2008, 123 (2): 441 –487.

[81] Hess W, Persson M. Exploring the Duration of EU Imports [J]. Review of World Economics, 2011, 147 (4): 665 –692.

[82] Hess W, Persson M. The Duration of Trade Revisited: Continuous-time vs. Discrete-time Hazards. Research Institute of Industrial Economics [R]. Working Paper 829. Stockholm, 2010.

[83] Hidalgo C A, Hausmann R. The Building Blocks of Economic Complexity [J]. Proceedings of the National Academy of Sciences, 2009, 106 (26): 10570 –10575.

[84] Hidalgo C A, Klinger B, Barabási A L, et al. The Product Space

Conditions the Development of Nations [J]. Science, 2007, 317 (5837): 482 –487.

[85] Hidalgo C A, Klinger B, Barabási A L, et al. The Product Space Conditions the Development of Nations [J]. Science, 2007, 317 (5837): 482 –487.

[86] Hillberry R, Hummels D. Trade Responses to Geographic Frictions: A Decomposition Using Micro-data [J]. European Economic Review, 2008, 52 (3): 527 –550.

[87] Holmes T J, Schmitz Jr J A. Competition and Productivity: A Review of Evidence [J]. Annu. Rev. Econ, 2010, 2 (1): 619 –642.

[88] Hummels D, Klenow P J. The Variety and Quality of a Nation's Exports [J]. The American Economic Review, 2005, 95 (3): 704 –723.

[89] Ines Buono, Guy Lalanne. The Effect of the Uruguay Round on the Intensive and Extensive Margins of trade [J]. Temi Discussione Working Papers, 2010 (743).

[90] Ito K, Lechevalier S. Why Some Firms Persistently Out-perform Others: Investigating the Interactions Between Innovation and Exporting Strategies [J]. Industrial and Corporate Change, 2010, 19 (6): 1997 –2039.

[91] Jankowska A, Nagengast A, Perea J R. The Product Space and the Middle-income Trap: Comparing Asian and Latin American Experiences [J]. 2012.

[92] Kancs A. Trade Growth in a Heterogeneous Firm Model: Evidence from South Eastern Europe [J]. World Economy, 2007, 30 (7): 1139 –1169.

[93] Kehoe T J, Ruhl K J. Sudden Stops, Sectoral Reallocations, and the Real Exchange Rate [J], Journal of Development Economics, 2009, 89 (2): 235 –249.

[94] Khandelwal A K, Schott P K, Wei S J. Trade Liberalization and Embedded Institutional Reform: Evidence from Chinese Exporters [J]. Ameri-

can Economic Review, 2013, 103 (6): 2169 – 2195.

[95] Kichun Kang. What Matters for the Extensive and Intensive Margins of International Trade? Evidence from Korean Exports [J]. World Scientific, 2012, 57 (3): 712 – 749.

[96] Krautheim S. Heterogeneous Firms, Exporter Networks and the Effect of Distance on International Trade [J]. Journal of International Economics, 2012, 87 (1): 27 – 35.

[97] Krugman P. Increasing Returns and Economic Geography [J]. Journal of Political Economy, 1991, 99 (3): 483 – 499.

[98] Lall S. The Technological Structure and Performance of Developing Country Manufactured Exports [J]. Oxford Development Studies, 2000, 28 (3): 337 – 369.

[99] Lawless M. Deconstructing Gravity: Trade Costs and Extensive and Intensive Margins [J]. Canadian Journal of Economics/Revue Canadienne D'économique, 2010, 43 (4): 1149 – 1172.

[100] Lawless M. Export Activities of Irish-owned Firms [J]. Quarterly Bulletin, Central Bank and Financial Services Authority of Ireland, 2007.

[101] Lo Turco A, Maggioni D. Dissecting the Impact of Innovation on Exporting in Turkey [J]. Economics of Innovation and New Technology, 2015, 24 (4): 309 – 338.

[102] Lo Turco A, Maggioni D. On firms' Product Space Evolution: The Role of Firm and Local Product Relatedness [J]. Journal of Economic Geography, 2016, 16 (5): 975 – 1006.

[103] Lu Y, Tao Z, Zhang Y. How do Exporters Respond to Antidumping Investigations? [J]. Journal of International Economics, 2013, 91 (2): 290 – 300.

[104] Manova K. Credit Constraints, Heterogeneous Firms, and International Trade [J]. Review of Economic Studies, 2013, 80 (2): 711 – 744.

[105] Manova, Kalina, Wei, Shang – Jin, Zhiwei Zhang. Firm Exports

and Multinational Activityunder Credit Constraints [R]. NBER Working Papers from National Bureau of Economic Research Inc, 2011 (16905).

[106] Manova. K. Credit Constraints, Heterogeneous Finns, and International Trade [R]. NBER Working Paper. 2008 (14531).

[107] Martincus C V, Carballo J. Is Export Promotion Effective in Developing Coxmtries? Firm-level Evidence on the Intensive and the Extensive Margins of Exports [J]. Journal of International Economics, 2008, 76 (1): 89 – 106.

[108] Melitz M J. The Impact of Trade on Intra-industry Reallocations and Aggregate Industry Productivity [J]. Econometrica, 2003, 71 (6): 1695 – 1725.

[109] Molina A C, Bussolo M, Lacovone L. The DR – CAFTA and the Extensive Margin: A Firm-level Analysis [J]. World Bank Policy Research Working Paper Series, 2010.

[110] Mora J. Export Failure and its Consequences: Evidence from Colombian Exporters [J]. Unpublished, 2015.

[111] Muûls M. Exporters and Credit Constraints. A Firm-level Approach [R]. NBB Working Paper, 2008.

[112] Naknoi K. Exchange Rate Volatility and Fluctuations in the Extensive Margin of Trade [J]. Journal of Economic Dynamics and Control, 2015, 52: 322 – 339.

[113] Neffke F, Henning M, Boschma R. How do Regions Diversify Over Time? Industry Relatedness and the Development of New Growth Paths in Regions [J]. Economic Geography, 2011, 87 (3): 237 – 265.

[114] Neffke F, Henning M. Skill Relatedness and Firm Diversification [J]. Strategic Management Journal, 2013, 34 (3): 297 – 316.

[115] Nguyen D X. Demand Uncertainty: Exporting Delays and Exporting Failures [J]. Journal of International Economics, 2012, 86 (2): 336 – 344.

[116] Nitsch V. Die another Day: Duration in German Import Trade [J].

Review of World Economics, 2009, 145 (1): 133-154.

[117] Obashi A. Stability of Production Networks in East Asia: Duration and Survival of Trade [J]. Japan and the World Economy, 2010, 22 (1): 21-30.

[118] Pham C, Martin W. Extensive and Intensive Margin Growth and Developing Country Exports [J]. World Bank, 2007.

[119] Pike A, MacKinnon D, Coombes M, et al. Uneven Growth: Tackling City Decline [J]. York: Joseph Rowntree Foundation, 2016.

[120] Poncet S, De Waldemar F S. Product Relatedness and Firm Exports in China [J]. The World Bank Economic Review, 2015, 29 (3): 579-605.

[121] Rauch J E. Networks Versus Markets in International Trade [J]. Journal of International Economics, 1999, 48 (1): 7-35.

[122] Rosyadi S A, Widodo T. Impact of Donald Trump's Tariff Increase Against Chinese Imports on Global Economy: Global Trade Analysis Project (GTAP) Model [J]. Journal of Chinese Economic and Business Studies, 2018, 16 (2): 125-145.

[123] Sabirianova K, Svejnar J, Terrell K. Distance to the Efficiency Frontier and Foreign Direct Investment Spillovers [J]. Journal of the European Economic Association, 2005, 3 (2-3): 576-586.

[124] Segura-Cayuela R, Vilarrubia J M. Uncertainty and Entry into Export Markets [J]. Banco de Espaa Working Paper No. 0811, 2008.

[125] Somwaru A, Tuan F C, Gehlhar M J, et al. Developing Country Trade: Implications of China's Changing Trade and Competitiveness in Intensive and Extensive Margin Goods [R]. 2008.

[126] Stehrer R, Foster N, de Vries G. Value Added and Factors in Trade: A Comprehensive Approach [J]. Dynamics, 2010 (67).

[127] Suwantaradon R. Financial Frictions and International Trade [J]. Research Collection School of Economics, 2008.

［128］Tang H, Zhang Y. Exchange Rates and the Margins of Trade: Evidence from Chinese Exporters［J］. CESifo Economic Studies, 2012, 58（4）: 671–702.

［129］Torstensson J. Quality Differentiation and Factor Proportions in International Trade: An Empirical Test of the Swedish Case［J］. Weltwirtschaftliches Archiv, 1991（1）: 183–194.

［130］Xu B, Lu J Y. Foreign Direct Investment, Processing Trade and the Sophistication of China's Export［J］. China Economic Review, 2009（20）: 425–439.

［131］Zhu S, He C, Luo Q. Good Neighbors, Bad Neighbors: Local Knowledge Spillovers, Regional Institutions and Firm Performance in China［J］. Small Business Economics, 2018, 1（6）: 1–16.

［132］白俊红, 卞元超. 要素市场扭曲与中国创新生产的效率损失［J］. 中国工业经济, 2016（11）: 39–55.

［133］鲍勤, 杨晓光. 中美贸易摩擦对我国外贸和工业产出的影响［J］. 科技促进发展, 2019, 15（11）: 1212–1220.

［134］鲍晓华, 朱达明. 技术性贸易壁垒与出口的边际效应——基于产业贸易流量的检验［J］. 经济学（季刊）, 2014（4）: 1393–1414.

［135］毕夫. "特朗普时代"的中美经贸关系重构［J］. 对外经贸实务, 2017（3）: 93–96.

［136］毕吉耀, 张哲人, 李慰. 特朗普时代中美贸易面临的风险及应对［J］. 国际贸易, 2017（2）: 17–20.

［137］曹丰, 张雪燕. 投机氛围与股价崩盘风险［J］. 中南财经政法大学学报, 2021（5）: 16–27.

［138］陈继勇, 杨旭丹. 中国的和平崛起与中美贸易战［J］. 华南师范大学学报（社会科学版）, 2019（2）: 71–78, 192.

［139］陈继勇. 中美贸易战的背景、原因、本质及中国对策［J］. 武汉大学学报（哲学社会科学版）, 2018, 71（5）: 72–81.

［140］陈林, 彭婷婷, 吕亚楠, 等. 中国对"一带一路"沿线国家

农产品出口——基于二元边际视角[J].农业技术经济,2018(6):136-144.

[141]陈旭,邱斌,刘修岩.空间集聚与企业出口:基于中国工业企业数据的经验研究[J].世界经济,2016(8):94-117.

[142]陈勇.国际产业转移背景下的中国对外贸易摩擦[J].东北财经大学学报,2007(3):32-36.

[143]陈勇兵,陈宇媚,周世民.贸易成本,企业出口动态与出口增长的二元边际——基于中国出口企业微观数据:2000—2005[J].经济学(季刊),2012,11(4):1477-1502.

[144]陈勇兵,陈宇媚,周世民.中国国内市场整合程度的演变:基于要素价格均等化的分析[J].世界经济,2013,36(1):14-37.

[145]陈勇兵,付浪,汪婷,等.区域贸易协定与出口的二元边际:基于中国-东盟自贸区的微观数据分析[J].国际商务研究,2015,36(2):21-34.

[146]陈勇兵,李梦珊,赵羊,李冬阳.中国企业的出口市场选择:事实与解释[J].数量经济技术经济研究,2015,32(10):20-37.

[147]陈阵,隋岩.贸易成本如何影响中国出口增长的二元边际——多产品企业视角的实证分析[J].世界经济研究,2013(10):43-48.

[148]程锐,马莉莉.高级人力资本扩张与制造业出口产品质量升级[J].国际贸易问题,2020(8):36-51.

[149]邓向荣,曹红.产业升级路径选择:遵循抑或偏离比较优势——基于产品空间结构的实证分析[J].中国工业经济,2016(2):52-67.

[150]邓仲良.从中美贸易结构看中美贸易摩擦[J].中国流通经济,2018,32(10):80-92.

[151]翟东升.以贸易赤字之名解财政赤字之困——解析特朗普贸易战动机[J].现代国际关系,2019(5):34-39,63.

[152]丁存振,肖海峰.中美双边农产品出口三元边际测度及关税效应研究[J].农业技术经济,2019(3):118-131.

［153］丁一兵，张弘媛．中美贸易摩擦对中国制造业全球价值链地位的影响［J］．当代经济研究，2019（1）：76－84，113．

［154］东艳．制度摩擦、协调与制度型开放［J］．华南师范大学学报（社会科学版），2019（2）：79－86，192．

［155］杜娟．中美贸易争端对中国农业的影响及启示［J］．西北农林科技大学学报（社会科学版），2019，19（3）：152－160．

［156］杜运苏，曾金莲．金融发展影响中国出口增长二元边际的实证分析——基于面板分位数模型［J］．经济问题探索，2016（6）：94－100．

［157］樊海潮，张丽娜．中间品贸易与中美贸易摩擦的福利效应：基于理论与量化分析的研究［J］．中国工业经济，2018（9）：41－59．

［158］樊秀峰，郭嫚嫚，魏昀妍．技术性贸易壁垒对中国高新技术产品出口二元边际的影响——以"一带一路"沿线国家为例［J］．西安交通大学学报（社会科学版），2019，39（1）：18－27．

［159］范爱军，刘馨遥．中国机电产品出口增长的二元边际［J］．世界经济研究，2012（5）：36－42．

［160］范夏阳，李兵，刘韬，修媛媛．贸易政策不确定性对进出口产品的异质性影响——以"中美贸易摩擦"为准自然实验的研究［J］．产经评论，2022，13（1）：65－85．

［161］方意，和文佳，荆中博．中美贸易摩擦对中国金融市场的溢出效应研究［J］．财贸经济，2019，40（6）：55－69．

［162］冯俊新．从贸易理论和历史经验看待中美贸易摩擦［J］．中央社会主义学院学报，2018（6）：140－144．

［163］高建来，曹文建，崔婷婷．应对中美贸易摩擦的机制及路径分析——基于扩大进口视角［J］．对外经贸实务，2019（9）：4－7．

［164］高惺惟．中美贸易摩擦下资本非正常流出问题研究［J］．财经科学，2019（7）：30－40．

［165］耿献辉，张晓恒，周应恒．中国农产品出口二元边际结构及其影响因素［J］．中国农村经济，2014（5）：36－50．

［166］龚波．中美贸易摩擦对中国粮食安全的影响［J］．求索，2019

（4）：107-112.

［167］关书，成力为. 研发投资，能力积累与全要素生产率提升［J］. 科学学研究，2020，38（4）：627-637.

［168］郭俊芳，武拉平. 中国农产品出口增长的二元边际及影响因素［J］. 经济问题探索，2015（1）：162-166.

［169］郭可为. 中美贸易战：动机分析与情景推演［J］. 国际经济合作，2018（5）：18-24.

［170］郭晴. 中美贸易摩擦对中国经济贸易的中长期影响研究［J］. 求索，2019（6）：55-64.

［171］韩峰，柯善咨. 追踪我国制造业集聚的空间来源：基于马歇尔外部性与新经济地理的综合视角［J］. 管理世界，2012（10）：55-70.

［172］韩晓璐，缪东玲，程宝栋. 中国木质林产品的出口二元边际及影响因素分析［J］. 林业经济问题，2016，36（4）：338-344.

［173］何小钢，罗奇，冯大威. 中美双边投资：在波动中寻求共识与机遇［J］. 国际贸易，2020（1）：59-69.

［174］何有良，陆文香. 企业家精神与中国制造业企业出口持续时间［J］. 国际商务（对外经济贸易大学学报），2018（4）：1-11.

［175］何宇，陈珍珍，张建华. 中美贸易摩擦与扩大开放：基于理论和量化研究［J］. 世界经济与政治论坛，2019（4）：29-47.

［176］和文佳，方意，荆中博. 中美贸易摩擦对中国系统性金融风险的影响研究［J］. 国际金融研究，2019（3）：34-45.

［177］贺灿飞，金璐璐，刘颖. 多维邻近性对中国出口产品空间演化的影响［J］. 地理研究，2017，36（9）：1613-1626.

［178］胡静寅. 中美贸易摩擦的政治经济学分析［J］. 经济论坛，2006（21）：48-50.

［179］胡雁斌，马宇，陈培如. 金融约束与中国地区制造业进口的二元边际［J］. 现代管理科学，2016（4）：87-89.

［180］黄剑飞，赵洪进. 中美经贸摩擦对我国工程机械行业的影响研究［J］. 农场经济管理，2019（10）：56-57.

［181］黄杰，刘成，冯中朝．中国对"一带一路"沿线国家农产品出口增长二元边际及其影响因素分析［J］．中国农业大学学报，2018，23（12）：193－205．

［182］黄礼健．中美贸易战升级的原因、影响及趋势分析［J］．新金融，2018（9）：20－24．

［183］黄群慧，余泳泽，张松林．互联网发展与制造业生产率提升：内在机制与中国经验［J］．中国工业经济，2019（8）：5－23．

［184］黄远浙，李鑫洋，王成岐．外资对中国企业出口影响的二元边际经验分析［J］．国际贸易问题，2017（5）：114－125．

［185］姜付秀，黄磊，张敏．产品市场竞争，公司治理与代理成本［J］．世界经济，2009（10）：46－59．

［186］姜囡．中美贸易摩擦的成因与对策［J］．财经问题研究，2014（S1）：154－157．

［187］蒋灵多，陈勇兵．出口企业的产品异质性与出口持续时间［J］．世界经济，2015，38（7）：3－26．

［188］焦慧莹．中美贸易摩擦的制度分析［J］．宏观经济管理，2018（9）：86－93．

［189］康志勇．中国本土企业研发对企业出口行为的影响："集约边际"抑或"扩展边际"［J］．世界经济研究，2013（10）：29－36，48，87－88．

［190］蓝庆新，窦凯．全球价值链视角下的中美贸易摩擦分析［J］．经济社会体制比较，2019（5）：67－77．

［191］黎峰，曹晓蕾，陈思萌．中美贸易摩擦对中国制造供应链的影响及应对［J］．经济学家，2019（9）：104－112．

［192］李波，刘昌明．中美经贸摩擦的成因与对策：基于贸易预期理论的视角［J］．太平洋学报，2019，27（9）：71－81．

［193］李大为，刘英基，杜传忠．产业集群的技术创新机理及实现路径——兼论理解"两个熊彼特"悖论的新视角［J］．科学学与科学技术管理，2011（1）：98－103．

[194] 李宏, 吴东松, 曹清峰. 中美贸易摩擦对中国制造业全球价值链分工地位的影响 [J]. 财贸研究, 2020, 31 (7): 50 - 60.

[195] 李宏兵, 蔡宏波, 胡翔斌. 融资约束如何影响中国企业的出口持续时间 [J]. 统计研究, 2016, 33 (6): 30 - 41.

[196] 李旗明, 赵凌云. 中美汽车贸易摩擦的现状、原因及应对 [J]. 江西社会科学, 2015, 35 (4): 69 - 73.

[197] 李庆四. 特朗普对华贸易战的原因及影响 [J]. 现代国际关系, 2018 (6): 12 - 15.

[198] 李淑贞. 中国电子信息产品出口二元边际与决定因素 [J]. 国际商务 (对外经济贸易大学学报), 2013 (3): 119 - 127.

[199] 李文. 中美贸易摩擦尖锐化的深层客观原因 [J]. 人民论坛·学术前沿, 2018 (16): 19 - 29.

[200] 李显戈, 孙林. 中国对东盟出口增长的二元边际分析 [J]. 财经论丛, 2012 (5): 3 - 8.

[201] 李昕. 中美贸易摩擦——基于GTAP可计算一般均衡模型分析 [J]. 国际贸易问题, 2012 (11): 50 - 65.

[202] 梁莹莹. 辽宁制造业出口增长二元边际分析 [J]. 统计与管理, 2017 (5): 36 - 37.

[203] 林常青, 张相文. 中国 - 东盟自贸区对中国出口持续时间的影响效应研究 [J]. 当代财经, 2014 (7): 101 - 111.

[204] 林明臻, 郭真. 中美贸易战的根本——贸易失衡问题探析 [J]. 湖北社会科学, 2018 (9): 77 - 81, 88.

[205] 林涛. 中美贸易摩擦升级背景下中国纺织服装贸易发展对策 [J]. 亚太经济, 2019 (1): 56 - 60, 154 - 155.

[206] 林毅夫. 发展与转型: 思潮、战略和自生能力 [J]. 北京交通大学学报 (社会科学版), 2008 (4): 1 - 3.

[207] 刘丹阳, 黄志刚. 中美贸易摩擦影响"一带一路"倡议的出口效应吗? [J]. 经济与管理研究, 2020, 41 (6): 19 - 35.

[208] 刘红. 中美贸易摩擦的新趋势及战略思考 [J]. 价格月刊,

2012（11）：58-61.

［209］刘洪铎，陈晓珊．中国对"一带一路"地区出口增长的二元边际及其影响因素分析［J］．广东财经大学学报，2017（3）：99-112.

［210］刘建丰．加快经济转型和改革开放应对中美贸易摩擦——2018年第二次"经济学人上海圆桌会议"专家视点［J］．上海交通大学学报（哲学社会科学版），2018，26（4）：5-21.

［211］刘建江．特朗普政府发动对华贸易战的三维成因［J］．武汉大学学报（哲学社会科学版），2018，71（5）：82-90.

［212］刘钧霆，曲丽娜，佟继英．进口国知识产权保护对中国高技术产品出口贸易的影响——基于三元边际的分析［J］．经济经纬，2018（4）：71-77.

［213］刘守英，杨继东．中国产业升级的演进与政策选择——基于产品空间的视角［J］．管理世界，2019，35（6）：81-94.

［214］刘祥霞，安同信，陈宁宁．中国制造业出口增长的二元边际和行业结构特征——基于企业异质性贸易理论的实证分析［J］．经济问题探索，2015（12）：135-142.

［215］刘旭．碳关税对外贸的影响及对策［J］．宏观经济管理，2012（11）：31-32，38.

［216］刘义，阳素文．中国农产品出口增长的二元边际及其影响因素——以蔬菜出口为例［J］．产经评论，2014，5（3）：70-81.

［217］龙飞扬，殷凤．制造业投入服务化与出口产品质量升级——来自中国制造企业的微观证据［J］．国际经贸探索，2019（11）：20-36.

［218］隆国强，王伶俐．对中美贸易失衡及其就业影响的测度与分析［J］．国际贸易，2018（5）：4-7.

［219］卢进勇，张航，李小永．中美贸易摩擦对我国利用外资的影响及对策分析［J］．国际贸易，2019（1）：28-38.

［220］陆伟桢，和正林，李聪．贸易便利化对中国-东盟自贸区的二元边际分析［J］．中国商论，2018（26）：78-79.

［221］陆晓翔．中国高新技术产品出口增长的二元边际及其影响因素

研究 [M]. 南京：南京大学，2015：37 - 41.

[222] 罗长远，李姝醒. 出口是否有助于缓解企业的融资约束？——基于世界银行中国企业调查数据的实证研究 [J]. 金融研究，2014 (9)：1 - 17.

[223] 吕越，马嘉林，田琳. 中美贸易摩擦对全球价值链重构的影响及中国方案 [J]. 国际贸易，2019 (8)：28 - 35.

[224] 吕政，曹建海. 竞争总是有效率的吗？——兼论过度竞争的理论基础 [J]. 中国社会科学，2000 (6)：4 - 14.

[225] 马海燕，刘林青. 产品密度、模仿同构与产业升级——基于产品空间视角 [J]. 国际贸易问题，2018 (8)：28 - 41.

[226] 彭国华，夏帆. 中国多产品出口企业的二元边际及核心产品研究 [J]. 世界经济，2013 (2)：42 - 63.

[227] 彭立志，王领. 不完全信息、反倾销威胁与最优出口贸易政策 [J]. 经济研究，2006 (6)：70 - 78.

[228] 齐欣，王强. 儒家文化与出口二元边际——来自中国企业的经验证据 [J]. 财经论丛，2020，265 (11)：15 - 24.

[229] 钱学锋，王胜，陈勇兵. 中国的多产品出口企业及其产品范围：事实与解释 [J]. 管理世界，2013 (1)：9 - 27.

[230] 钱学锋，熊平. 中国出口增长的二元边际及其因素决定：经验研究 [J]. 经济研究，2010，1：65 - 79.

[231] 钱学锋，余弋. 出口市场多元化与企业生产率：中国经验 [J]. 世界经济，2014 (2)：3 - 27.

[232] 钱学锋. 企业异质性，贸易成本与中国出口增长的二元边际 [J]. 管理世界，2008 (9)：48 - 56.

[233] 曲如晓，杨修，刘杨. 文化差异、贸易成本与中国文化产品出口 [J]. 世界经济，2015 (9)：132 - 145.

[234] 任靓. 特朗普贸易政策与美对华"301"调查 [J]. 国际贸易问题，2017 (12)：153 - 165.

[235] 邵冠华. 中美贸易摩擦对我国光伏产业的影响分析 [J]. 对外

经贸实务, 2019 (12): 7-9.

[236] 邵军. 中国出口贸易联系持续期及影响因素分析——出口贸易稳定发展的新视角 [J]. 管理世界, 2011 (6): 24-33.

[237] 盛斌, 吕越. 对中国出口二元边际的再测算: 基于 2001—2010 年中国微观贸易数据 [J]. 国际贸易问题, 2014 (11): 25-36.

[238] 盛丹, 包群, 王永进. 基础设施对中国企业出口行为的影响: "集约边际"还是"扩展边际" [J]. 世界经济, 2011 (1): 17-36.

[239] 施炳展, 曾祥菲. 中国企业进口产品质量测算与事实 [J]. 世界经济, 2015 (3): 57-77.

[240] 施炳展, 邵文波. 中国企业出口产品质量测算及其决定因素——培育出口竞争新优势的微观视角 [J]. 管理世界, 2014 (9): 90-106.

[241] 施炳展. 中国出口增长的三元边际 [J]. 经济学, 2010, 9 (3): 1311-1330.

[242] 史本叶, 张永亮. 中国对外贸易成本分解与出口增长的二元边际 [J]. 财经研究, 2014 (1): 73-82.

[243] 史本叶, 李秭慧. 中国对美直接投资: 跨越贸易壁垒的视角 [J]. 东北师大学报 (哲学社会科学版), 2017 (1): 54-62.

[244] 史新鹭, 周政宁. 电子支付发展、电子货币替代对货币需求的影响研究 [J]. 中央财经大学学报, 2018 (12): 77-86.

[245] 宋国友. 相对收益、绝对收益和中美政治与经济关系发展悖论 [J]. 世界经济研究, 2004 (9): 8-14.

[246] 宋伟良, 王焱梅. 进口国知识产权保护对中国高技术产品出口的影响——基于贸易引力模型的扩展 [J]. 宏观经济研究, 2016 (9): 162-175.

[247] 苏丹妮, 盛斌, 邵朝对. 产业集聚与企业出口产品质量升级 [J]. 中国工业经济, 2018 (11): 117-135.

[248] 孙楚仁, 李媚媚, 陈瑾. 双边政治关系改善能延长企业出口产品持续时间吗 [J]. 国际经贸探索, 2022, 38 (7): 4-24.

[249] 孙天阳，成丽红，许和连. 出口边际网络特征及国家二元身份匹配适度区间研究［J］. 统计研究，2018，35（5）：88-98.

[250] 孙天阳，许和连，王海成. 产品关联、市场邻近与企业出口扩展边际［J］. 中国工业经济，2018（5）：24-42.

[251] 孙一平，王翠竹，张小军. 金融危机、垂直专业化与出口增长的二元边际——基于中国 HS-6 位数出口产品的分析［J］. 宏观经济研究，2013（5）：18-26.

[252] 谭青山. 特朗普执政下的中美贸易探戈双人舞［J］. 吉林大学社会科学学报，2017，57（3）：112-121，206.

[253] 唐宜红，张鹏杨. 美国特朗普政府对华贸易保护的新态势［J］. 国际贸易，2017（10）：38-43.

[254] 田子方，杜琼. 中国文化产品出口的二元边际分析［J］. 宏观经济研究，2019（4）：130-143.

[255] 万璐，李娟. 金融发展影响中国企业出口二元边际的实证研究［J］. 南开经济研究，2014（4）：93-111.

[256] 汪建新，黄鹏. 信贷约束、资本配置和企业出口产品质量［J］. 财贸经济，2015（5）：84-95，108.

[257] 汪颖博，朱小明，袁德胜，等. CAFTA 框架下贸易成本、自由贸易政策与中国进口增长的二元边际［J］. 宏观经济研究，2014（10）：41-51.

[258] 王海成，许和连，邵小快. 国有企业改制是否会提升出口产品质量［J］. 世界经济，2019，42（3）：94-117.

[259] 王晖. 特朗普政府亚太政策走向与东北亚区域经济合作［J］. 东北亚经济研究，2018，2（5）：74-84.

[260] 王明涛，谢建国. 贸易政策不确定性与企业出口产品质量：来自中国-东盟 FTA 的经验证据［J］. 亚太经济，2022（4）：62-73.

[261] 王奇珍，朱英明，朱淑文. 技术创新对出口增长二元边际的影响——基于微观企业的实证分析［J］. 国际贸易问题，2016（4）：62-71.

[262] 王圣博,颜晓畅. 地方政府产业政策对企业出口产品质量的影响——基于中国制造业企业的实证研究 [J]. 江西财经大学学报, 2021 (3): 43-55.

[263] 王威. 美国的新重商主义贸易政策与中美贸易摩擦发展趋势分析 [J]. 东北亚论坛, 2011, 20 (5): 3-11.

[264] 王霞. 中美贸易摩擦对全球制造业格局的影响研究 [J]. 数量经济技术经济研究, 2019, 36 (6): 22-40.

[265] 王孝松, 施炳展, 谢申祥和赵春明. 贸易壁垒如何影响了中国的出口边际?——以反倾销为例的经验研究 [J]. 经济研究, 2014 (11): 58-71.

[266] 魏浩, 李晓庆. 知识产权保护与中国企业进口产品质量 [J]. 世界经济, 2019, 42 (6): 143-168.

[267] 温忠麟. 张雷, 侯杰泰, 刘红云. 中介效应检验程序及其应用 [J]. 心理学报, 2004 (5): 614-620.

[268] 吴小康, 于津平. 产品关联密度与企业新产品出口稳定性 [J]. 世界经济, 2018, 41 (7): 122-147.

[269] 吴晓雅. 反倾销壁垒对中国企业出口二元边际的影响研究 [D]. 长沙: 湖南大学, 2019.

[270] 伍业君, 张其仔, 徐娟. 产品空间与比较优势演化述评 [J]. 经济评论, 2012 (4): 145-152.

[271] 夏胤磊. 中美贸易摩擦及对策研究——来自日美贸易战的启示 [J]. 国际商务财会, 2018 (4): 58-60, 78.

[272] 项松林. 融资约束与中国出口增长的二元边际 [J]. 国际贸易问题, 2015 (4): 85-94.

[273] 熊立春, 程宝栋, 万璐. 全球价值链视角下中美贸易摩擦对林产品出口贸易的影响与启示 [J]. 林业经济, 2019, 41 (12): 3-9, 78.

[274] 许和连, 刘婷, 王海成, 等. 出口信息网络对企业出口持续时间的影响 [J]. 中南财经政法大学学报, 2018 (1): 116-126, 161.

[275] 许和连, 王海成. 最低工资标准对企业出口产品质量的影响研

究［J］．世界经济，2016（7）：73-96.

［276］许明．市场竞争、融资约束与中国企业出口产品质量提升［J］．数量经济技术经济研究，2016，33（9）：40-57.

［277］许统生，杨颖．中国对美国制造业出口二元边际的动态分析［J］．华东经济管理，2016，30（5）：104-110.

［278］杨飞，孙文远，程瑶．技术赶超是否引发中美贸易摩擦［J］．中国工业经济，2018（10）：99-117.

［279］杨令仪，杨默如．高新技术企业的股价效应研究——基于美国税改和中美贸易摩擦［J］．科学学研究，2020，38（3）：438-447.

［280］杨培强，张兴泉．贸易保护政策对异质性企业影响的实证检验——兼论中美产业内贸易摩擦传导机制［J］．国际贸易问题，2014（1）：120-130.

［281］杨汝岱，姚洋．有限赶超与经济增长［J］．经济研究，2008（8）：29-41.

［282］姚洋，邹静娴．从长期经济增长角度看中美贸易摩擦［J］．国际经济评论，2019（1）：146-159，8.

［283］易靖韬，乌云其其克．中国贸易扩张的二元边际结构及其影响因素研究［J］．国际贸易问题，2013（10）：53-64.

［284］于春海，刘成豪．对美国贸易政策调整性质的思考［J］．国际贸易，2018（1）：37-40.

［285］于换军，毛日昇．中美贸易摩擦对两国就业的影响［J］．东北师大学报（哲学社会科学版），2019（6）：136-139.

［286］余淼杰，李乐融．贸易自由化与进口中间品质量升级——来自中国海关产品层面的证据［J］．经济学（季刊），2016（2）：1011-1028.

［287］余长林．知识产权保护如何影响了中国的出口边际［J］．国际贸易问题，2015（9）：43-54.

［288］余振，周冰惠，谢旭斌，王梓楠．参与全球价值链重构与中美贸易摩擦［J］．中国工业经济，2018（7）：24-42.

［289］原磊，邹宗森．企业异质性、出口决策与就业效应——兼论中

美贸易战的应对［J］.经济学动态，2018（9）：67-83.

［290］张菲，安宁.贸易战背景下中美直接投资趋势与对策研究［J］.国际经济合作，2018（5）：12-17.

［291］张建武，钟晓凤.中美贸易摩擦对中国农产品进口的影响［J］.华南农业大学学报（社会科学版），2022，21（3）：102-114.

［292］张杰，郑文平.政府补贴如何影响中国企业出口的二元边际［J］.世界经济，2015（6）：22-48.

［293］张恪渝，刘崇献，周玲玲.中美贸易摩擦对我国农产品贸易增加值的影响效应［J］.上海经济研究，2020（7）：91-104.

［294］张明志，季克佳.人民币汇率变动对中国制造业企业出口产品质量的影响［J］.中国工业经济，2018（1）：5-23.

［295］张明志，岳帅.基于全球价值链视角的中美贸易摩擦透视［J］.华南师范大学学报（社会科学版），2019（2）：87-92，192.

［296］张其仔.比较优势的演化与中国产业升级路径的选择［J］.中国工业经济，2008（9）：58-68.

［297］张胜满，张继栋.产品内分工视角下环境规制对出口二元边际的影响——基于两步系统GMM动态估计方法的研究［J］.世界经济研究，2016（1）：76-86，136-137.

［298］张淑静，温凯茹.美国技术性贸易壁垒对中国出口的影响——兼谈中美贸易摩擦的实质［J］.国际经济合作，2019（4）：82-94.

［299］张小宇，刘永富.中国出口贸易与产出的时变关联机制研究：基于中美贸易摩擦视角［J］.世界经济研究，2019（4）：95-106，136.

［300］张幼文.中美贸易战：不是市场竞争而是战略竞争［J］.南开学报（哲学社会科学版），2018（3）：8-10.

［301］张雨，戴翔，张二震.要素分工下贸易保护效应与中美贸易摩擦的长期应对［J］.南京社会科学，2020（3）：48-53，70.

［302］张原，陈建奇.美国发动贸易战的动机前景及应对［J］.理论视野，2018（11）：72-75.

［303］赵瑾.国际贸易争端解决的中国方案：开放、协商、平等、合

作、共赢 [J]. 国际贸易, 2019 (6): 41-47.

[304] 赵瑞丽, 沈玉良, 金晓梅. 企业出口复杂度与贸易持续时间 [J]. 产业经济研究, 2017 (4): 17-29.

[305] 赵硕刚. 特朗普政府频繁发起对华贸易争端的动因、影响及对策建议 [J]. 国际贸易, 2018 (5): 14-18.

[306] 钟腾龙, 祝树金, 段凡. 中国出口二元边际的多维测算: 2000-2013 [J]. 经济学动态, 2018, 5.

[307] 周定根, 杨晶晶, 赖明勇. 贸易政策不确定性、关税约束承诺与出口稳定性 [J]. 世界经济, 2019 (1): 51-75.

[308] 周政宁, 史新鹭. 贸易摩擦对中美两国的影响: 基于动态GTAP模型的分析 [J]. 国际经贸探索, 2019, 35 (2): 20-31.

[309] 朱福林, 赵绍全. 中美贸易摩擦与我国贸易强国建设 [J]. 中国流通经济, 2019, 33 (3): 82-90.

[310] 祝树金, 段凡, 邵小快, 钟腾龙. 出口目的地非正式制度、普遍道德水平与出口产品质量 [J]. 世界经济, 2019, 42 (8): 121-145.

[311] 祝树金, 汤超. 企业上市对出口产品质量升级的影响——基于中国制造业企业的实证研究 [J]. 中国工业经济, 2020 (2): 117-135, 1-8.

[312] 宗毅君. 出口二元边际对竞争优势的影响——基于中美1992~2009年微观贸易数据的实证研究 [J]. 国际经贸探索, 2012, 28 (1): 24-33.

[313] 邹薇, 李浩然. 融资约束对中国出口二元边际的影响——基于贸易方式分类的实证分析 [J]. 中国地质大学学报 (社会科学版), 2016 (1): 144-152.

[314] 邹小宇, 朱宇. 中美贸易摩擦: 历史、原因和对策 [J]. 经济体制改革, 2009 (3): 44-47.

致　　谢

经过四年的积累和近两年的撰写，这本专著终于得以完成，在此，我想向在专著资料积累和写作过程中曾经给予我莫大帮助和支持的老师、同学、同事、学生和家人表示真挚的感谢。

首先，要感谢的是我的老师许和连教授。在学习方面，由衷地感谢许老师给予的指导和启发，尤其是关于课题申报问题的点拨和分析，使我节约了大量搜集文献和整理文献的时间；在生活中，老师是一位乐观、积极向上并且睿智的老师。曾记得正式工作的第二年，研究压力、工作压力以及家庭压力像三座大山压得我喘不过气来，尤其是怀孕生育期间，所有研究工作全部按下了暂停键。压力越大，思路越乱，效率也越低，导致入职的前两年无论是在论文写作还是课题申报方面几乎颗粒无收，许老师一直鼓励我调整心态，耐心指导我的研究方向和研究方法，许老师对研究工作的点拨常常让我有一种"山重水复疑无路，柳暗花明又一村"的感觉。近四年的时光里，我终于沉下心来伏案写作，随着研究成果的积累，课题的申报也是水到渠成，终于在2018年、2019年分别立项教育部人文社科青年基金项目与国家社科基金一般项目。

其次，特别感谢研究团队的王海成师弟、邓玉萍师妹、陈容师妹。写作过程中曾经一筹莫展，是他们给与了我诸多的关照和帮助，包括论文选题的建议、数据处理方法以及研究方法的指导，等等。

再次，感谢湖南工业大学经济与贸易学院的领导和同事，感谢他们在专著写作阶段能主动帮我分担院里、系里更多的工作任务，让我能全身心投入专著的撰写工作。

另外，感谢我的家人。我的父亲、母亲，无论什么时候对于我的需求

致　　谢

总是有求必应，是他们无私的爱和坚持不懈的鼓励让我的科研工作不断取得突破。感谢我的公婆帮我照顾两个孩子的生活起居，让我的研究工作毫无后顾之忧。感谢我的丈夫肖生鹏，作为一名在读博士生，在完成自身研究工作的同时还承担了照顾孩子、教育孩子的义务。也感谢我两个可爱乖巧的儿子——呱呱和童童，在我的学习期间能多次体谅妈妈的不辞而别，并带给我无尽的欢乐。

最后，感谢我的研究生刘亚奇同学、陈梦莎同学、赵琛虎同学在我的专著写作过程中，帮助我搜索数据、整理参考文献以及最后的校对工作。

感恩所有帮助过我的每一个人，他们的帮助也将激励我勇往直前。

林常青于湖南株洲
2022 年 8 月 30 日